善治之城

党领导社会建设体制创新的成都实践

郑长忠 等 著

中国社会科学出版社

图书在版编目（CIP）数据

善治之城：党领导社会建设体制创新的成都实践 / 郑长忠等著. —北京：中国社会科学出版社，2022.9
（新发展理念的成都实践）
ISBN 978-7-5227-0549-1

Ⅰ.①善… Ⅱ.①郑… Ⅲ.①社会治理—研究—成都 Ⅳ.① D677.11

中国版本图书馆 CIP 数据核字（2022）第 131166 号

出 版 人	赵剑英
责任编辑	喻　苗
特约编辑	胡新芳
责任校对	任晓晓
责任印制	王　超

出　　版	中国社会科学出版社
社　　址	北京鼓楼西大街甲 158 号
邮　　编	100720
网　　址	http://www.csspw.cn
发 行 部	010-84083685
门 市 部	010-84029450
经　　销	新华书店及其他书店

印刷装订	北京明恒达印务有限公司
版　　次	2022 年 9 月第 1 版
印　　次	2022 年 9 月第 1 次印刷

开　　本	710×1000　1/16
印　　张	14.75
字　　数	213 千字
定　　价	119.00 元

凡购买中国社会科学出版社图书，如有质量问题请与本社营销中心联系调换
电话：010-84083683
版权所有　侵权必究

前言 PREFACE

人类的生存与发展，既是我们讨论人类所有问题的前提和基础，也是我们开展所有工作的目的和归宿。

而人类的生存与发展既包括个体的生存与发展，也包括种的延续与发展。为了个体生存与发展，人们就必须消费各类生活资料，就需要进行物质资料生产；为了种的延续与发展，人们就必须养育后代，就需要进行人的自我生产。

为了生产，人们就必须进行分工与合作，进而形成相应关系，既包括物质资料生产过程中的工作关系，也包括人的自我生产过程中的两性关系，而后在此基础上，进一步演化成为各类关系，进而形成具有内在有机关系的共同体及其扩大了的社会。

为了保证生产的有效和有序进行，于是，在共同体以及社会之中，就需要有能够指挥分工与合作的公共权力。通过公共权力的组织和协调，既保证了生产的有效性和有序性，又保证了关系的有机性和有序性，进而推动了发展，建构了秩序，从而实现了有效治理。

然而，在具体运行过程中，共同体和社会之中常常存在着构成对其生产发展和社会秩序产生破坏后果的不安全因素，为此，共同体和社会就必须在公共权力带领下，对这些不安全因素予以消除，因此，这些工作也同样成为治理的内容。

这就意味着，公共权力既要推动发展，又要建构秩序，还要维护安全，这样才能够有效推动社会满足人们的生存与发展的需要，进而推动整个社会正常运转。由此，我们认为，通过推动生产和发展以满足人们需求的民生内容，以及为了建构秩序和维护安全而开展的治理内容，就共同组成了社会建设的内容。

当发展到一定阶段，社会内部矛盾陷入到不可调和境地之时，于是，以公共权力为核心的虚幻共同体——国家，作为能够对社会实现有效统治和有力管理的力量，就得以诞生。这就意味着，国家的诞生是为社会服务的，是为了更好推进人的发展和社会发展而发挥作用的。

所谓文化就是人们的生活方式和行为方式的历史性沉淀，就是人们对这些内容的精神性层面上的表达。因此，人们在物质生产和关系生产过程中，也同样生产出与之相适应的文化内容，并反过来，起到维护生产方式、生活方式和社会关系的作用。

人类社会在发展过程中，作为理性指导下的实践成果的累积，文明的要素就不断围绕着经济、政治、社会、文化等方面得以生成。随着国家的诞生，人类的文明发展就从具体要素生成阶段向整体形态发展阶段跃升。正是基于此，马克思主义认为国家的诞生，标志着文明的出现。

虽然，人类社会发展导致了文明发展的要素和领域不断分化，但是，这些内容都是服务于人的发展和社会发展的，因此，社会建设在整个人类文明发展之中具有基础性地位。

国家的出现意味着人类的理性已经发展到能够拥有足够力量来实现对人们更大规模和更深层次的组织和管理。由此，人类从分散性的聚居开始向集中性的聚居发展，就有了组织和管理的能力基础，这就为城市的出现创造了人为条件。而城市出现导致的人口大范围聚集，使经济结构和社会结构的复杂性得以提升，反过来就对公共权力的各方面能力都提出了更高的要求，从而推动了人们治国理政的水平。

游牧和农耕的生产特点，导致了人们生产和生活更多依赖于草原和土地。虽然，在古代社会条件下，城市已经开始出现，但是更多的人口仍然分散聚居于广袤的草原和广大的农村之中，城市不论是在数量上还是在规

模上都比较小。随着现代文明的出现，工业生产和市场经济使人们对土地的依附大大减少，人口开始大规模从农村向城市聚集，城市成为了现代文明发展的重要载体。

现代生产的方式，使传统社会条件下自给自足的自然经济开始解体，经济生活和社会生活开始分野，进而进一步导致经济、政治、社会、文化等建设内容也进一步分化，并随着工业技术发展带来的对自然环境的破坏，生态建设也成为了现代文明条件下必须考虑的重要内容。在现代化发展过程中，形成了政党、国家、社会和市场等主体要素，通过价值、制度、组织等机制要素，来推动现代文明的建构。这些内容和逻辑在现代城市建设中更加明显得以体现和演绎。

同时，现代文明首先是以资本主义的方式得以开启的，因此，现代城市建设之中就面临着究竟是以资本为中心，还是以人民为中心这么一个价值问题。在资本主义社会中，城市建设是以资本为中心而展开的，在社会主义社会中，城市建设是以人民为中心而展开的。

然而，现代文明的建构和发展在不同国家和地区存在着不同的路径和方式，由此也导致了现代文明条件下的社会建设发展以及城市建设发展也同样受此逻辑影响。中国作为现代化建设的后发国家，而同时又是人类最早进入文明阶段，直到现在没有中断过自身文明发展的唯一文明体，现代文明的建构和发展乃至现代条件下的社会建设发展和城市建设发展，既遵循着人类文明发展的一般规律，又拥有着自身发展的特色逻辑。

在古典文明向现代文明转型过程中，中华民族选择了以政党为领导和支撑力量。在中国共产党领导下，中国人民完成了新民主主义革命任务，并以社会主义的方式，开启了现代文明建构的现代化历程。

为了克服现代化建设对原始积累和组织化的诉求与中国社会"一穷二白"和"一盘散沙"的现状之间的矛盾，我们建立了计划经济体制和单位社会体制，同时作为现代文明重要载体的城市也大量出现，在较短的时间内完成了现代化建设的基础任务。

从城市的社会建设方面来看，在这一阶段民生建设也被纳入到计划经济体制范围之内，但是由于要完成原始积累的任务，就需要将更多的生活资料转化为生产资料，因此，民生建设的发展就受到了抑制，这就是所谓要"勒紧裤腰带"。同时，在城市，人们的生产和生活都被组织在单位之中，而单位也被划分为企业单位、事业单位和机关单位，分别承担生产经营、社会事业和公共管理的职能。不论是基于发展所引起的秩序建构的社会治理内容，还是基于安全所要求的问题解决的社会治理内容，都落实在单位之中予以完成。

然而，计划经济体制和单位社会体制，虽然能够为现代化建设提供原始积累和组织化基础，却不能为现代化建设提供可持续发展的内在动力。为此，党中央做出了改革开放的决定，并提出"一要建设，二要吃饭"，对人们的合理的需求和正当的利益予以尊重，并通过建立社会主义市场经济体制，使计划经济体制和单位社会体制退出历史舞台。随后，为了克服"文革"结束之后以及改革开放初期社会治安严重问题，在20世纪80年代初，党中央提出了社会治安综合治理的概念，并成立了相应委员会，由此，作为基于安全的问题解决的社会治理工作就有了相应体制和机制安排。

市场经济体制的建立和计划经济体制的退出，使经济领域的组织方式由行政组织力量主导向市场契约力量主导转变。单位社会的衰微和多元社会的形成，使社会成员的生存形态从单位化向原子化转变。社会成员被分别组织在职业空间和社会空间中，而其中社区成为了社会空间的基础环节，从而拥有了基础民生保障以及基层社会治理的功能。因此，从20世纪90年代中期开始，社区建设就成为了与市场经济体制构建和发展相匹配的社会建设的主要任务之一。

为了构建与市场经济相适应的、能够将超大规模的原子化社会成员有效组织起来的制度化安排，党的十五大做出了依法治国的决定，从而推动了现代国家的进一步发展。同时，为了适应市场经济建设和依法治国需要，党的十六大提出了"三个代表"，推动了执政党建设的创新和发展。

进入21世纪，随着宽带技术的发展，中国进入了网络社会。随着市

场经济发展的深化和网络社会的生成，社会多样性、多元性和自组织性进一步增强，同时，市场经济所带来的贫富不均等现象开始出现。这就意味着，适应市场经济发展的包括民生问题和社会治理问题在内的社会建设内容，成为需要集中解决的问题。

为此，党的十七大提出了和谐社会建设的命题，强调要推动以改善民生为重点的社会建设，并提出要构建社会管理新格局，并在党的十八大之后逐渐形成了党委领导、政府负责、社会协同、公众参与、法治保障与科技支撑的社会治理新格局。同时，党的十七大还提出了要建设生态文明。

至此，作为现代文明形态的内容要素的经济、政治、社会、文化、生态文明的建设已经全部形成并被提出，并在党的十八大上被确立为中国特色社会主义事业"五位一体"总体布局，同时，作为现代文明形态的主体要素的政党、国家、社会和市场也已全面生成。虽然这些要素已经生成，但是，各要素的内容和功能的发育却不充分，彼此之间的内在有机化还不足，为此党的十八届三中全会做出了全面深化改革，完善和发展中国特色社会主义制度，推进国家治理体系和治理能力现代化的决定。

随着社会主要矛盾发生转化，中国特色社会主义进入新时代，人民日益增长的美好生活需要和不平衡不充分的发展之间的矛盾成为了社会主要矛盾。随着全面建成小康社会的任务的完成，我们迈上了全面建设社会主义现代化强国的新征程，实现共同富裕也成为了我们工作的主要目标之一。因此，在协调推进五大建设的过程中，社会建设越发得以凸显。

进入新时代，从其发展状况及演进逻辑来看，对于社会建设来说，面临着以下几方面任务：一是在内容上，必须进一步深化社会建设，推动民生建设发展以及基于发展和安全而形成的社会治理的发展；二是在体制上，必须围绕社会建设的需要，进一步发挥政党、国家、社会和市场的力量，并推动它们形成有机和有效的合作；三是在方式上，必须围绕社会建设的需要，推动经济、政治、文化和生态文明建设的成果转化为社会建设的条件和内容，从而服务于人的全面发展和社会全面进步的目的。由于这些内容，既涉及现代文明建设的内容要素，也涉及主体要素，还关系到各要素之间的力量的互动和整合，这就意味着要达到上述目标，只有发挥党的领导作用才能做到，并通过推进党领导社会体制创新和方式变革来得以实现。

城市是作为现代文明发展的重要载体，因此，随着中国特色社会主义进入新时代以及社会主义现代化建设进入新发展阶段，城市建设的价值诉求和性质规定，不仅关系到城市建设"依靠谁？为了谁？"的问题，而且关系到现代化建设性质的问题。因此，习近平总书记提出了"人民城市人民建，人民城市为人民"的理念，使以人民为中心的发展思想在城市建设中得以演绎。不论是人民城市建设的理念，还是共同富裕的目标，社会建设都与之关系最为密切。因此，推动人民城市社会建设就成为新时代以及新发展阶段人民城市建设的一个重要任务。

由此我们可以得出以下判断：通过推进党领导社会建设体制创新和方式变革，进而构建人民城市社会建设的"四梁八柱"，是新时代文明发展以及新发展阶段现代化建设的一项重要任务。

而要完成这项任务，既需要党中央顶层设计，也需要各个地方和各个城市根据自身发展的实际进行实践探索。作为全国城市人口第四大以及GDP发展排名第七的西部国家中心城市，成都市长期以来十分重视社会建设，特别是党的十八大之后，在党领导社会建设体制创新和方式变革上做了一系列有益探索。

一是充分重视社区在整个社会建设中的基础作用，提出了社区发展治理的理念，创新了社区发展治理的体制机制。社区发展治理理念的提出，使社区建设中的发展和治理被一体重视，而不是分割对待，从而为将社区打造成为城市社会生活共同体奠定了基础。并在党委系统建立了社区发展治理委员会，设立了专门的办公室作为办事机构。这样，就围绕社区发展治理的需要，不仅整合了党政群各部门各机关的体制内力量，而且打破了体制内外的区隔，从而做到在党的领导下，有效整合了政党、国家、社会和市场的力量，为进一步创新和发展党领导社会建设奠定了体制的基础。

二是通过全面加强城市基层党建，推动了党建引领基层治理的创新与

发展。成都市不仅重视加强社区基层党建工作，而且重视其他各领域的基层党建工作，并通过强化街镇党的领导，发挥街镇在基层治理中的枢纽作用。通过这些措施，强化了党建引领基层治理，推动了基层治理现代化，为人民城市社会建设"四梁八柱"的构建奠定了组织基础。

三是推动了社区发展治理与社会综合治理的双线融合，形成了整体社会治理形态。通过在乡镇、街道层面上实施"四个一"的改革，从而使基层社会治理和社会综合治理在体制、机制、力量、资源、技术上进行了重构和整合，既拉升了基于发展所需要的社会治理的高线，也守住了基于安全所需要的社会治理的底线，从而打破了在社会治理之中，基层社会治理和社会综合治理之间的区隔，构建了整体社会治理的形态。

四是实施了"幸福美好生活十大工程"，深化和丰富了社会建设的具体内容。"幸福美好生活十大工程"，不仅围绕着民生建设和社会治理而进行部署，而且在内容设计上充分地将经济建设、政治建设、文化建设和生态文明建设的成果转化为社会建设的内容，从而使共建共治共享的理念得以体现，并且将高质量发展和共同富裕的要求，作为"工程"的目标和追求。同时，还将党领导社会建设体制创新和方式变革的探索成果，作为保证"工程"得以顺利实施的具体支撑。

我们认为成都市的上述探索实践和创新经验，是成都市推动在高质量发展中促进共同富裕的重要举措，是符合中国特色社会主义社会建设的发展规律的，是新时代党领导社会建设体制创新和方式变革的地方实践，是构建人民城市社会建设"四梁八柱"的有益探索，因此，对全国来说，是具有引领性和典型性意义的。

本书是通过近三年跟踪调研，对成都市的创新实践进行深入了解的基础上，遵循着上述逻辑进行研究后形成的。通过这项研究，我们既希望对成都市创新实践的做法和经验予以展示，更希望以此为案例对新时代党领导社会体制创新和方式变革的背后逻辑以及人民城市社会建设"四梁八柱"的构建机制予以把握。

当然，由于我们能力和水平的局限，可能无法将成都实践背后的经

验、逻辑和机制予以充分、深刻和全面的呈现，同时还可能存在着其他方面的不足，敬请成都的同志们以及读者们予以谅解。

郑长忠

2022 年 8 月 23 日

目录 CONTENT

第一章 **新时代人民城市建设与党领导社会建设体制创新：成都的追求** // 1

第一节 "人民城市人民建，人民城市为人民"：社会主义现代化城市建设的本质规定 // 2

第二节 统一于人民幸福的发展、安全与治理：社会建设的诉求与维度 // 10

第三节 中国特色社会主义发展与党领导社会建设体制、方式变迁的历史逻辑 // 20

第四节 党领导社会建设体制创新、方式变革与人民城市建设：新时代的命题与成都的追求 // 27

第二章 **社区发展治理现代化与新时代党领导社会建设体制基础确立：成都的改革** // 37

第一节 社区发展治理与城市社会建设：基于理论逻辑与现实逻辑的分析 // 38

第二节 以人民为中心、党建引领基层治理与社区发展治理现代化：新时代党领导社会建设体制与方式确立的基础环节 // 44

第三节 党建引领城乡社区发展治理与党领导社会建设体制创新方式变革：成都的实践与逻辑 // 49

第四节 组织领导体系重构、政策制度体系发展与社区发展治理体系现代化：党领导社会建设的体制创新 // 53

第五节 发展治理机制重塑、党建引领机制发展与社区发展治理能力现代化：党领导社会建设的方式变革 // 65

第三章 党建引领基层治理与新时代党领导社会建设体制内容创新：成都的探索 // 75

第一节 党建引领基层治理与党领导社会建设的微观逻辑 // 76

第二节 规范全领域基层党组织设置与夯实党建引领基层治理的组织基础 // 81

第三节 深化街道职能转变与做强党建引领基层治理的枢纽环节 // 87

第四节 加强两新组织、关键领域党建与织密党建引领基层治理的组织网络 // 92

第五节 建设党群服务中心、拓展服务力量与提升党建引领基层治理的服务能力 // 100

第四章 社治综治双线融合与新时代党领导社会建设体制框架重构：成都的创新 // 109

第一节 统筹发展与安全：新时代城市治理与社会建设的根本要求 // 110

第二节 社区发展治理与社会综合治理的双线融合：统筹发展与安全的成都逻辑 // 115

第三节 街镇"四个一"改革与社治综治双线融合：统筹发展与安全的体制创新 // 122

第四节 在理念与组织之间：双线融合与党领导社会建设的体制机制重构 // 128

第五节 在技术与制度之间：双线融合与党领导社会建设的运行方式创新 // 135

第五章 党领导社会建设体制创新与人民城市社会性"新基建"：成都的实践 // 141

第一节 体制创新与社会建设实践：人民城市建设的社会性"新基建"逻辑 // 142

第二节 体制创新与高品质和谐宜居生活社区建设：人民城市社会建设的基础锻造 // 152

第三节 体制创新与新冠肺炎疫情社区防控：人民城市社会建设的应急大考 // 160

第四节 社会性"新基建"与城市社会共同体构建：人民城市社会建设的重要任务 // 166

第六章 幸福美好生活十大工程与人民城市社会建设的内涵深化：成都的努力 // 179

第一节 "人民对美好生活的向往，就是我们的奋斗目标"：人民城市社会建设本质规定与内容要求 // 180

第二节 幸福美好生活十大工程与人民城市社会建设：内涵深化与形态跃升 // 187

第三节 幸福美好生活十大工程与人民城市社会建设：推进方式与内在机制 // 194

第四节 在体制创新与内涵深化之间：幸福美好生活十大工程实施的逻辑与意义 // 201

结　语　构筑新时代人民城市社会建设的"四梁八柱"：成都的逻辑 // 209

参考文献　// 219

后　记　// 221

第一章

新时代人民城市建设与党领导社会建设体制创新：成都的追求

城市是现代文明的重要载体，而城市的核心是人。城市是为了满足人们生存与发展的需要，而在各个领域中把人们组织起来进行生产和活动的高度密集化的场域。这就意味着，城市的发展归根结底是要依靠人民、为了人民，因此，"人民城市人民建，人民城市为人民"，就成为中国特色社会主义现代化城市建设的本质规定。社会是人的组织形式，不论是生产还是生活，人们都需要在社会中实现，推动社会建设就成了推动人的发展和社会进步的重要任务。而人的生存必须以发展和安全为前提，这就需要通过国家和社会提供相应的治理，使发展和安全得以实现。因此，推动发展、维护安全、提供治理就成了城市社会建设的重要任务。基于这一逻辑，在不同的历史时期，以生产力和生产关系为基础的整个社会发展状况差异为前提，我们国家推动社会建设的相应体制不断发生着变化。随着中国特色社会主义进入新时代，我国城市社会结构以及人民群众生活和生存形态都发生了巨大变化，如何根据人民城市建设的新理念，更好地推动城市社会建设的发展，就成为社会主义现代化城市建设的一个重要任务。其中，必须坚持以人民为中心，遵循国家治理体系和治理能力现代化的要求，推动党领导社会建设体制创新和方式变革，从而为新时代人民城市社会建设奠定"四梁八柱"。正是在这样的背景下，成都市遵循人民城市社会建设的内在规律，改革社区发展治理体制，创新了党建引领基层治理方式，推动了社治与综治的双线融合，实施了幸福美好生活十大工程，创造性地推动了党领导城市社会建设的体制创新和方式变革，既解决了自身城市社会发展过程中的一系列问题，又为推进人民城市社会建设贡献了成都经验，从而为新时代人民城市的社会建设事业提供了可供复制和推广的样板。

第一节

"人民城市人民建，人民城市为人民"：社会主义现代化城市建设的本质规定

作为人类文明的重要成果之一，城市使人们基于生产和生活而在一个区域密集化、有序性聚集的程度和水平都发生了跃升性的发展，从而成为各个文明发展的中心区域。进入现代社会之后，城市对现代文明的推动作用进一步得到强化。归根结底，城市终究是文明发展到一定程度后将人组织起来的一种形式，其核心是人。在文明发展过程中，人类不仅推动了科学技术的进步，而且创造了一系列的社会制度，从而服务于生产力和生产关系的发展。这些技术和制度，究竟是为了技术而技术、制度而制度，还是为了人的发展而服务？究竟是为少数人服务，还是为全体人民服务？究竟是依靠少数人，还是依靠全体人民？这就成为在人类文明发展过程中以及城市形态发展过程中的重要命题，进入到现代社会，这些命题更为突出。在中国特色社会主义条件下，我们的回答是："人民城市人民建，人民城市为人民。"

一 城市是现代文明的重要载体：现代化城市建设的文明意义

群居是动物特别是高级动物的一种基本生存形式，因此，人出现之后，过以群居为主要形式的社会生活，就成为人的生存和发展的基本条件。并且，在社会生活过程中，基于生产和生活的需要，人与人之间结成了各种社会关系，因此，马克思认为，人的本质就是一切社会关系的总和。

人们为了生存和发展，就需要生产生活资料，就需要生育后代，这就是所谓人类的物质生产和人的自我生产。分工和合作成为生产过程中的一种基本方式，从而出现了指挥分工和合作的公共权力。于是，伴随人的诞生，就出现了基于管理的公共权力。在公共权力的推动之下，一方面生产能力开始得以发展，另一方面基于生产关系为基础的各类社会关系也开始得以发展。到了原始社会后期，随着生产力的发展和家庭形式的出现，社会内部开始出现阶级分化。为了维护统治阶级利益，这时候公共权力开始履行统治的职能。为了推动日益发展的生产力和调整日益复杂的社会关系，基于履行管理和统治双重职能的公共权力为核心而形成的虚幻共同体——国家就诞生了。国家的诞生意味着人们可以用理性的力量来有效管理更大规模的社会，推动生产力发展，调节社会内部关系，为人类持续和有序发展奠定了组织基础，推动了人类文明由具体要素生成阶段向整体形态发展阶段的跃升，从而标志着人类已经在整体形态上进入到文明阶段。正是基于此，马克思主义认为国家诞生是文明出现的重要标志。

人类文明发展基于国家出现而实现了跃升，标志着人们能够在更大范围和更强程度上实现对人的组织，这就为人类基于更好的生产和生活而实现更大规模和更有序的聚集提供了管理能力和治理手段。也正是在这一过程中，城市开始出现。城市的诞生标志着在一个区域之内开始出现大规模的基于地域为基础的集中性聚集形态，从而开始超越过去小规模的基于血缘的散居性聚集形态的局限。这就使生产类型、生产产品开始在区域内形成更多分工，推动了生产能力的提升和市场交易的发展。人口的聚集数量的增加，再加上生产方式和交往方式的发展，使城市内部的社会关系复杂程度发生了几何级数式的跃升，从而推动了城市管理能力和治理水平的发展。这些都对人们理性水平提出了更高要求，从而推动了文化的发展。这就意味着城市的出现，推动了经济建设、政治建设、文化建设和社会建设的发展，从而使包含物质文明、政治文明、精神文明和社会文明在内的人类整体文明也因此得到了丰富和发展。

在古代文明的条件下，生产方式更多的是以游牧和农耕的形态出现，因此，基于生产力和生产方式的制约，城市的发展相对来说比较缓慢，不论是在规模方面，还是在复杂程度方面都存在着一定局限性。随着文明进入到现代阶段，一方面工业技术革命使生产力获得了巨大进步，生产方式也由传统的游牧、农业和手工业的手工生产为主的方式向现代的工业的机器生产为主的方式转变；另一方面资本主义革命使生产关系发生了巨大变化，社会形态也由传统的封建主义社会向现代的资本主义社会转变。工业生产以及与之相适应的现代经营方式对人力资源、物质资源、信息资源，都有着更大规模和更大数量的需要，这就使人口、物资和信息的集聚发生了革命性跃升，从而导致工业革命之后城市发展在数量和规模上都发生了爆炸性发展。同时，由于人口、物资和信息的聚集巨大发展以及工业生产和现代经营内部分工进一步细化，从而导致城市社会内部关系复杂程度也发生了革命性的变化，这就对城市管理能力和治理水平提出了空前的要求。随着资本主义和现代文明的发展，生产、生活、管理等方面发展，都推动了人类对自身存在与发展以及对宇宙和世界存在与发展的认识得以深化和发展，从而推动了现代文化的发展。这就意味着，城市的存在是现代文明发展的基础，而现代文明的发展又赋予了城市发展的动力，在二者相互建构的过程中，城市成为现代文明发展的重要载体。在国家内部，城市成为经济、政治、文化和社会发展的重要中心，对农村等其他区域产生着辐射效应，并且在不同城市之间形成网络，成为推动一个国家的现代文明发展的主要力量。在国际之间，城市也成为不同国家之间乃至在整个世界之中基于经济、政治、文化和社会发展需要而进行交流和合作的重要节点，从而成为人类现代文明发展的重要推进器。

二 "城市的核心是人"：现代化城市建设的主体内容

马克思主义认为，"任何人类历史的第一个前提无疑是有生命的个人的存在"①。"任何历史记载都应当从这些自然基础，以及他们在历史进程

---

① 《马克思恩格斯选集》第一卷，人民出版社1972年版，第24页。

中，由于人们的活动而发生的变更出发。"①这就意味着人类社会发展的所有目的，归根结底都是为了满足人的生存和发展的需要，并在此基础上推动文明的进步，实现人的全面发展和社会全面进步，也就是说任何的发展都必须以人为中心，服务于人的生存和发展。马克思主义的这一论断，是我们考察人类社会发展的任何问题的重要前提，同样也是我们考察城市发展的重要价值追求和基本视角。正是基于此，习近平总书记指出，"城市的核心是人"②。

作为文明发展的成果，城市就是因为基于社会进步而得以出现和发展的，而城市的出现和发展也推动了社会进步，二者之间的互动，是以人的发展为核心而展开的。正是为了更好满足人的生存与发展的需要，人类推动了生产力的发展。生产力的发展推动了城市的出现，城市的出现进一步推动了生产力的发展，进而改变了人们的生活方式和交往方式，推动了人的生存形态的不断发展，使人的生存和发展的需要内容和形式都不断获得了丰富和进步，进而使人的生活质量和生产能力都得到了更大的提升，进而为人的全面发展和社会的全面进步创造了条件。这就意味着从城市发展的历史逻辑来看，城市因人的需要而出现和发展，城市也为人的发展和进步而做出了贡献。

虽然从本质上来看，城市的核心是人，城市的发展要为人服务，要以人为本，但是，从现实的历史发展的具体过程来看，却并非总是如此，而是在历史发展的过程中存在着许多异化的现象。人们为了生存和发展，就需要生产生活资料，在生活资料生产的过程中，就会涉及生产力和生产关系。为了提高生产力，人们就会推动科学技术的发展，进而采取与之相匹配的组织方式。同时，在生产过程中，人们也结成了相应的生产关系，在不同的生产关系条件下，人与人之间的权力关系和社会地位等都存在着较大差异。由此就出现了三方面问题：一是在适应生产力发展的过程中究竟

---

① 《马克思恩格斯选集》第一卷，人民出版社1972年版，第24页。
② 《习近平心中的"城"》，2019年8月27日，央广网。

是为了生产工具和技术手段支配人的问题，还是生产力的发展要为人服务的问题？二是生产目的究竟是为少数人服务还是为大多数人服务？三是在生产过程中是依靠少数人还是依靠最大多数人？由于在不同的历史条件和不同国家、社会的条件下，对上述问题的回答存在着较大的差异，从而决定着"城市的核心是人"这一命题，并非能够在人类文明发展的任何一个阶段和任何一个国度之中，都能够得到切实的实现。

在奴隶社会和封建社会条件下，虽然生产力取得了一定的进步，但生产方式仍然以游牧和农耕为主要形态，在城市主要以手工业生产、集市交易和公共管理等为主要功能，整个社会的生产中心并不在城市之中，城市积聚了奴隶主或地主以及其代表的王公贵族及官僚人员。

随着人类社会进入到现代文明阶段，工业革命使工业生产成为现代生产中的主要形式，生产中心开始由农村向城市转移，农村人口大量涌入城市。在生产关系中掌握资本的资产阶级起着支配地位，同时，在生产过程中工业机器决定着生产的速度和节奏，进而决定着工人的生产和生活的方式。由于现代生产中心由农村向城市转移，导致城市人口数量快速增长，人口结构多样性日益增加，社会矛盾越来越多，这就需要极大提高城市管理能力和改善治理方式。

这就意味着城市发展过程中，基于生产力和生产关系以及上层建筑，作为推动社会发展和秩序建构的要素和机制，一方面，它们可以成为推动社会进步的内在力量；另一方面，一旦它们出现之后，就会具有相对自主性，从而对人产生着制约性的后果。这就意味着，要能够使作为城市核心的人的需求得以满足、权益得以保障、发展得以实现，就必须围绕上述三方面命题，推动生产力、生产关系以及上层建筑的不断创新和发展。而马克思主义认为，人类社会正是在上述几个关系矛盾之下得以发展，而人也在此过程中不断获得解放，人作为城市核心，也在此过程中不断得以体现。

三 "人民城市人民建，人民城市为人民"：社会主义的本质规定

现代化开始于资本主义阶段，并以资本为中心，以工业技术为手段，推动着现代文明的发展，使生产力得到了爆炸性的发展，为人类创造了大量的物质财富，同时也推动了人的发展。作为文明产物的城市，也在此过程中，不仅得到了快速发展，而且也在推动现代化发展过程中起到了重要的作用。这就意味着资本主义为现代文明发展做出了巨大贡献，马克思、恩格斯在《共产党宣言》中对此给予了充分的肯定。但是以资本主义的方式推进现代化发展的路径，虽然对现代文明的生成和发展起到了重要作用，但是也带来了严重的问题。其中一个最典型的内容就是，以资本为中心而导致作为人口大多数的工人阶级与生产机器一样被严重工具化，从而导致人的本质被严重异化。因此，马克思主义认为，应该推动社会革命，在资本主义所创造的现代文明的基础上，形成新的社会制度和政治制度，强调以人民为中心，使现代文明的发展为人民服务，在此过程中，推动人的解放和发展，进而使人的本质回归到人的身上，扬弃了异化。在马克思主义指导下，经过列宁的努力，开启了一条在帝国主义链条最薄弱的环节中通过建立社会主义制度来建设以人民为中心的现代化发展的道路，从而使建设现代文明的路径，不仅仅只有资本主义一条道路，而且还有社会主义的方式。

在中华文明从古典向现代转型过程中，在中华文明历史逻辑、现代化发展逻辑和共产主义运动逻辑的共同演绎之下，作为马列主义与中国工农运动相结合的产物，中国共产党得以诞生并承担起领导中国人民完成民主革命任务和现代化建设的任务。在中国共产党领导下，中国人民和中华民族选择了社会主义制度，并以社会主义的方式来开展现代化建设的事业，经过努力，形成了中国特色社会主义。中国特色社会主义了不起之处就在于，一方面坚持以经济建设为中心，推进现代化建设，在较短的时间内不

仅完成了独立自主的比较完整的工业体系和国民经济体系，在此基础上完成了全面建成小康社会的任务，并开启了全面建设社会主义现代化强国的新征程。另一方面坚持以人民为中心，按照社会主义的方式来推进现代化建设，做到既能够赶上并完成现代化建设任务，而且又能够克服以资本主义方式来推进现代化建设的局限和不足，走出了一条中国式现代化发展新道路，创造了人类文明新形态。

城镇化是推进现代化建设的必然手段和必然结果，因此，中国特色社会主义的原则和逻辑也同样在我们推进现代城市发展过程中得以坚持和演绎。其中，其本质特征概括起来就是习近平总书记所指出的那样，"人民城市人民建，人民城市为人民"。"人民城市人民建，人民城市为人民"是坚持以人民为中心的理念在城市建设过程中的体现，强调的是城市建设要依靠人民，城市建设的目的是为了人民，并在此过程中推动二者的有机统一，从而使人民成为城市建设的主人，保证我们所要建设的城市的性质是属于人民的，是人民城市。这就意味着，在坚持中国特色社会主义，推进人民城市建设理念的落实过程中，"城市的核心是人"这个命题才切实找到了最佳的实现方式。

然而，由于中国是从传统的古典文明向现代文明转型过程中，在现代化浪潮冲击之下，被迫卷入现代化进程的后发国家，在现代化建设过程中，不仅要坚持社会主义的原则，而且要遵循现代化发展的逻辑。因此，在推进现代化的建设过程中，在体现以人民为中心理念的实现方式上，在"人民城市人民建，人民城市为人民"的工作重点上，在不同历史时期存在着一定差异。

中国人民在中国共产党领导之下完成了民主革命的任务，建立了中华人民共和国，实现了使中华民族站起来的目标。为了保证站起来的中华民族不会趴下去，首先必须解决，短时间内快速完成现代化基础任务。为此，我们通过在宏观上建立了计划经济体制，在微观上建立了单位社会体制的方式，在独立自主的条件下，完成了现代化建设的原始积累和社会组织任务，在较短时间内就建立了独立自主的比较完整的工业体系和国民经济体系，并使人民按照现代化的方式得以组织起来，作为整体的人民的主体性得以确立。由于工业化任务主要是在城市中完成，因此我们在推进现代化建设的过程中，也发展了城市建设，使大批现代城市在中华大地上拔地而起。

为了实现现代化建设的可持续发展，我们党做出了改革开放的决定，使个体的正当利益和合理需求得到了尊重，从而极大地调动了人民的积极性，推动着生产力的发展，并通过建立市场经济体制，推进依法治国等方式，使人民个体主体性的发展，不仅有了经济基础，而且有了制度保障。改革开放不仅使中国农村发生变化，更是使中国城市得到了快速发展。大批农民进入城市，为城市发展提供了源源不断的建设力量，同时体制改革也解放和发展了生产力，极大地调动着各类人员的积极性，使各类生产要素作用都得到了极大程度的发挥，不仅创造了大量的物质财富，而且也极大提高了人民生活水平，"人民城市人民建，人民城市为人民"理念，开始从依靠和服务整体人民向依靠和服务具体人民深化。

随着社会主义现代化建设的不断推进，我们国家的社会主要矛盾也由人民群众日益增长的物质文化需要和落后生产力之间的矛盾向人民日益增长的美好生活需要和不平衡不充分的发展之间的矛盾转变，标志着中国特色社会主义进入到新时代。对于城市建设来说，进入新时代，"人民城市人民建，人民城市为人民"理念的落实，也进入了合题阶段，这就是说，既要发挥整体人民在城市建设中作用以及服务整体人民的目的，又要发挥每个具体群众作用以及服务具体群众的目的，并实现将两者有机统一起来。随着现代化建设进入到高品质发展以及人民对美好生活需要日益增长的阶段，因此不论是城市建设的方式和内容，还是满足群众需要的方式和内容，都必须予以创新和发展。这就意味着进入新时代，我们必须推动城市建设从要素生成阶段向整体形态发展阶段跃升，必须围绕着人民这一中心，统筹依靠人民和为了人民之间关系，统筹依靠和为了整体人民和具体群众之间关系，统筹经济建设、政治建设、文化建设、社会建设和生态文明建设之间的关系，统筹城市当前发展的需要和可持续发展需要之间的关系，等等，这些都对党的领导提出了新的要求。

第二节
统一于人民幸福的发展、安全与治理：社会建设的诉求与维度

在人类文明发展的进程中，不论是在逻辑上，还是在历史上，作为人的组织形式的社会都是最早出现的文明基础要素和组成部分，是满足人的生存与发展的组织形式。社会的发展、安全和秩序关系到人的生存和发展，这就意味着，社会建设在人类文明发展中具有基础性意义。马克思主义认为，人类文明发展的目的就是推进人的全面发展，这就需要通过推动社会的全面发展来实现。因此，党的十九届五中全会就把人的全面发展和社会全面发展，作为中国特色社会主义社会建设的目标和使命。而要达到这一目标，就必须协调好社会建设内部各环节关系以及处理好社会建设与中国特色社会主义建设总体布局之间的关系，这一逻辑也同样在人民城市社会建设中得以演绎，这样才能够在推动城市整体发展过程中，围绕每个时期人民幸福和人的发展，提供社会发展、安全和秩序。

一 人的全面发展与社会全面进步：中国特色社会主义社会建设的诉求与逻辑

马克思主义认为，人是历史的目的，离开人来谈历史，没有任何意义。人类文明的发展过程，就是在保证人类生存的基础上，通过理性指导下的实践，不断创造使人类能够更好生存和发展的条件，并在此过程中，也推动了人的发展。而这些条件和内容的历史性沉淀的成果，就成为人类文明的组成部分和具体内容。经过历史演绎和人类创造，人类文明就包含经济、政治、文化、社会和生态等方面建设成果，即物质文明、政治文明、精神文明、社会文明和生态文明五个方面内容。经济建设所形成的物质文明，主要是在生产经营领域为人类发展提供了物质基础；政治建设所形成的政治文明，主要是在公共治理领域为人类发展提供了公共秩序；文化建设所形成的精神文明，主要是在思想文化领域为人类发展提供了精神力量；社会建设所形成的社会文明，主要是在生活交往领域为人类发展提供了基本条件；生态文明建设所形成的生态文明，主要是在生态文明领域为人类发展提供了生态保障。这五大方面内容，既是人类五个领域的文明成果，也是人类社会健康发展的重要条件，从而成为了作为类的人的全面发展所需要具备的充分和必然的条件。

这五方面内容，虽然对于人的发展来讲是重要的，但是这些内容是在人类历史发展过程中不断分化和累积而形成的，其本身的演进就体现了文明发展的内在规律。并且这种发展不仅在人类社会整体逻辑中是如此，而且在中国特色社会主义发展过程中也是不断生成，并存在着侧重点的差异。

首先来看人类文明发展过程中上述五个方面分化和发展的情况。虽然人一出现，就基于生产，存在着分工的现象，但是这类分工都还仅仅属于社会共同体内部的简单分工。人类社会发展不论是在支持条件和领域，还是在分工内容和条件上，都尚未发生较大分化。因此，在原始社会，人类处于尚未分化的整体性状态，自然因素较多，文明因素较少。随着国家的出现，国家和社会开始分野，并在国家力量推动之下，文明形态开始快速发展。作为上层建筑的文化建设领域，也开始进一步从社会中分化出来并得到发展。然而，基于游牧和农耕的生产方式，经济生产更多是以血缘为纽带的家庭共同体为基础而展开。因此，在古代社会条件下，经济领域和社会领域的分野并不明显。由于生产力比较落后，人们的经济和社会活动尚未对自然构成较大破坏，生态问题并不突出。随着人类社会进入现代阶段，在资本逻辑和工业化逻辑共同作用之下，社会成员开始从共同体化状态向原子化状态过渡，并按工业化生产方式和契约性原则，重新将人们在经济领域组织起来，经济生产与社会生活的分野发生了质的变化。随着现代化的发展，人类的经济和社会生活开始对自然环境产生严重破坏，于是生态文明建设的任务就被提出。文明内容的分化意味着某个领域或某个方面的发展获得了进一步推进，从而满足人类发展某一方面需求的能力得到了提升。因此，伴随着上述文明发展过程，人类不仅创造了这些文明成果，使自身的发展有了更好的条件支持，同时也提升了人类的创造能力，进而推动了人的发展。正是在这一逻辑的演绎之下，人类不断向自由而全面的发展方向迈进。

从大的逻辑角度来看，在原始社会和古代社会条件下，中华文明发展情况与人类文明整体发展情况基本相似。在古代和古典时期，以小农生产为基础的自给自足的自然经济，使经济生活和社会生活都以血缘为纽带的家庭共同体为基础而展开，并没有得到充分分化。鸦片战争之后，中国被迫卷入现代化，在中华文明历史逻辑、现代化发展逻辑和共产主义运动逻辑的共同演绎之下，在中国共产党领导下，我们选择了以社会主义方式来推动现代化建设。新中国成立之后，经过社会主义改造，根据现代化建设的需要，我们建立了计划经济体制和单位社会体制，构建了计划经济条件下的整体性社会。通过单位办社会的方式，从而使人们从血缘共同体中被剥离出来，按照现代化建设需要，重新以单位方式组织起来。同时，单位社会体制又导致生产共同体和社会共同体合一，并服从于经济生产等生产经营性需要，再加上现代化建设所急需的原始积累压力较大，需要将更多的生活消费转移到生产消费上，从而导致社会建设的内容受到了挤压。

改革开放特别是市场经济建立之后，计划经济体制和单位社会体制都退出了历史舞台。在经济领域，人们开始以市场为基础，建立了契约性的关系，并随着单位办社会停止，人民群众的生存状态开始从单位人向社会人转变，社会领域与经济领域开始得到分野。同时，随着工业化的推进，环境破坏现象日益严重，生态文明建设任务从而被提出。于是，经过改革开放以来的努力，在党的十八大上，最终形成了包含经济建设、政治建设、文化建设、社会建设和生态文明建设五个方面内容的中国特色社会主义事业建设的总体布局，并在党的十九大上将这五大方面建设成果确定为物质文明、政治文明、精神文明、社会文明和生态文明。

"五位一体"总体布局的形成，标志着社会主义现代化建设，已经发展到在基本维度上具备了能够支持人的全面发展的阶段，接下来就需要在两个方面上下功夫：一是推动五大建设的每一方面内容的进一步深化；二是推动五大建设之间的关系有机化。那么如何来推动这两方面工作的开展呢？党的十八大之后，习近平总书记提出，"人民对美好生活的向往，就是我们的奋斗目标"。这就意味着必须围绕着满足人的生存和发展需要出发，来推动上述两方面的工作的开展，进而推进整体文明形态发展。党中央指出，"社会建设与人民幸福安康息息相关"。这就意味着，在五大建设内容中，与人的生存和发展、与人民群众幸福体验密切相关的最基础的领域，就是社会建设。而在"五位一体"总体布局中，社会建设又是较迟提出的一个概念，也是在经济、政治、文化建设拥有了较好的基础之后被重视的一个领域，从而也较能体现现代化建设所要达到的目的那一个内涵。因此，加强社会建设，将关系到社会主义现代化建设的目标的最终实现，关系到人的全面发展和社会的全面进步。为此，党的十九届五中全会通过的《关于制定国民经济和社会发展第十四个五年规划和二〇三五年远景目标的建议》在涉及"改善人民生活品质，提高社会建设水平"这一主题时，强调要"坚持把实现好、维护好、发展好最广大人民根本利益作为发展的出发点和落脚点，尽力而为、量力而行，健全基本公共服务体系，完善共建共治共享的社会治理制度，扎实推动共同富裕，不断增强人民群众获得感、幸福感、安全感，促进人的全面发展和社会全面进步"。

二　在发展、安全与治理之间：中国特色社会主义社会建设的维度与内容

社会建设之所以在人类文明发展中具有基础性意义，并关系到中国特色社会主义事业发展的诉求和目的实现，就在于经济建设、政治建设、文化建设和生态文明建设的成果最终都要落实到每一个人的身上，也就是说

必须把实现好、维护好、发展好最广大人民根本利益作为发展的出发点和落脚点。而这些工作都需要通过社会建设来完成。不论是从人类长期以来所坚持的规律，还是从中国共产党在现实工作过程中所推动的实践来看，社会建设所涉及的维度和内容，都是直接关系着人的生存与发展，也是其他四个方面建设得以造福每一个人民群众的具体落地措施。

理解和分析上述内容，需要从人的生存和发展的基本条件入手。人要生存和发展，需要三个条件：一是需要基本的生活资料和相应的生活条件，即民生需求；二是需要有序的各种关系和相应的运行制度，即秩序需求；三是需要稳定的安全环境和相应的安全措施，即安全需求。因此，民生、秩序和安全，就成为社会建设所需要提供的三个基本条件。

对于民生建设而言，一方面必须开展相应的生产，另外一方面还要根据人的生活、健康和教育等需求提供相应的供给。这些内容都涉及经济和社会发展的范畴。这就意味着，可以从需求和供给两个角度来理解：在需求方面，我们可以理解为人民生存和发展的需求，就是所谓的民生；在供给方面，我们可以理解为物质生产和社会服务的供给，就是所谓的发展。从群众的视角来看，这些就是具体的民生。从国家的视角来看，就成为广义的发展。其中，既包括经济发展，也包括社会发展。因此，在较长时间内，这些民生内容在我们党的政策之中，是放在经济发展的内容中来考虑的。到了党的十七大提出社会建设概念之后，才把民生内容独立列出来作为社会建设的重点内容。这就意味着，发展不仅意味着经济发展，同时也涉及社会发展的内容，关系到经济生产和供给的那一部分就列入经济发展，涉及其他与人的生存和发展密切相关的那些供给，比如就业、教育、健康、收入、医疗、社保、居住等内容，就列入社会发展。在现实过程中，经济发展内容和社会发展内容不仅在有些项目上存在着交叉性，而且在市场经济条件下，社会发展的内容也必须通过市场化方式予以供给。因此，在实际过程中，对于党和政府的工作来讲，只能是大致分类，或采取相对分工的方式，来推动经济发展和社会发展。

不论是经济运行和发展，还是社会运行和发展，人们在此过程中都需要结成各种关系，既有工作性关系，也有利益性关系，还有其他关系，这些关系在宏观上的沉淀就成了社会结构。只有让这些关系处于有序状态，才能使经济和社会得以健康运行和发展，这就是所谓的"秩序"。不论是整个社会，还是各参与主体，不论是具体共同体，还是每一个个体，有了秩序，才能使人产生明确的预期，才能使社会具有稳定基础，这就是为什么邓小平要强调"发展是硬道理，稳定压倒一切"的原因所在。然而，经济和社会总是处于发展和变动之中，导致社会关系和社会结构不断发生变化，使既有秩序不断被打破，这就要求我们在微观上和宏观上，都必须快速进行调整，建构新的相对稳定的关系和结构，从而为经济和社会运行提供秩序基础。

另外，我们还必须看到，这种关系和结构的调整和更替，许多情况下还是由党和政府主动推动的结果，其目的是释放发展活力、培育新的动力，这就是改革。这就意味着，经济和社会的运行和发展，既需要稳定秩序，又需要不断更迭结构，创造新的秩序。因此，秩序建构是动态过程，是变和不变的有机统一，这就需要国家和社会的公共权力，能够有效把控全局和全过程，使全局中各参与主体和部分既能够在利益满足的基础上，形成相对稳定关系，又能够遵循社会发展的需要不断调整结构，并把握好发展过程中的各阶段和各环节之间关系，就是我们党所强调的"统揽全局，协调各方"，从而做到发展和秩序的有机统一。由此，我们就将由公共权力会同各方力量不断调整关系、建构秩序、推动发展的行为，称为治理。这些治理工作可以在国家范围内展开，也可以在社会层面中推进，还可以在各个领域之中进行，于是我们就有了国家治理、社会治理以及其他各领域治理的概念。而所谓社会治理，就是围绕着基层社会各参与主体之间的关系调整、秩序建构、发展推动而展开的行为和实践。

在经济和社会运行和发展过程中，既要处理好人的关系，也要处理好物的关系，还要处理好人和物之间的关系；既要处理好经济、政治、社会、文化和生态文明等各领域建设的内部关系，还要处理好这些领域之间的彼此关系；既要处理好国家内部关系，还要处理好国际关系。这些关系

处理好了，相应的秩序就得以建立。但是在现实过程中，总是会出现各种因素导致上述某一方面或某几方面乃至整体出现重大危机，从而导致正常的运行和发展受到了严重破坏，即安全的问题。处理安全问题，是守护人民幸福和社会进步的重要底线。而要解决安全问题，既要重视安全问题出现时的快速应急处置，也要重视日常建设过程中的安全隐患消除。在日常建设过程中，既要在消极层面上针对具体安全隐患予以解决，又要在积极层面上重视人和物两方面的建设性内容落实。正是基于此，习近平总书记才不断强调，我们要做好发展和安全的统筹工作。在社会建设的层面，我们也同样必须重视具体社会安全隐患的解决，还要重视各方利益的满足和关系的调整。而这些举措，也就成了社会治理的相应内容。从上述分析中可以看出，社会治理主要是围绕着秩序建构而展开，既有基于发展而采取的治理行为，也有基于安全而采取的治理行为。

综上所述，围绕社会建设的内涵和维度，我们可以从多个角度展开理解：一是从满足人的生存与发展的基本条件视角看，社会建设包含民生、秩序和安全三方面内容。二是从党和政府推动工作的视角来看，社会建设包含发展、安全和治理三个维度。三是从党中央的文件表述上来看，社会建设主要包含民生建设和社会治理两方面内容，而社会治理又包含基于发展和安全而引起的治理行为的两方面内容。

改革开放以来，我们党对这一问题的理解，也是不断发展的。在党的十七大之前，社会建设内容主要是纳入经济建设和政治建设范围内来展开的。党的十七大报告首次提出了以民生为重点的社会建设，党的十八大报告提出要"在改善民生和创新管理中加强社会建设"，党的十九大报告提出要"提高保障和改善民生水平，加强和创新社会治理"。至此，社会建设主要包含民生建设和社会治理两方面内容，而社会治理内容又包含基于发展和安全而引起的关系调整的两方面治理内容，基本成为党内一个基本共识。到党的十九届五中全会，在《中共中央关于制定国民经济和社会发展第十四个五年规划和二〇三五年远景目标的建议》中社会治理包含的这两方面内容在篇章安排上就更加明显和突出，基于发展而引起的关系调整的治理内容与民生建设放在同一个大点中来写，而将基于安全而引起的关系调整的治理内容放在以专门安全为主题的大点之中。党的十九届五中全会《建议》的这一安排，更进一步说明了上述我们分析的逻辑与党中央理解的契合性。

三 社会建设与现代化城市发展：人民城市社会建设的功能与定位

上一点我们已经从社会建设自身内容的视角，分析了社会建设对人的生存和发展可能起到的作用，从而把握了社会建设的维度与内容。在这一点里，我们将从社会建设与中国特色社会主义事业总体布局"五位一体"中其他建设之间的关系，来把握社会建设在整体文明形态建设中的功能和定位，并以此逻辑来把握社会建设与现代化城市整体建设之间的关系，从而明晰社会建设在整体人民城市建设中的功能和定位。

首先，我们来看社会建设与经济建设之间的关系。在上一点中，我们已经提到社会建设重要内容之一就是民生建设。从社会的角度来看，民生内容是为了保证人民群众生存和发展的基本条件，但如果我们从经济的角度来看，它属于社会生产总过程的相应组成部分，是作为生产、交换、分配、消费四个环节中的相应环节内容。因此，在党的十七大之前，民生建设相当大的一部分被纳入到经济发展内容中予以考虑和统筹。这就意味着社会建设之中的民生问题与经济发展密切相关。即使如此，我们还必须看到，当我们把社会建设独立出来之后，实际上是从社会的人的视角，而不是从经济的物的视角，来看待这些问题。这说明了两方面的进步：一方面是我们的经济发展已经到了能够更加注重分配和消费的层面，可以更好满足人们的生存和发展的需求，因此，满足人民美好生活需求这样一个相对较高的要求，才能够有底气被提出来；另一方面是更加重视人的生存和发展问题，人民群众的主体性不仅在整体层面上被重视，而且在具体层面上被尊重，人民群众需求不仅在基本生存保障上予以满足，而且在全面发展内涵上予以重视。这就意味着，民生建设不再仅仅作为经济发展的一个环节予以对待，而且作为人的全面发展和社会全面进步的具体目的予以重视。因此，党的十八大强调"提高人民物质文化生活水平，是改革开放和社会主义现代化建设的根本目的"。①

其次，我们来看社会建设与政治建设之间的关系。从广义上来看民生问题也同样属于政治建设的内容，不过我们在这里重点考察的是社会建设中的社会治理内容与政治建设之间的关系。所谓政治，就是通过建构和运用公共权力，来处理公共事务，进而推动社会发展和建构社会秩序。而所谓治理，实际上就是着眼于社会发展和社会秩序，围绕着公共事务的有效处理来运用公共权力或在公共权力所制定的相应规则下，来协调各方面关系的过程和行为。因此，当这些公共事务属于整个国家层面的，我们称之为国家治理，属于社会层面的，我们就称之为社会治理。

然而，不论这些公共事务是在国家层面，还是社会层面，都涉及需要动用到公共权力或与公共权力有着一定联系，因而治理与政治有着密切的相关。只是在国家治理的层面上公共权力的影响因素多一些，在社会治理的层面上社会权力的因素多一些。在中国特色社会主义的条件下，我们强调的是党建引领基层治理，特别是中共中央、国务院最近出台的《关于加强基层治理体系和治理能力现代化的意见》明确指出，要"坚持党对基层治理的全面领导，把党的领导贯穿基层治理全过程、全方面"，要"推动政府治理同社会调节、居民自治良性互动"。这就意味着，在社会治理之中，同样必须贯彻党的领导和发挥公共权力的作用。因此，社会建设不仅是在整体上受政治建设影响，而且社会治理本身成为了政治建设和国家治理的重要组成部分。因此，社会建设与政治建设密切相关，并且必须在政治建设指导和作用下，才能得到有效推进。

再次，我们来看社会建设与文化建设之间的关系。文化建设之中的价

---

① 胡锦涛：《坚定不移沿着中国特色社会主义道路前进，为全面建成小康社会而奋斗——在中国共产党第十八次全国代表大会上的报告》，《人民日报》2012年11月9日。

值导向倡导和文化权益保障等内容，对社会建设来说意义重大。文化权益保障的相关内容本身就属于民生建设的重要组成部分，而价值导向倡导，不仅关系民生服务的价值和内容，而且关系到社会治理的方式和内容。具体来说，每个阶段党中央推动民生建设和社会治理的方式和内容的调整和变革，其背后都有相应的价值内涵的发展和创新。如何将这些价值内涵贯彻到社会建设的各个方面，并让民众能够了解理解并接受这些价值内容，就是文化建设很重要的一个任务，比如群众性精神文明建设工作很大一部分内容就与之密切相关。我们强调基层治理中的法治、德治、自治有机结合，其背后的相应理念，就需要通过文化建设的价值倡导来传播和推广。另外，从人民文化权益保障方面来看，公共文化服务、群众性文化活动、全民健身活动等方面内容，都跟民生服务内容密切相关，甚至一些内容就是民生服务的内容之一，只是在具体工作上需要做相应的部门分工而产生了一些差异性。因此，社会建设离不开文化建设，文化建设也同样需要服务于社会建设。

最后，我们来看社会建设与生态文明建设之间的关系。虽然，生态文明建设与经济建设关系比较密切，很多生态问题是基于经济活动而带来的后遗症，但是，生态文明的建设，最终也是跟人的生存和发展联系在一起，从而与社会建设有着密切联系，这是从整体的角度来看。如果我们从具体的操作性内容来看，生态文明建设在城乡社区中许多内容直接成为民生建设和社会治理需要调整的一个组成部分，比如围绕垃圾分类和环境整治等内容，不仅关系到民众的居住环境和身体健康，而且关系到治理方式，在许多城乡社区中志愿者的很重要的工作内容之一就是围绕着环保而展开，从而使基层治理的力量和方式发生了变化，推动了社会治理的发展。

综上所述，由于社会建设涉及人的生存与发展，其他方面的建设成效最终都得以推进人的发展和社会进步作为检验，因此，社会建设就具有基础性和枢纽性的作用。一方面社会建设是其他方面建设最终能惠及每一个人民群众身上的重要载体和渠道之一。另一方面社会建设也需要其他方面

建设予以支持。总之，社会建设作为中国特色社会主义事业"五位一体"的组成部分，与其他四个方面建设密切相关，是相辅相成的关系。作为现代文明的重要载体，城市内部各部分的关联性更为紧密，因此，社会建设与其他方面建设之间关系逻辑在现代化城市建设之中的体现就更为突出。基于人民城市建设，强调以人民为中心，不仅发展依靠人民，而且发展为了人民，这就使社会建设在人民城市建设之中的地位和作用更为凸显。

第三节 中国特色社会主义发展与党领导社会建设体制、方式变迁的历史逻辑

为人民谋幸福是中国共产党的初心使命，提高人民群众物质文化生活水平是现代化建设的根本目的。因此，推进社会建设就成为社会主义现代化建设和中国特色社会主义事业发展的重要组成部分。这就需要在党的领导下，建立相应的体制，采取相应方式，充分动员和组织各方力量，推进社会建设。然而，由于在社会主义现代化建设每一个历史时期，我们国家生产力水平和工作重点任务存在着较大差异，导致对社会建设的重视程度和内容要求也有着相应变化，再加上经济和社会结构以及国家治理方式不断调整，从而使党领导社会建设的体制和方式也因此呈现出阶段性特征。

一 党领导社会建设及其体制和方式：原因、内容与要素

习近平总书记指出，党的领导是中国特色社会主义的最本质特征，是中国特色社会主义制度的最大优势。因此，我们必须"坚持党对一切工作的领导。党政军民学，东西南北中，党是领导一切的"。社会建设是中国

特色社会主义事业总体布局的重要组成部分，坚持党对社会建设的领导，既是中国特色社会主义本质特征所决定的，也是推动社会建设发展的内在要求。党对社会建设领导工作究竟是怎样展开的呢？这就需要我们从理论逻辑、历史逻辑和实践逻辑入手予以把握。在这个意义上，我们首先从理论逻辑入手进行分析。具体来说，我们认为可以从机制结构、主体结构和内容结构三个方面来把握。由于涉及社会建设的内容结构已经在前文中做了具体说明，这里主要对机制结构和主体结构两个方面做重点介绍，对内容结构的相关情况只是做简单的分析。党领导社会建设的体制和方式的内容，正是包含了上述三个结构，并形成有机统一的结果。

从机制结构来看，党领导社会建设主要通过价值、任务、制度和组织四个机制性要素来实现。价值包含两个方面内容：一是基本理念，二是指导思想。基本理念，包含中国共产党长期所坚持的理念以及每个历史时期中国共产党对社会建设的具体理念。对于中国共产党来讲，前者基本不变，后者将根据时代和条件而发生变化。指导思想，包含马克思主义以及马克思主义中国化每个阶段的成果。对中国共产党来说，马克思主义作为指导思想是不变的，马克思主义中国化的成果，总是根据中国实践的发展而不断与时俱进的。其中，也包括在马克思主义指导之下我们党对社会建设的理解和认识的成果。任务包含两个方面内容：一是最高纲领及其对社会建设的要求，二是最低纲领及其对社会建设的要求。后者包括我们在大的历史时期对社会建设的总要求以及在这个时期内的每个特定阶段对社会建设的要求。制度，包含两方面内容：一是党对社会建设的整体制度体系，二是社会建设内部的具体制度安排和相应机制。组织，包含两方面内容：一是党领导社会建设的相应组织体系安排，二是社会建设内部的相应参与主体的组织机构。上述四个机制结构要素的内在关系和逻辑如下：在相应的价值和理论指导下，根据每个时期实际情况确定相应的任务，为了完成相应的任务需要形成相应的制度体系，并落实到相应的组织体系和组织主体来完成这些任务。

接下来我们来看社会建设参与的主体结构。从当前我国文明结构的角度来看，参与主体由政党、国家、社会和市场四个方面组成。不论是推动文明结构中的哪一个组成部分发展，在中国特色社会主义条件下，都是在党的领导之下，四个主体都发挥着相应的推动作用，同样这一逻辑也在推动社会建设之中得到演绎。因此，党领导社会建设的主体结构也同样包含政党、国家、社会和市场四个方面的要素。然而，这些主体要素，在中国特色社会主义发展过程中，是不断分化和生成的，并非在新中国成立之初就包含这四个方面要素。

最后，我们来看一下社会建设的内容结构。从前文分析中来看，当前我们党认为社会建设主要包含两方面内容，一是民生建设，二是社会治理。围绕民生建设，需要推动相应发展内容，而社会建设又包含基于发展而引起的关系调整的治理以及基于安全而引起的关系调整的治理。正如前文所提出的那样，社会建设的相应内容的形成，也是经历了一个历史过程，在党的十七大之前这些内容是被分散地安排在经济建设和政治建设的相应内容之中。

上述三方面结构的有机统一，共同组成了党领导社会建设的体制和方式。具体来说就是社会建设的参与主体，遵循着相应的机制，推动着社会建设的内容的解决，并且相应的机制根据社会建设的内容需要而不断调整，同时相应的机制也根据社会建设的参与主体变化而不断发展。当然，社会建设的主体结构和内容结构也在时代发展的要求之下，受到机制结构的相应内容的影响。正是在上述逻辑的作用之下，党领导社会建设的体制和方式也因此适应时代发展的要求而不断得到发展和创新。

二 社会主义建设时期党领导社会建设的体制与方式：建构逻辑与机制

"为人民谋幸福，为民族谋复兴"是我们党的初心使命。为了实现这一初心使命，中国人民在党的领导之下，按照时代要求和革命建设发展的内在逻辑，来确定不同历史时期的政治任务。在新民主主义革命时期，最主要任务就是推翻三座大山，实现人民解放和民族独立。为此，在党的领导下，中国人民浴血奋斗。在这一时期，社会建设的主要任务是将人民组织起来，推翻旧的社会结构，并尝试建立新的社会结构。新中国成立之后，经过土改和社会主义改造，2000多年封建主义的旧的社会结构彻底退出中国历史舞台，代之以在城乡建立社会主义的社会结构。由于中国革命是从政治革命入手推动社会革命，因此，不论是在革命时期，还是社会主义改造时期，中国的经济和社会结构的改造和转变工作，都是在政治力量推动之下得以实现的，从而使党在社会建设的机制结构、主体结构和内容结构之中，都发挥着领导作用。

新中国成立之后，推动社会主义现代化建设成为主要任务。为了克服现代化建设对原始积累和高度组织化的诉求与中国社会一穷二白和一盘散沙之间的矛盾，在中国共产党领导下，我们国家在宏观上建立了以国家政权为主导的计划经济体制，在微观上建立了以基层党组织为领导的单位社会体制。所谓单位，就是以基层党组织为领导核心而建构起来的集经济生活、政治生活、社会生活和文化生活为一体的微观社会共同体。单位社会体制是服务于计划经济体制的，便于与计划经济体质相契合的社会建设的方式，是由党组织和行政力量直接领导和组织之下开展的。单位，被区分为机关单位、企业单位和事业单位，这些单位是以管理、生产和服务为诉求而组织的，同时每个单位都负责干部职工的民生和治理问题，即"单位办社会"。这就意味着，在计划经济体制和单位社会体制的条件下，社会建设尚未成为相对自主的领域，而是被整合在政治建设和经济建设之中，从而在党领导社会建设的体制和方式上，不论是在国家的宏观层面，还是在基层的微观层面，更多的是融合在政治领导、行政组织以及经济运行之中。

同时，社会建设与民生建设的内容，一部分作为经济循环的一个环节，另一部分作为社会事业的进行建设。社会治理，不论是基于发展的关系调整，还是基于安全的关系调整，或者被纳入到生产管理范围或者被纳入为政治工作的内容。另外，由于在社会主义建设时期，更多是在完成社会主义现代化建设基础任务阶段进行的，因此现代化建设原始积累的要求和压力较大。这就意味着在生产资料和生活资料分配上，更强调生产资料，所谓"勒紧裤腰带搞建设"，这就是民生建设的任务，相对于生产建设来讲，摆在第二位。为此，新中国成立以后到改革开放之前，党中央都非常强调要做好群众的思想工作，甚至到了"文革"期间，把群众对改善民生问题的诉求当成"资本主义的尾巴"予以对待，从而把这一逻辑推向了极致，进而抑制了人们的积极性。

综上所述，在社会主义建设时期，在中国共产党领导下，实现现代化建设的原始积累和推动社会的高度组织化，成为当时的主要任务。为了实现这一任务，我国建立了计划经济体制和单位社会体制，从而使社会建设尚未形成相对自主的领域。不论是制度安排和组织方式，还是具体建设内容都被纳入到经济建设和政治建设的范围之内，除了党政群组织的力量之外，社会成员完全被组织在单位之中，其他社会和经济组织的力量尚未形成。总而言之，在社会主义建设时期，经过社会主义改造之后，建立新型社会的任务是按照计划经济体制和单位社会体制的方式来推动的，虽然，社会事业也作为现代化建设的一个组成部分，被纳入了国民经济和社会发展的总盘子之中，并且也建立了单位社会体制，但是整体服从于计划经济体制，党领导社会建设的机制结构、主体结构和内容结构都尚未获得分化和发展。

三 改革开放时期党领导社会建设的体制与方式：变迁逻辑与机制

计划经济体制和单位社会体制，虽然能够为现代化建设的基础性任务完成而奠定基础，但是由于更多重视的是生产性积累、整体性发展和集体性动员，而对社会成员的正当利益和合理需求重视不够，从而导致经济和社会可持续发展的内在动力缺失。为了调动人民群众的积极性，解放和发展生产力，充分吸收人类现代文明成果，党的十一届三中全会做出了改革开放的决定。改革开放之后，我们党明确提出"贫穷不是社会主义"，进一步落实"一要建设，二要吃饭"的方针，在理念和政策上，重视满足人民的正当利益和合理需求，并破除计划经济体制和单位社会体制条件下抑制人们积极性的相应观念和机制。在改革开放初期，受到"文革"的破坏以及单位社会逐渐走向衰微等因素的共同作用，社会治安问题成为干扰经济和社会正常发展的一个因素。为此，从20世纪80年代初开始，在党的领导下，不断围绕社会治安问题而调动各方力量予以解决，形成了社会治安综合治理的工作体系，从而开启了基于安全而形成的各方面关系调整和合作的治理工作的体制机制构建。

经过一段时间的改革，党的十四大做出了建立社会主义市场经济体制的决定。市场经济体制的建立，使计划经济体制退出历史舞台，经济和社会的组织方式也由传统的借助政治力量的组织化手段向借助经济力量的契约化手段转变，为此单位社会体制开始走向衰微，单位之中所包含的生产管理服务的工作性职能与民生内容和社会治理的社会性职能开始分开，生产经营的经济领域与民生治理的社会领域开始分化，社会成员的生存形态也从单位人向社会人转变。社区成为单位社会逐渐解体之后，承接社会功能的新型的主要载体，不仅要承接再就业、吃低保等过渡性的民生内容，而且还承担着最基础的基于发展和安全所带来的社会治理责任。因此，从20世纪90年代初开始，社区建设就成为了社会建设的基础环节，也成为了市场经济条件下社会建设的典型缩影。经过一段时间探索，形成了党组织领导下，居委会、业委会和物业公司"三驾马车"合作治理的社区治理的基本模式。

由此，社会组织作为一种参与主体成为了社会建设的重要力量。改革开放之后，中国社会经历了两次社会转型。第一次是因市场经济建立而导致的基于制度变迁所引起的社会结构转型，第二次是因网络社会生成而导致的基于技术革命所引起的社会结构转型。这两次转型在时间上很接近，因此所产生的后果几乎是叠加性的。市场经济的建立导致中国社会成员由单位化向原子化转变，并在经济领域和社会领域的组织方式上发生了重大变化。网络社会生成使人们的生存形态发生了根本性的变化，导致人不仅在物理空间中生存，而且也在虚拟空间中存在，同时，其所具有的去中心化、跨区域快速将人们链接起来的特点，推动着原子化社会成员朝着自我组织化的方向发展。进入21世纪，随着社会主义市场经济发展，并在网络社会催化之下，基于价值、利益和兴趣等因素而形成的各类社会组织开始大量涌现和发展。同时，叠加性的社会结构转型的深刻影响，导致了社会内部的多样性进一步分化以及利益关系的冲突与矛盾进一步加剧。这就意味着，社会领域相对自主性进一步凸显，内部复杂性进一步加大，不仅与其他领域建设的互动性进一步加强，而且对整个中国特色社会主义事业发展产生了重要的影响。同时，在社会主义的条件下，经济发展的目的是推动人的发展，随着改革开放和社会主义现代化发展，我国GDP已经大幅度获得跃升，如何将经济发展的成果转化为推动人的发展的内容，也日益被提上议事日程。这就意味着，中国特色社会主义事业的发展已经到了这样的一个时期了：不能简单地将社会建设作为其他领域建设的一部分予以对待，需要从整体和系统角度来考虑社会建设这一领域的问题。

为此，2007年召开的党的十七大就专门提出了社会建设这一命题。这就意味着，社会建设作为独立领域，正式被纳入中国特色社会主义事业的总体布局之中。党的十七大报告将社会建设单列一部分，强调"加快推进以改善民生为重点的社会建设"，并对发展教育、扩大就业、深化收入分配制度改革、加快社会保障体系建设、建立基本医疗卫生制度、完善社会管理等社会建设的主要问题进行了全面部署。同时，提出"要健全党委领导、政府负责、社会协同、公众参与的社会管理格局，健全基层社会管理体制"。① 在这里已经强调了社会协同和公众参与，从而在参与主体上，将发展了的社会力量整合进社会管理格局和社会管理体制之内，并且在相关

---

① 胡锦涛：《高举中国特色社会主义伟大旗帜，为夺取全面建设小康社会新胜利而奋斗——在中国共产党第十七次全国代表大会上的报告》，《人民日报》2007年10月25日。

内容中明确提到社会组织。不过我们也看到，党的十七大所提出的社会管理格局和基层社会管理体制的思路，还是放在着眼于社会安定团结和社会稳定方面来把握的，也就是说是基于安全的维度来考虑社会管理的。党的十八大和十九大的报告，就比较明确地将基于安全和发展两方面而引起的关系调整的内容都列入社会治理范畴之中，并在概念上将社会管理改为社会治理，并扩充了社会治理格局的内容，增加了法律保障和科技支撑的内容。

第四节
党领导社会建设体制创新、方式变革与人民城市建设：新时代的命题与成都的追求

党的十七大提出了社会建设这一重要命题，同时也提出了社会管理新格局。不过，社会建设的具体内容还需要进一步丰富，党领导社会建设的体制和方式还需要进一步深化，从而使社会建设这一重要任务，能够得以顺利和有效推进。党的十八大之后，党中央提出的人民对美好生活的向往就是我们的奋斗目标的理念，以及以人民为中心的发展思想，为我们进一步深化和丰富社会建设的内涵和内容，明确了价值诉求和指导思想。同时，全面深化改革以及推动国家治理体系和治理能力现代化的提出，也为我们进一步完善党领导社会建设体制创新和方式变革明确了方向、确定了思路。成都市遵循人民城市建设的理念和逻辑，推动党领导社会体制创新的一系列改革措施，就是按照上述社会建设发展的规律所开展的实践，从而为人民城市社会建设构筑了"四梁八柱"，从而为我们党在新时代深化社会建设内涵和内容以及完善党领导社会建设体制创新和方式变革做出了贡献。

一 全面深化改革与国家治理现代化：新时代党领导社会建设体制创新与方式变革的理论逻辑与现实根据

所谓国家治理，就是指由公共权力来领导和协调各参与治理主体，处理各方面公共事务，进而在保证整体社会安全稳定的基础上实现发展和秩序的行为。因此，我们在考察国家治理的过程中，既要考察公共权力及各参与主体，又要考察它们所处理的各方面公共事务。其中，公共权力及其各参与主体是国家治理的主体要素和结构，公共事务是国家治理的内容要素和结构，安全、发展和秩序是国家治理的目标要素和结构。

从国家治理的主体要素和结构的角度来看，要实现国家有效治理，就必须推动公共权力及各参与治理主体之间形成相应的体制，既包括公共权力之间的权力关系运行的体制，也包括公共权力与各参与治理主体之间的权力关系运行的体制。同时，还需要公共权力及参与主体在治理过程中的作用得到有效发挥以及拥有较高能力水平，这既包括公共权力及参与主体的各要素的作用发挥和水平能力，也包括整体的作用发挥和水平能力。前者，我们称之为国家治理体系，后者，我们称之为国家治理能力。

从国家治理的内容要素和结构角度来看，国家治理所涉及的公共事务，既包括经济建设、政治建设、文化建设、社会建设和生态文明建设的内容，也包括这些内容所组成的整体的中国特色社会主义总体布局；既包括经济建设等五大建设内容，也包括五大建设各领域内部的各个组成部分。在国家治理过程中，既要重视五大建设的协调发展和总体推进，也要重视各领域内部的组成部分协调发展和整体推进。

从国家治理的目标要素和结构来看，国家治理涉及整体社会的安全发展和秩序。这里既包含中国特色社会主义事业建设的安全、发展和秩序，也包括总体布局的五大建设各组成部分的安全、发展和秩序，还包括五大建设各组成部分内部的各具体领域和各组成部分建设的安全、发展和秩序。

国家治理的目标要素和结构，是现代化建设过程中每一个历史阶段都应该达到的要求。但是，国家治理的主体和内容的要素和结构，这两方面都经历了历史性生成和发展的过程。关于国家治理所涉及内容要素和结构方面的生存和发展历程，我们在前文中已经做了详细的分析，这里就不展开说明了。这里重点说明一下主体结构要素的生成和发展的过程。在计划经济时期，经济社会发展，主要是在党和国家力量下推动和发展的，计划经济体制和单位社会体制，实际上也是由国家力量和政党力量直接组织着经济和社会，从主体性角度来看，经济领域和社会领域的相对自主性都非常弱。改革开放之后，特别是党的十四大做出了建立社会主义市场经济体制的决定之后，市场作为经济领域的重要组织载体和力量开始生成并发展，标志着现代市场在中国的出现和发展。党的十五大做出了依法治国的决定，标志着现代国家在中国发展进入到了以法治为基础的新阶段。党的十六大提出了"三个代表"的决定，标志着党的建设适应现代市场和现代国家的发展而进行的创新和发展。党的十七大提出了要推进和谐社会建设，标志着现代社会在中国的全面建成。

这就意味着到党的十八大之前，作为现代国家治理的主体要素的政党、国家、社会和市场，已经全部生成并初步得以发展。然而，由于是在较短的时间内得以生成和发展，国家治理的主体要素和结构，存在着两方面问题：一是各要素的功能发育不足；二是各要素之间的内在有机化不足。这两方面问题的存在，既影响了国家治理体系的稳定性和有效性，也影响了使国家治理各主体以及整体性的作用发挥状况和能力水平提高。党的十八大之后，随着社会主要矛盾发生变化，对国家治理体系和治理能力的要求进一步提高，为此，党的十八届三中全会做出决定，要基于顶层设计，全面深化改革，完善和发展中国特色社会主义制度，推进国家治理体系和治理能力现代化。随后，党中央全面推进深化改革，并在党的十九届四中全会上做出了《坚持和完善中国特色社会主义制度、推进国家治理体系和治理能力现代化若干重大问题的决定》，确立了中国特色社会主义制度和国家治理体系的"四梁八柱"。基于中国共产党领导是中国特色社会主义的最本质特征，也是中国特色社会主义制度的最大优势，因此，坚持和完善中国特色社会主义制度，推进国家治理体系和治理能力现代化，其实质就是推进党领导中国特色社会主义事业的体制创新和方式变革，是提高党的领导能力的重要举措。

推进国家治理体系和治理能力现代化，既推动了治理体系和治理能力的发展，也以此为抓手来创新和发展中国特色社会主义事业总体布局和各领域的安全发展和秩序建构的方式。作为中国特色社会主义事业总体布局的一部分，社会建设也才刚刚作为相对独立的一个领域被列入其中，不论党领导社会建设的体制，还是推动其发展的方式，都面临着创新和完善的需要。而这种创新和完善，同样遵循着上述国家治理体系和治理能力现代化的逻辑和机制。在中国特色社会主义事业总体布局中，社会建设是较晚被独立出来的一个组成部分。这就意味着，推动党领导社会建设体制创新和方式变革的规律探索尚不充分，因此，既需要党中央顶层设计，也需要地方和基层根据各自的特点进行大胆探索，特别是对那些基础条件较好而面临的问题又较多的地方和城市，更应该积极创新和大胆试点，从而为推动党领导社会体制创新和方式变革提供具体经验和模式。

二 以人民为中心与人民城市建设：新时代党领导社会建设体制创新与方式变革的价值追求与主体根据

在社会主义条件下，现代化建设的根本目的就是为人民服务的。而人民既是一个集体概念，又包含具体内涵。作为集体概念，人民是指一个国家中的人的集合体。作为具体内涵，人民又是指一个国家中每一个具体和现实的个人。因此，人民是集体的人和个体的人的有机统一。人民概念内涵的这一两重性的有机统一，既是一个静态的性质上的有机统一，又是一个动态的历史上的有机统一。

从静态上来看，人民包含集体的人和个体的人两方面内容，集体的人必须以个体的人为基础，没有个体的人就不可能组成集体的人，没有个体的人为基础的集体的人，就是抽象的人民。个体的人必须以集体的人为条件，任何个体的人都必须在一个集体中存在，马克思主义认为人的本质就是一切社会关系的总和，个体的人不可能独立生存，没有集体的人为条件的个体的人，也同样是抽象的。

从动态来看，对于一个国家和社会的发展来说，人民的这两重性又是在具体的现代化发展过程中历史性地被统一起来。作为后发现代化国家，中国是被迫卷入现代化浪潮之中的，在现代化开启之时，整个民族陷入了被奴役的状态。因此，中国建立现代文明首先必须解决整个民族独立问题，这就意味着我们必须以中国人民的整体主体性建构为前提。这即需要在经济、政治、文化和社会等各个维度来推动人民的集体性和整体性的主体性建构的任务完成。这一任务的完成分成两个阶段：第一个阶段是民主革命时期，中国人民在中国共产党领导下推翻三座大山，成为国家的主人；第二个阶段是社会主义建设时期，通过计划经济体制和单位社会体制，按照现代化建设的需要，将人民群众整体组织起来，完成了现代化建设的基础任务。

计划经济体制和单位社会体制，能够为现代化建设奠定组织化基础，但是却抑制了个体的主观能动性，从而不能为现代化建设提供可持续发展的内在动力。为此，党的十一届三中全会做出了改革开放的决定，充分肯定和满足人民每个个体的合理需求和正当利益，从而极大地调动了人民的积极性，并在党的十四大上确立了社会主义市场经济体制，在制度上对市场参与主体的权利和责任予以确认和保障。这就意味着在改革开放和社会主义现代化建设发展的阶段，我们在确保人民集体性的同时，将重点放在发展人民的个体性的内容上。

随着社会主要矛盾的变化，中国特色社会主义也进入到新时代，习近平总书记提出以人民为中心的发展思想，一方面强调人民对美好生活的向往就是我们的奋斗目标，另一方面指出我们比任何一个历史时期都更加接近中华民族的伟大复兴。同时还强调，社会主义现代化建设的根本目的就是推动人的全面发展和社会的全面进步。由此可以得出判断，进入新时代，我们不仅要在推动人民的个体性和集体性两个方面发展上下功夫，而且要在更高层面上推动这两个方面的有机统一。

上述人民两重性的有机统一的辩证发展过程，都跟社会建设的相关内容有着密切的联系。在计划经济时期，人民的集体性的建构，主要通过计划经济体制和单位社会体制的方式得以实现，一方面将一盘散沙的社会成员组织成为能够适应现代化建设需要的高度组织化的人民，使人民的集体性得以建构起来。另一方面通过工业化为基础的现代化建设，使一穷二白的中国社会有了现代化的物质基础，从而使站起来的整体的人民不会再趴下。但也在这个过程中，人民被组织在单位之中，同时，为了现代化建设的原始积累，人民个体生活需要和相关利益也受到了抑制，社会建设领域整体服从于经济建设的需要，并整合进整体的计划经济体制之中。改革开放特别是市场经济体制建立之后，人民的个体性受到重视并得以发展。市场经济体制使人们在经济领域主要是通过契约化的方式得以建立关系，利益分配被更加重视，从而使个体的主体性得到了强化。单位社会退出和多元社会形成，人们的社会关系的多样性进一步丰富。由此，社会发展、安全和秩序问题都更加凸显，从而使社会建设相对自主性更加明显。

进入新时代，既要重视人民个体需求的满足，又要重视人民集体需求的满足；既要重视人民的个体性和集体性的需求的分别满足，又要重视人民的个体性需求和集体性需求的有机统一。同时，由于人民的个体性需求和具体性需求的内涵和内容都更加丰富和多元，这就需要供给方面也同样多样性。这就意味着不仅从需求层面上，而且从供给层面上，都要求社会建设必须着眼于整体性、立体性、精细化、全生命周期的建设。为此，习近平总书记所提出的"发展依靠人民，发展为了人民"的以人民为中心的发展思想，作为指导新时代中国特色社会主义事业发展的重要理念，也同样成为了指导社会建设的重要理念。而城市是现代文明发展的重要载体，社会建设是其中最重要领域之一，因此以人民为中心的发展理念，在城市建设中就转化为"人民城市人民建，人民城市为人民"的人民城市建设理念，也同样成为人民城市社会建设的指导思想。由于人民城市社会建设需要从整体性、立体性、精细化、全生命周期来推进其发展，这就需要在领导体制、参与主体、建设内容、推进方式等方面予以配合。

三 基于顶层设计、全面深化改革与推进党领导社会建设体制与方式现代化：成都构建新时代人民城市社会建设"四梁八柱"的战略思路与实践逻辑

从内容结构来看，党的十七大提出了社会建设这一概念，强调要以民生为重点，并将社会稳定和安全作为其中另外一个主要内容。党的十八大之后，社会建设得到了进一步发展，其内容扩展到民生、安全和治理三个方面，从强调管理发展为强调治理，随后社会建设的主要内容基本上得以稳定下来。同时，在社会治理的格局上，党的十八大之后也基本确定为"党委领导、政府负责、社会协同、公众参与、法律保障、科技支撑"。这就意味着党的十八大之后，社会建设内容基本得以确立，社会治理格局基本得以稳定。但是，我们也发现，对于整个社会建设来说，还有两个方面的内容需要进一步推进：一是根据新时代社会发展要求，与时俱进更好与幸福美好生活发展同频共振，围绕共同富裕的目标而不断创新和深化社会建设各个组成部分的内涵；二是着眼于社会建设整体性发展，进一步打破社会建设发展的各个方面内容工作推进的体制壁垒，推进党领导社会体制创新和方式变革。

上述这两方面推动社会建设发展的工作，既需要党中央来统一做出规划和部署，也需要通过地方和基层来做出试点和创新。作为全国人口数量排名第4以及GDP排名第7的国家中心城市，成都市多年来不仅注重经济发展，而且注重社会建设。党的十八大以来，根据时代发展要求以及自身发展特点，遵循人民城市社会建设发展的内在规律，围绕城市社会建设内涵发展以及党领导社会体制创新和方式变革方面做出了一系列探索，既丰富了人民城市社会建设的内涵，又为人民城市社会建设构筑了"四梁八柱"。其具体实践，将在随后几章中进行详细分析，这里对其中主要内容

和大致逻辑进行一下介绍。

首先，成都市建立了社区发展治理体制。市场经济建立之后，社区既是社会生活空间，也是社会服务空间，还是社会治理空间。社会生活和社会服务涉及社会发展的内容，需要通过公共权力、市场力量和社会力量予以供给。在社会生活和社会服务过程中，人们结成各种关系，而调整这些关系的过程，就是社会治理的过程。长期以来，关于社区建设，人们或强调社区治理，或将社会治理与社会生活、社会服务并列起来称谓，而成都将社区建设直接归纳为发展与治理两个方面，既将社会生活与社会服务内容包含在发展之中，也潜在地将社区建设的相关内容与其他领域建设内容联系起来，特别是与人的发展和社会发展联系起来，从而丰富和深化了社区建设的内涵。

人民群众的生存和发展的需求，既是多样性的，又是与时俱进的。因此，在社区层面要满足这些需求，就必须围绕发展与治理两个维度，由政党、国家、社会、市场予以提供，并在社区层面上集成性地予以满足。但是不论是社区党组织，还是社区其他工作性组织，由于处在社会治理的末端，客观上较难整合上述力量，并且也较缺乏争取各方面资源的渠道和能力。要达到力量整合和资源开发的目的，就要必须在市区层面上进行相应整合和统筹。为此，成都市在市一级成立了城乡社区发展治理委员会，由市委有关领导担任主任，党政群等相关部门负责人作为成员，并由市委常委、组织部部长担任办公室主任，并专门设立社区发展治理委员会办公室。城乡社区发展治理委员会的建立，就能够围绕着社区的发展与治理的人、财、物、事等方面进行统筹和整合，同时还能够根据时代发展的要求，制定相关规划和政策，从而不仅能够自上而下统筹和整合体制内外的资源和力量，而且能够统筹发展和治理。这一做法既夯实了人民城市社会建设的基础环节，又发展了人民城市社会建设的基础内容，还构建了人民城市社会建设的基础体系，进而迈出了党领导人民城市社会建设的体制创新和方式变革的重要一步。

其次，成都市推动了社区发展治理与社会综合治理的双线联动。从20

世纪 80 年代开始，为了推动社会治安稳定，我国建立了以社会安全为诉求的社会治安综合治理体系。党的十七大提出社会建设命题时所强调的社会管理的内容，也是以社会安全和稳定为诉求的，并且在党的十八大之后所强调的社会治理内容相当一部分也都是以社会安全和稳定为诉求的，而这方面工作主要是由政法委来牵头和推动的。对于社会治理来讲，除了基于安全所带来的关系调整的社会治理内容之外，还有基于发展所带来的关系调整的社会治理内容，但是这两方面内容长期以来是分属于不同部门来协调和推进的。然而对于基层社会来讲，发展、安全和治理都属于社会建设的内容，都关系到人民群众的幸福安康，如何将这些内容统筹起来并相互促进，成为新时代社会建设的一个重要命题。为此，成都市提出要推进社区发展治理与社会综合治理的双线联动，通过发展治理提升幸福高线，通过综合治理守住安全底线，并通过体制创新在市区两级建立相应的协调性体制和机制，在乡镇一级推动"四个一"建设，创新体制、机制和机构，充分利用互联网技术，来推进双线联动和双线融合，并最终让发展、安全和治理的内容落实到基层、服务到民众，有了体制与机制的保障。

再次，成都市加强了城市基层党建基础。基于我国党建国家和社会的逻辑，基层党组织不仅在社会主义建设时期成为建构社会的组织力量，而且成为改革开放之后推动政党、国家、社会、市场有机联系的组织网络。对于社会建设来讲，不论是社会建设的主要内容的落实，还是党领导社会建设的体制机制的落地，都需要通过党的组织体系予以推动和保障，特别是基层党组织，不仅成为了社会建设的推动性力量，而且成为了社会建设的组织性力量。因此，加强城市基层党组织建设，就成为推动人民城市社会建设的基础工程之一。为此，中共成都市委在推动社区发展治理体制建立和推动社治和综治的双线联动过程中，不仅重视加强社区党组织建设，而且全面推动城市各领域基层党组织建设。既重视组织覆盖面扩大，又重视枢纽和关键领域的党建工作的开展，从而使整个基层社会的发展、安全和治理的目的，都能够在基层党组织的推动和组织之下得以有效实现。以上三个维度所形成的党的领导、社会建设、体制创新的成果，不仅在日常性推动社会建设过程中发挥着重要作用，而且在新冠肺炎疫情防控工作中也发挥了重要作用，既通过了疫情防控的大考，又在实践过程中得到了进一步的完善。

最后，成都市实施了幸福美好生活的十大工程。推动党领导社会建设体制创新和方式变革，其目的就是更好推动社会建设，为人们过上幸福美好生活奠定体制机制的基础，创造良好的社会环境。有了这体制机制的基础和良好的社会环境，就可以更好服务于人们幸福美好生活的需要，因此接下来我们就必须围绕着推动幸福美好生活的内容而展开工作。为此，成都市实施了幸福美好十大工程。这十大工程的实施，不仅推动和发展了成都市在"十四五"时期社会建设的民生内容，也拓展和提升了新时代民生建设的内容范围和水平质量。

经过以上四个环节，成都市在深化人民城市社会建设的内涵和创新党领导社会建设体制上做出了积极探索，贡献了成都的经验。

第二章

社区发展治理现代化与新时代党领导社会建设体制基础确立：成都的改革

以推动社会有效发展和有序治理的社会建设，是中国特色社会主义建设的重要组成部分。城乡社区是社会建设的基础环节，推动城乡社区有效发展与有序治理是城乡社区建设的重要任务，也是社会建设的基础工作。以社区为基础、以有效发展和有序治理为任务的社会建设是一个系统工程，在建设内容上涉及经济、政治、社会、文化、生态等方面。在推动力量上涉及政党、国家、社会、市场等系统。发挥党组织统揽全局、协调各方的作用，是保证这一系统工程有效建设的关键所在。由于社会建设是中国特色社会主义建设中一项较新的任务，党领导社会建设的体制机制都有待于进一步完善。这就意味着推动党领导社会建设的体制创新和方式变革就成为新时代国家治理体系现代化和社会治理现代化的一项重要内容。成都市积极贯彻中央城市工作会议精神，根据本地城乡发展需要，做出了深入推进城乡社区发展治理，建设高品质和谐宜居生活社区的战略部署，通过党建引领，聚焦城乡社区发展治理，推动了组织领导体系重构和政策制度体系发展，实现了治理机制重塑和党建引领机制发展，走出了一条党领导以城乡社区为基础和以发展治理为内容的社会建设的体制创新和方式变革的成都路径，从而为推进新时代国家治理现代化和社会治理现代化做出了成都贡献。

第一节

社区发展治理与城市社会建设：基于理论逻辑与现实逻辑的分析

城市社区是现代城市的基本单元，社区发展治理也是城市社会建设的基础环节。从理论上来看，社区发展治理的性质决定了城市社会建设的发展方向。社区发展治理要有效兼顾人民群众在发展与安全上的需要，充分保障人民群众在社区生产生活中的根本利益。从实践上来看，社区发展治理的能力决定了城市社会建设的整体水平。社区发展治理现代化是提升城市社会建设基准线的系统工程，要在社区发展治理实践中坚持中国特色现代城市社会建设的价值内核、基本目标和根本方式，着力推进品质社区、活力社区、美丽社区、人文社区、和谐社区建设，推动城市社会建设迈向新的发展阶段。

一 社区：城市社会建设的基础环节

社区是现代城市社会的基本单元，是人民群众生产生活的基础单位，是现代城市社会建设的基础环节。如果说现代城市是一个集自然实体、社会实体、经济实体、文化实体等于一身的有机体的话，那么城市社区就是城市这一有机体的"细胞"。在社会学中，一般认为，"社区就是在一定地域范围内，发生特定社会关系和社会活动，形成特定的生活方式和文化心理，并且有成员归属感的人群所组成的相对独立、相对稳定的社会实体"[①]。这意味着城市社区具有三个基本属性。首先是空间属性。每一个社

[①] 夏国忠：《社区简论》，上海人民出版社 2004 年版，第 17 页。

区都意味着特定的城市空间单元，这些空间单元共同构成了整个城市社会空间的基本结构。同时，城市社区的空间单元也是城市社会建设工作开展的具体场域。其次是交往属性。人民群众在社区中开展一定的生产生活活动，并围绕这些活动产生相应的社会关系，进行特定的社会交往。马克思主义认为人的本质是社会关系的总和，社区中的人的交往关系，自然也是城市社会建设所要面对和调整的基本关系。最后是价值属性。在社区交往过程中，往往会形成社区所特有的文化心理和成员归属，这些价值因素也是城市和谐社会建设和城市文化建设的基本依托。城市社区的基本属性和其在城市社会建设中的重要意义，使得要进行城市社会建设就必须推动有效的城市社区发展治理。

城市社会建设的发展阶段决定了社区发展治理的历史逻辑。城市社区发展治理有其内在的历史逻辑。这一历史逻辑的基本体现是，在城市社会建设的不同发展阶段，社区发展治理面临不同的基本任务。从中国特色现代城市社会建设的历史逻辑来看，主要经历了三个历史阶段。第一个历史阶段是现代城市社会培育时期。我国是一个典型的由农业文明向现代文明转型的国家，有着深厚的农业文明积累和广阔的农村社会。在新中国成立后，党领导城市工作的一个重要任务就是，以现代经济和工业体系创建为基础，建立现代城市，并探索建立城市社会运行的基本管理制度。在这一历史时期，社区这一城市社会的基本单元仍然总体上从属于单位制的体系之中。第二个历史阶段是现代城市社会要素生成和发育时期。改革开放以来，我国的现代经济、现代政治、现代文化等要素迅速发育和发展。伴随着这一过程，一个现代城市社会所需要的政治、经济、社会和文化要素也基本完备。在这一时期，城市社区的管理和治理体制也处在不断的探索和实践阶段。广大的城市基层工作者在党的领导下，通过社区治理体系的不断调整，与时俱进地实现对不断生成的城市社会各要素及其复杂关系的调整和维护。在这一历史时期基本上形成了我国的城市社区体制，城市工作各个条线对于社区治理的主要工作体系也基本建立起来。第三个阶段是现代城市社会建设形态定型和跃升时期。党的十八大以来，中国特色社会主义建设逐步迈入新时代，城市社会建设的各个要素和主体也完全生成。在这一背景下，城市社会建设面临的主要矛盾也从原来的基本要素发展不完备、不充分转变为各要素之间关系整体性、有机性不足的问题。为此，作为城市基本单元的社区，在进行社区发展治理的过程中，就必须将社区治理相关的各要素进行有机整合，使其形成有效的发展合力。我们可以看到，随着中国特色现代城市社会建设的阶段性发展，作为其基础环节的城市社区发展治理，也在进行不断的探索、发展和创新。

*城市社会建设的关系空间决定了社区发展治理的实践逻辑。*城市社会的本质是人民群众在生产生活过程中形成的关系空间和交往空间。在这个意义上来说，社区就是这一关系空间和交往空间的载体和具象。因此，在开展城市社区发展治理工作时，其主要的着眼点在于如何调整、完善和发展社区的关系空间和交往空间。马克思主义哲学的一个基本观点是整体决定部分。因此现代城市社会的关系空间和交往空间，也从根本上决定了社区发展治理所要面临的现实任务。中国特色社会主义进入新时代以来，中国特色现代城市社会建设也进入了新时代。在这一背景下，城市社区发展治理工作主要需要处理好两组基本关系。一是从人民群众可持续发展的角度来说，就是要在新时代城市社区发展治理过程中，兼顾好为人民群众创造良好发展环境和构建有效安全秩序的关系。二是从社区整体可持续发展的角度来说，就是要统筹好社区内代表各个社会要素的基本主体之间的关系。这些基本主体主要包括社区范围内的经济组织、政治组织、社会组织、文化组织和居民自治组织等。实现上述两组基本关系的有机化也成为我们理解和开展新时代城市社会建设工作的重要着力点。

二　基于发展的治理与基于安全的治理：社区治理中的"高""底"线城市社区治理的根本任务是实现人民群众的需求，保障人民群众的利益

人民群众是城市社会建设的主体，城市社区治理的根本任务也是服务

于人民群众的根本利益。从广义上来说，城市社区发展治理过程中，对人民群众根本利益的维护主要有两个维度。一是从狭义发展的维度来看，就是要为人民群众在社区的生产生活和社会关系的发展上提供良好的平台和机会，实现人民群众的基本需求，促进人民群众的有效发展。二是从发展保障的维度来看，就是要为人民群众在社区的发展上提供秩序保障和安全维护，防止人民群众的利益受到侵害。上述两个基本维度是相辅相成的，我们可以将狭义发展的维度理解为社区发展治理的"高"线，将发展保障的维度理解为社区发展治理的"底"线，两者共同构成了社区人民群众可持续发展的基本空间。

城市社区治理的"高"线是实现社区可持续发展。社区可持续发展最终要落脚到社区人民群众的可持续发展上。这意味着，社区发展治理的各项工作首先是保障社区人民群众的发展需要。第一，社区发展治理要充分保障社区人民群众的政治发展需要。在社区发展治理过程中，要为人民群众的意见表达和政治参与提供有效渠道，完善基层社区的党组织领导下的群众自治制度，居（村）民党组织定期听取居（村）民委员会、议事会报告制度，人大代表联系制度等重要制度，在中国特色社会主义民主政治的基层实践中促进社区人民群众的政治发展。同时，要着力提升社区人民群众参与公共管理的能力，通过引导居民关心社区公共事务，激发参与意识，动员居民通过协商甄选迫切需要解决的公共议题，集体商议公共事务管理制度、管理规约，建立社区自我管理的自治小组，形成社区公共事务自我管理长效机制。第二，社区发展治理要充分保障社区人民群众的经济发展需要。在社区发展治理过程中，要促进社区居民充分就业，打造社区创新创业生态，服务社区产业发展，切实解决社区人民群众最关心的生产和就业问题。第三，社区发展治理要充分保障社区人民群众的社会发展需要。在社区发展治理过程中，要大力发展社区社会组织、社工组织和居民自治组织。通过专项资金、政府购买服务和公益创投等方式，拓展社会组织参与社区发展治理空间，丰富社区社会生活形态，完善社区社会生活配置和基础设施，让社区人民群众可以在社区内享受美好生活。第四，社区发展治理要充分保障社区人民群众的文化发展需要。在社区发展治理过程中，要积极推进人文社区建设，培育向上向善向美的社区精神，大力弘扬中华优秀传统文化，践行社会主义核心价值观，开办文化讲堂，促进优秀文化传统深度融入社区建设和居民生活。同时，要着力培育社区人民群众的志愿精神，推动社区精神文明建设。第五，社区发展治理要充分保障社区人民群众的生态发展需要。在社区发展治理过程中，要推进美丽社区建设，稳步推进街区有机更新，推进社区全域景观化创建，加强社区环境综合治理，切实提升社区生态文明建设水平，打造美好宜居的社区环境。

城市社区治理的"底"线是保障社区的安全秩序。在着眼社区人民群众可持续发展，开展社区发展治理工作时，一定要注重保障社区安全和秩序的底线，防止人民群众的根本利益在社区中受到侵害。总的来说，社区安全和秩序维护主要包括两个方面。第一个方面是在社区发展治理过程中，要保证良好稳定的公共秩序，稳步推进平安社区建设，以事件为中心，线上线下统筹，建立指挥统一、资源大整合、维稳大巡防、矛盾大调解、民生大服务、执法大协同机制。规范社区综合治理中心建设，建立完善的矛盾隐患发现排查机制，培育社区矛盾纠纷多元调解组织，及时有效地解决社区生产生活中的矛盾，创造和谐的社区公共环境。第二个方面是在社区发展治理过程中，重点关注黄赌毒、黑恶势力等对人民群众生产生活安全有重大威胁的因素，加强法治社区建设，深入推进社区普法，发挥警官、法官、检察官、律师、公证员、基层法律服务工作者的作用，大力开展法律进社区活动，创建"风清气正"的社区公共环境。

三 提升城市社会建设基准线的系统工程：社区发展治理的定位与逻辑

社区发展治理是城市社会建设的基础环节，这意味着要提升城市社会建设的整体水平，关键是要着眼于社区发展治理。因此社区发展治理可以被理解为提升城市社会建设水平基准线的系统工程。这一系统工程主要包括三个基本方面。首先是从城市社会建设价值导向的方面来看，必须始终坚持以人民为中心。其次是从城市社会建设目标导向的方面来看，必须着力推动社区发展治理现代化，使其成为推动国家治理体系和治理能力现代化的重要基础。最后是从城市社会建设实践导向的方面来看，必须全面落实和加强党建引领城乡社区发展治理，为新时代城市社区发展治理和城市社会建设体制机制创新，确立有效的领导核心和组织中轴。

社区发展治理的价值内核是坚持以人民为中心。在社区发展治理工作中，我们可以从两个相互联系的方面来理解以人民为中心的价值内核。一是一切为了人民。即在社区发展治理过程中，所进行的每一项创新和探索的着眼点必须是为了更好地保障和实现人民群众的根本利益。要把更好地满足人民群众的需求和解决人民群众生产生活中的现实困难，作为我们进行社区治理体制机制调整的基本出发点。二是一切依靠人民。即在社区发展治理过程中，必须充分调动人民群众的积极性，听取人民群众的意见，让人民群众成为社区发展治理的重要主体。让广大人民群众参与到城市社会建设的系统工程中来，让人民群众的丰富智慧和生动实践成为推动城市社会建设的根本驱动力。

社区发展治理的基本目标是社区发展治理现代化。我们可以从两个方面来理解城市社区发展治理现代化的基本内涵。一是作为基础的社区发展治理各要素自身的现代化。即在社区发展治理过程中涉及的政治、经济、社会、文化、生态等各类主体，都要获得充分的发展。这就意味着，要在社区发展治理过程中，根据社区人民群众的现实需要，对社区发展治理的各类主体，进行针对性的强化和提升，尤其是对于相关的组织主体进行培育和引导。二是作为关键的社区发展治理各要素、各主体之间关系的现代化。一方面，要使得社区发展治理过程中涉及的各类主体之间形成有机联动，使得整个社区发展治理的组织体系"活"起来。另一方面，要使得社区发展治理过程中涉及的各类主体之间的主要关系制度化，将社区发展治理从"活动式""运动式"转向常态化、制度化。

社区发展治理的根本方式是党建引领城乡社区发展治理。要始终坚持以人民为中心的价值内核，就需要一个能始终坚持以人民为中心价值立场的组织主体。要始终保证社区发展治理走在现代化发展的道路上，就需要一个能够协调社区发展治理过程中各主体、各要素关系的组织中轴。中国共产党的领导是使中国社会从一盘散沙走向有机整合的关键，也是实现新时代社区发展治理现代化的关键。因此，实现城市社区发展治理现代化的根本方式就是全面落实党建引领城乡社区发展治理。对于新时代城市社区发展治理现代化的探索，也首先表现为对于党建引领城乡社区发展治理有效体制、机制的探索。在基层社区发展治理实践过程中，一方面要积极探索党建引领城乡社区发展治理的体制机制创新。另一方面要将各地在党建引领城乡社区发展治理上的有效经验和模式进行总结和推广，以期在更大程度上推动中国特色现代城市社会建设的整体发展。

第二节

以人民为中心、党建引领基层治理与社区发展治理现代化：新时代党领导社会建设体制与方式确立的基础环节

进入新时代，城市社会多元主体快速生成，随之而来的是城市基层社会以及人民群众生产生活方式的快速变革。基于这一时代背景，作为城市基层社会的最基础单元，社区就成为新时代党领导社会建设体制与方式确立的基础环节。也正是在这个意义上，党建引领基层治理与社区发展治理现代化进程推进，既是新时代党领导社会建设体制与方式变革的基础环节和根源所在，也是满足新时代人民群众对美好生活向往、贯彻以人民为中心的城市建设发展理念的关键举措。

一 以人民为中心、群众美好生活需要增长与社区发展内容、方式创新

改革开放以来，伴随着社会主义市场经济的发展，社会结构的多样化和社会主体的多元化日益生成，以保障和改善民生为重点，推动社会有效发展和实现社会有序治理的社会建设，成为中国特色社会主义建设的重要组成部分。为此，党的十九届四中全会强调在社会建设方面必须做到以下两方面：一是坚持和完善统筹城乡的民生保障制度，满足人民日益增长的美好生活需要。二是坚持和完善共建共治共享的社会治理制度，保持社会稳定、维护国家安全。[①]

其中，社区是城乡基层社会的基础环节和基本单元，也是人民群众日常生活交往最为集中的治理空间，因此，推动社区有效发展和实现社区有序治理的社区建设，是城乡社会建设的基础工程，关系到城乡社会的发展与稳定，更关系到人民群众的幸福生活。随着中国特色社会主义进入新时代，基于顶层设计，全面深化改革以推进国家治理体系和治理能力现代化，成为推动现代化建设和实现民族复兴的一项战略举措。这就意味着党领导国家和领导社会的体制和方式也必须根据全面深化改革和国家治理现代化的要求而创新与发展。由于以保障和改善民生为重点、以社区发展和治理为基础的城乡社会建设，不仅在内容上涉及经济、政治、文化、社会和生态等方面，而且在力量上涉及政党、国家、市场和民众，因此城乡社会建设是一个系统工程。这就意味着要实现城乡社会的高质量建设，只有发挥党组织的统揽全局、协调各方的作用，才能够做到。正如党的十九届四中全会所指出的那样，要"健全总揽全局、协调各方的党的领导制度体

---

① 《中国共产党第十九届中央委员会第四次全体会议公报（2019年10月31日中国共产党第十九届中央委员会第四次全体会议通过）》，《人民日报》2019年11月1日第1版。

系,把党的领导落实到国家治理各领域各方面各环节"①。

也正是在这个意义上,推动党领导社会建设的体制创新和方式变革,就成了新时代中国特色社会主义事业发展的一项重要内容,是国家治理体系和治理能力现代化的重要组成部分。中共成都市委遵循成都城乡社会发展内在逻辑,坚持人民城市建设和发展要始终贯彻人民本位的价值理念,以推进社区有效发展和有序治理为目标,以党建引领城乡社区发展治理为抓手,探索党领导社会建设的体制创新和方式变革,不仅对成都市转变特大城市发展治理方式和完善国家中心城市治理体系具有积极作用,而且对新时代推动国家治理现代化和社会治理现代化也具有探索意义。

二 多元参与主体生成、基层社会形态发展与社区治理体制、机制创新

新中国成立之后,为了克服现代化建设对组织化诉求与中国传统社会"一盘散沙"之间的矛盾,在中国共产党领导下,宏观上,我们建立了以国家政权为主导的计划经济体制;微观上,我们建立了以基层党组织为核心的单位社会体制。所有社会成员都被组织进具体的工作单位或者生产大队之中。以城市为例,每一个单位,都是以基层党组织为核心而建构起来的集政治生活、经济生活、社会生活、文化生活为一体的微观共同体,社会成员都是以单位化方式存在着,所谓单位办社会。

改革开放特别是市场经济建立,随着单位社会的解体和计划经济的退出,社会成员原子化倾向开始出现,同时新的组织方式开始出现。在经济领域,以市场为主导的以契约关系为纽带的组织方式开始将人们组织进企业。在社会领域,一方面以居住为基础的以复合关系为纽带的组织方式开始将人们组织进社区。另一方面以价值、利益和兴趣为基础的以社会关系

---

① 《中国共产党第十九届中央委员会第四次全体会议公报(2019年10月31日中国共产党第十九届中央委员会第四次全体会议通过)》,《人民日报》2019年11月1日第1版。

为纽带的组织方式开始将人们组织进社会组织。同时，随着互联网技术的发展，社会成员开始同时在物理空间和网络空间存在，并且开始出现相互建构和影响的倾向。

这就意味着，改革开放以来，中国城市社会从整体性的单位社会向分化性的多元社会转变，社会主体的多样化和自主化倾向加强。城市基层社会也由单一的单位组织向性质差异较大的企业组织、社会组织和社区等类型同时并存的形态发展，而社区是其中的基础环节。这种现象，随着市场经济和网络社会的发展，开始向农村地区蔓延，特别是在城市化和城镇化进程加快的背景下，现代基层社会形态的形成逻辑，也在农村地区进一步加快演绎。在计划经济条件下，单位组织被整合进整个计划经济体制之中，因此，基层社会的治理方式相对比较单一。而市场经济建立与发展之后所引起的基层社会形态日益复杂化倾向，就要求基层社会治理也必须进行创新与发展，实现现代化。

三 党建引领社区发展治理创新与新时代党领导社会建设体制创新、方式变革

党的领导体制创新和方式变革，既要遵循党的领导逻辑，又要根据国家治理现代化机制，还要回应不同领域要求。党领导社会建设的体制创新和方式变革，就是在上述三个逻辑演绎之下得以实现的。从党的领导角度来看，随着社会多元主体生成和基层社会形态发展，要实现党对社会的有效领导，就必须在体制和方式上进行变革。从国家治理现代化角度来看，要推动社会有效发展和实现社会有序治理，就必须在党的领导下调整国家与社会、市场之间的关系。从社会建设的角度来看，就必须在党的领导下，充分发挥社会自身的主观能动性，推动社会内部不同主体之间的关系调整，统筹社会发展与社会治理之间的关系，并在此基础上积极发挥国家和市场的作用，以及统筹国家内部不同组成部分和不同作用方式的关系。这就意味着，党领导社会建设的体制创新和方式变革，就是以推动社会有效

发展和实现社会有序治理为目的，重新调整党组织与国家、社会、市场之间关系并在体制上和方式上得以呈现的过程。

党领导社会建设的体制创新和方式变革，分为宏观、中观层面和微观层面，宏观、中观层面主要体现在中央和地方党的组织，围绕着国家治理现代化和社会治理现代化而展开的一系列体制、机制和政策等方面的创新与调整，这也可以说是广义上的党建引领社会建设。微观层面主要体现在党的基层组织通过党建引领基层社会治理的机制创新和方式变革上。由于党的基层组织，不论是在权限力量还是资源禀赋上整体来说都相对较少，因此，要推动社会有效发展和社会有序治理，只是通过微观层面的党建引领基层社会治理的机制创新和方式变革，是无法得到根本性解决的。而同时，我们也必须看到，如果只有宏观和中观层面的，党的领导体制、机制和政策的创新，而没有基层党组织的党建引领基层社会治理的机制创新和方式变革，那么相应政策和资源也无法落实到基层，从而无法做到推动社会的有效发展，而基层的自身矛盾和问题也无法得到及时的处理，从而无法做到社会的有序治理。因此，基层党组织的党建引领基层社会发展治理与中央和地方党组织的党领导社会体制创新与政策发展，彼此之间是相互依赖和有机统一的，只有上下互动和上下同心，才能切实推动社会的有效发展和有序治理。

由此，党建引领社区治理就成为新时代党领导社会建设体制机制变革的作用点和发力点。一方面，社区是城市社会生活共同体的基础单元。因此，推动新时代党领导社会建设体制机制变革，首先需要以党建引领社区治理作为工作的切入点。应当说，党建引领社区治理实践的丰富，既是新时代党领导社会建设方式变革的源头和出处，也是新时代人民城市建设与发展的基础环节。

第三节

党建引领城乡社区发展治理与党领导社会建设体制创新方式变革：成都的实践与逻辑

作为西部的国家中心城市，与全国主要城市一样，改革开放以后，成都的经济和社会发展也经历了一番巨大发展，特别是市场经济发展带来了成都城乡社会的快速成长，由此导致既有体制机制出现了许多不适应之处。进入新时代，为了全面推进国家中心城市建设，中共成都市委决定从社区发展与治理入手，聚焦建设高品质和谐宜居生活社区，进而推动城乡社会建设。为了推进社区有效发展和实现社区有序治理，中共成都市委进行了一系列改革，客观上走出了一条推动党领导社会建设体制创新和方式变革的成都路径，形成了党建引领城乡社区发展治理的成都模式。

一 社会发展与体制困境：推进党领导社会建设体制创新与方式变革的背景

社区是城乡基层社会的基础环节和基本单元，因此，城乡社区发展与治理就成为社会建设的基础工程和系统工程。从城乡体系来讲，社区是城乡体系的基层基础；从城乡建设来讲，社区发展治理涉及经济、政治、社会、文化和生态的内容；从参与主体来讲，社区发展治理涉及政党、国家、社会、市场与居民等多方面力量。因此，作为城乡社会建设的基础工程，一个地方社会建设所涉及的方面与问题，在社区发展与治理中都得到了综合性体现。随着改革开放的深入，特别是进入新时代，社会建设在作为国家中心城市的成都建设中的作用越发重要，而同时社会发展与治理所遇到的体制机制方式等问题也越发凸显。具体来说，体现在以下几个方面。

第一，社区发展治理的系统性与基层发展治理力量的统筹能力不足的矛盾。社区作为城乡社会共同体，是社会成员全面发展的支持载体，其发展与治理涉及各个方面。然而在传统体制下，在社区层面，资源整合能力和协调推动权力都比较弱，需要上级组织和各个方面予以支持。

第二，社区发展治理的整体性与领导部门条块分割性的矛盾。社区发展治理对社会成员影响来说是整体性的，人们对社区发展治理的理解也因此是整体性的。然而，作为推动社区建设的党政群机关来讲，却基于工作分工而分割化地影响着社区发展治理，无法形成有效的合力。

第三，社区发展治理的整合性与参与主体体制区隔性的矛盾。社区是伴随着市场经济发展而出现的，然而在推动社区发展治理过程中，参与主体却存在着体制内外的差异，从而使各方面力量无法做到最大化的有效整合与配置。

第四，社区发展治理的高质量需求与服务供给低质性、有限性的矛盾。进入新时代，随着人们对美好生活需要日益增长，从而对社区发展治理质量也有着更高要求，如何提供专业化和高质量服务成为新时代社区发展治理的一项重要任务，但是在传统社区建设过程中，基于体制机制约束而无法得到充分和有效供给。

第五，社区发展与治理之间的矛盾。在不同区域以及不同社区中，不仅发展与治理整体不平衡，而且对社区发展与社区治理的重视程度也不一样，有的重视社区发展的硬件提供，而有的重视社区治理的软件要求。于是，如何通过有效统筹和整体推进，推动社区有效发展和实现社区有序治理，就成为新时代城乡社区建设的一个重要内容。

二 聚焦城乡社区发展治理、构建党组织领导下基层社会发展治理机制与党领导社会建设体制创新方式变革的实践

为了全面推进以社区为基础的社会建设，成都市委和市人民政府根据中央城市工作会议的精神，制定了《关于深入推进城乡社区发展治理 建

设高品质和谐宜居生活社区的意见》(以下简称《意见》),并出台了相应配套文件,针对以社区为基础的社会建设存在的问题,直面社区发展治理中的体制机制难题,做出了一系列部署,进行了一系列改革,开展了党领导社会建设体制创新和方式变革的实践。具体来说,体现在以下几方面。

第一,坚持以人为本,聚焦社区,统筹发展与治理,推进社区有效发展和有序治理。《意见》强调要适应人民群众多样化多层次多方面需求,以精细化管理和良好服务造福居民,实现服务在基层、拓展矛盾在基层化解、民心在基层凝聚。统筹推进城乡社区发展和治理,在高质量可持续发展中不断提高治理水平,以高水平治理促进城乡社区加快发展,做到城乡社区发展和治理相互促进,共同提升。为此《意见》提出,要通过推进品质社区建设、活力社区建设、美丽社区建设、人文社区建设以及和谐社区建设等相应举措,打造舒心美好、安居乐业、绿色生态、蜀风雅韵、良序善治的高品质和谐宜居生活社区,为建设全面体现新发展理念的国家中心城市提供坚实基础。

第二,坚持党建引领,健全机制,统筹政党、国家、社会和市场的力量,构建党领导社会建设的新型体制。《意见》强调要加强和改善党对城乡社区发展治理的领导,发挥基层党组织领导核心作用,统筹协调各类组织和社区居民共商区域发展、共担社会责任、共享发展成果、共建美好家园。为此,《意见》提出通过创新社区发展治理工作推进体制机制,构建以职能归位为重点的联动推进机制,完善"一核多元、共治共享"机制,完善扶持社会组织发展机制,健全促进社区人才发展机制,健全社区发展治理多元投入机制,健全以居民为主体的权责统一机制。通过健全促进城乡社区发展治理的上述长效机制,推动党领导社会建设的体制机制的创新与发展。

第三,坚持改革创新,提升能力,推动政党和国家作用方式变革,拓宽市场、社会和居民参与的途径,形成党领导社会建设的新型方式。《意见》强调要打破思维惯性和路径依赖,推动治理路径,从条块分治向系统治理转变、发展动力从外在驱动为主向自主发展为主转变。通过提升基层党组织领导能力,提升群众工作能力,提升化解矛盾能力,提升舆论引导能力，实现城乡社区发展治理能力跃升，破解城乡社区发展治理难题，进而推动党领导社会建设的方式变革。①

三 党建引领基层社区发展治理与党领导社会建设体制创新方式变革的逻辑

党建引领基层社区发展治理，从逻辑上来看，可以分为广义和狭义两个方面。从广义上说，党建引领基层社区发展治理，是指根据政治任务和社会形势的变化，通过党的自身建设发展，推动党领导社会的体制创新和方式变革，从而引领和推动基层社会发展与治理。从狭义上来讲，党建引领基层社区发展治理，是指通过加强和发挥基层党组织的作用，从而直接引领和推动基层社会发展。

通过分析成都市委和市人民政府制定的《关于深入推进城乡社区发展治理 建设高品质和谐宜居生活社区的意见》及其相关配套文件发现，成都市在推进城乡社区发展治理过程中，较好地做到了党建引领城乡社区发展治理的广义逻辑和狭义逻辑的有机统一。

从广义上来看，中共成都市委根据国家中心城市建设要求以及成都社区发展和治理的需要，着眼于社区高质量发展和治理，充分发挥党的统揽全局、协调各方的作用，从市委开始，自上而下系统设计，通过创新党领导社区发展治理的体制机制和方法方式，从而为全市城乡社区整体发展提供有效引领和体制支持。

从狭义上来看，中共成都市委和市政府，为推进高质量社区发展治理，聚焦社区，聚力社区，通过加强社区党组织建设，强化其在社区发展治理中的领导作用，使社区党组织做到有职、有权、有能、有力，保证社区党组织在具体社区建设过程中能够切实发挥统揽全局、协调各方的作用，从而在微观层面上做到了党建引领社区发展治理。

---

① 中共成都市委、成都市人民政府：《关于深入推进城乡社区发展治理 建设高品质和谐宜居生活社区的意见》，2017年9月。

由上可以发现，如果没有市委顶层设计系统推进党领导社区发展治理的体制创新和方式变革，那么社区层面党建引领社区发展治理的条件就比较缺乏。如果没有社区微观层面的党建引领社区发展治理，市委所推动的党领导社区发展治理的体制创新和方式变革也无法有效落地。这就意味着，对于成都市来说，党建引领社区发展治理，广义做法是狭义行为的前提与保障，而狭义行为是广义做法的基础与落实。因此，广义和狭义的党建引领社区发展治理是相辅相成的。

不过，如果将成都实践放在全国范围和新时代要求之中来看，成都市通过广义党建引领社区发展治理，推进党领导社会建设的体制创新和方式变革，其创新性特点就特别值得肯定。因为在从严治党背景下，强调狭义层面的微观层面的党建引领基层治理的做法比较普遍，但是在推动党领导社会建设的体制创新和方式变革的广义层面的党建引领基层治理的做法，却比较少见，然而，这却是解决新时代中国特色社会主义社会建设面临的现实困境所需要的，所以，具有前瞻性和引领性意义。

第四节

组织领导体系重构、政策制度体系发展与社区发展治理体系现代化：党领导社会建设的体制创新

作为城乡社会基础的社区建设，既要推动城乡社区内部各要素功能有效发展，从而为社区居民的全面发展创造条件，又要推动城乡内部各要素关系有序治理，从而为社区居民的日常生活创造秩序。这就意味着社区发展治理是一个系统工程，不仅关系社区内部各要素及其关系，而且关系社区所在城市的政党组织、国家系统、市场资源以及其他社会力量作用的发挥。进入新时代，这些关系的调整，也进入到从要素适应阶段，到整体形态定型阶段。而要能够对这些关系进行整体性调整和系统性推动，就需

要从整个城市层面进行顶层设计，首先必须构建与之相适应的党领导社会建设的新体制，并形成相应的政策体系予以支持，从而实现社会治理现代化。正如党的十九届四中全会所强调的那样，"必须加强和创新社会治理，完善党委领导、政府负责、民主协商、社会协同、公众参与、法治保障、科技支撑的社会治理体系"①。

一 组织领导体系创新、权力运行关系重构与全面整合统筹实现

正如我们党所强调的那样，政治路线决定组织路线，中共成都市委和成都市人民政府，在做出推进城乡社区发展治理建设高品质和谐宜居生活社区的决定之后，就着手构建与这一任务相匹配的党领导社区发展治理的新体制，切实发挥党组织统揽全局、协调各方的作用，克服社会建设过程中各种体制性的困境与阻力，重构新时代以社区为基础的社会建设的系统工程所需要的权力运行体系，从市、区（市）县、乡镇（街道）以及社区四个层面，构建了党领导以社区为基础的社会发展治理体系，并形成了相应运行体制和机制。具体如下。

第一，创新社区发展治理工作推进体制机制。我国实行改革开放以来的实践证明，国家各领域的改革发展都要以体制机制创新为首要工作，这是牵动任何领域突破性发展的"牛鼻子"。反之，没有体制机制的创新，任何的规划和设计都会因为传统的体制机制束缚而无法落实。因此，构建党领导以社区为基础的社会发展治理体系工作要能够推进，首先要在体制机制创新上下功夫。成都市委、市政府认识到，单纯社区层面的改革无法解决既有的问题、无法达到既定的目标，因而必须从上到下、一以贯之地进行工作推进体制机制创新。

---

① 《中国共产党第十九届中央委员会第四次全体会议公报（2019年10月31日中国共产党第十九届中央委员会第四次全体会议通过）》，《人民日报》2019年11月1日第1版。

在市级层面要实现三个统一：统一领导、统一协调、统一落地。统一领导是决策层面，具体实现方式是成立市委城乡社区发展治理工作领导小组，协调各方力量，部署重大事项，推进重大改革。统一协调是部署层面，具体实现方式是建立市城乡社区发展治理工作联席会议制度，定期研究工作，落实分解任务，协调解决有关事项。统一落地是操作层面，具体实现方式是设立市委城乡社区发展治理委员会，作为市委专司城乡社区发展治理工作的职能部门，负责统筹指导、资源整合、协调推进、督促落实。①

在市级统一领导、协调、落地的整体安排下，各区（市）县、乡镇（街道）以及社区都有相应的职责任务要求。各区（市）县党委设立城乡社区发展治理相应机构；乡镇（街道）党（工）委突出党的建设、发展治理职责，优化内设机构设置，明确承担城乡社区发展治理职能的具体机构，构建统一领导、上下联动、各负其责、协调有序的城乡社区发展治理工作格局。②

在明确上述各级工作推进体制机制创新举措的基础上，成都市通过健全以社区居民满意度为主要衡量标准的社区发展治理评价体制和评价结果公开机制，把城乡社区发展治理纳入各级领导党政工作考核体系及指标之中，以此实现统一监督。③

这一体制机制的确立，实际上就是从顶层设计的角度，从市委开始，自上而下围绕城乡社区发展治理，将党政系统的相关职能部门整体统合起来，并通过设立党委系统的城乡社区发展治理委员会，来具体负责统筹、协调、督促、落实。通过构建体制性权威、有机制性保障和机构性支持，使社区建设中的体制机制问题从顶层设计上予以破解，确保城乡社区发展治理工作推进没有任何"中梗阻"的存在。

第二，构建以职能归位为重点的联动推进机制。 与改革开放之后我国社会主义市场经济体制建设相适应，我国乡镇（街道）承担了一定的经济

---

① 中共成都市委、成都市人民政府：《关于深入推进城乡社区发展治理 建设高品质和谐宜居生活社区的意见》，2017年9月。
② 同上。
③ 同上。

职能，这是我国经济社会发展的阶段性现象。而伴随着经济、政治、文化、社会、生态五大建设的总体布局形成，作为承担着社会建设主要职责的乡镇（街道）面临着将工作重心重新调整回社会治理和公共服务上来，强化社会功能，剥离经济功能。因此，与之相配套的举措就是要强化区（市）县的经济功能。因此，成都市委、市政府着眼于城乡社区发展治理的需要，以"职能归位"为抓手，构建各级联动推进的实现机制。

在市级层面上的举措是，强化区（市）县组织经济发展的主体责任，聚焦发展规划、招商引资、产业升级等主业，不得向乡镇街道分解经济指标和招商引资任务。①

在基层层面上的举措是，突出乡镇（街道）统筹社区发展、组织公共服务、实施综合管理、优化营商环境、维护社区平安等职能，不再承担招商引资职能，取消相应考核指标。扩大乡镇农村发展、公共服务、安全生产等权限。推动行政执法和政务服务重心下沉，赋予乡镇（街道）对部门派出机构的日常管理权，区域内规划参与权、综合管理权和关系民生的重大决策建议权；优化社区服务站设置，由乡镇（街道）统一管理。强化社区党的建设，教育引导群众发展居民自治，统筹社会服务，协助公共服务等职能，指导院落（小区）开展居民自治和业主自治，提高居民组织化程度。落实社区工作事项准入制度。②

这一系列举措的提出，是成都市委、市政府在推动经济发展和社会发展两方面的共同理念创新的结果，在职能上推动乡镇街道聚焦于社区发展治理为基础的基层社会建设，既为所在地区经济发展创造良好的社会生态，更从体制上保证基层党组织和基层政府能够有足够的权限、精力和资源来推动以社区发展治理为基础的社会建设。

第三，完善"一元多核、共治共享"机制。构建党领导以社区为基础的社会发展治理体系需要实现一体化的资源整合和共享，以在体制机制创

---

① 中共成都市委、成都市人民政府：《关于深入推进城乡社区发展治理 建设高品质和谐宜居生活社区的意见》，2017年9月。
② 同上。

新和职能归位的基础上确保乡镇（街道）、社区（村）在推进社区发展治理过程中能够解决资源统筹问题，为治理和发展提供持续支撑。而在我国，能够实现各方力量的一体化整合的公共权威就是党组织。因此，成都市委、市政府在社会发展治理体系构建过程中以党组织联动带动各主体联动，具体体现为完善"一元多核、共治共享"机制。

一是完善各级两个覆盖，确保各类主体中能找到党组织。具体举措是健全市、区（市）县、乡镇（街道）、社区党组织四级联动体系，构建以党组织为核心的区域化组织架构。扩大商务楼宇、各类园区、商圈市场、互联网业等新兴领域党建覆盖，在有条件的业主委员会中成立党的工作小组。[①]

二是完善社区党建体系，确保社区党组织能够坚强有力。具体举措是全面推行乡镇（街道）、社区（村）党组织兼职委员制度和区域化党建联席会议制度。深化社区党组织领导、议事会（代表大会）决策、居委会执行、监委会监督的基层群众自治运行机制。健全社区党组织、社区居民委员会、业主委员会和物业服务机构及社会组织多方协调机制。[②]

三是实现各类主体联动，确保"一元多核"基础上的"共治共享"。具体举措是动员驻区单位参与社区建设，实现组织共建，活动共联，资源共享。推动企业、学校、机关等向居民开放文化、教育、体育等公共服务设施。[③]

这一系列举措的实施，就是在社区层面上强化了党组织的领导作用，完善了以党组织为领导的社区发展治理的体制机制。这样从社区内部，明确了党组织在社区中的"统揽全局、协调各方"的地位，构建了社区内部的以党组织为核心的权力运行体系。从社区外部，构建了社区与驻区单位之间的以党组织为纽带的多维合作关系。由此形成了社区内外的权力网络、组织网络和资源网络，从而为基层社会发展治理奠定了基础。

---

① 中共成都市委、成都市人民政府：《关于深入推进城乡社区发展治理 建设高品质和谐宜居生活社区的意见》，2017年9月。
② 同上。
③ 同上。

二 政策制度体系发展、新型运行规则构建与整体协同治理实现

要全面推进社区发展治理适应新时代的要求，除了需要理顺以权力结构为主要内容的体制机制之外，还需要强调使体制机制得以落实的相应人、财、组织等要素培育和组合的政策制度。为此，中共成都市委、市政府通过出台相应政策制度，推动社会组织发展、人才吸纳培养、居民有效参与以及资金多方投入，并通过构建新型运行机制，从而在政策制度层面上，实现全社会围绕社区发展治理的整体性协同。

第一，完善扶持社会组织发展机制。社区发展治理是社会建设在基层社会的具体呈现，具有丰富的内涵。社区发展治理的内涵是以社区居民对美好生活的需要为导向的，而满足社区居民的需要有多种渠道，一是政府公共服务；二是市场化服务；三是社会化服务。这三类服务各有其特点，提供的服务产品具有差异性，社会化服务恰恰是弥补政府公共服务和各类市场主体的市场化服务不足的重要渠道。因此，成都在新型社会发展治理体系的配套政策制度中鲜明提出要完善扶持社会组织发展机制。具体体现在以下三个方面。

一是制定扶持社会组织发展的政策。制定改革社会组织管理制度促进社会组织健康有序发展的实施意见，大力发展社区社会组织、社工组织和居民自治组织。[1]

二是明确扶持社会组织发展的原则。通过专项资金，政府购买服务和公益创投等方式，拓展社会组织参与社区发展治理空间。支持党组织健全、公益性质明确、管理规范有序的社会组织优先获取公共服务项目，促进其在基层党组织引领下健康发展、服务社区。[2]

---

[1] 中共成都市委、成都市人民政府：《关于深入推进城乡社区发展治理 建设高品质和谐宜居生活社区的意见》，2017年9月。

[2] 同上。

三是明晰扶持社会组织发展的方向。完善社区组织发现需求，统筹设计服务项目、支持社会组织承接、引导专业团队参与"三社联动"机制，支持社区总体营造，推动社区自组织、自治理和自发展。①

第二，健全促进社区人才发展机制。社区发展治理所有战略举措、工作方针的落实都要依靠人，人既是社会建设的服务对象，也是社会建设的依靠力量。而社区发展治理既要依靠人民群众，也要依靠专门队伍，人民群众是基础力量，专门队伍是骨干力量。因此，从党委、政府的角度来看，社区发展治理需要不断完善社区人才队伍，既要把队伍建起来，也要让队伍转起来，既要用好这支队伍，也要服务好这支队伍，这是相辅相成的。因此，成都在新型社会发展治理体系的配套政策制度中重点突出了健全促进社区人才发展机制，明确要通过畅通来源渠道、提高薪酬待遇、拓宽发展渠道，形成结构合理、来源广泛、素质优良的专业化、职业化社区人才队伍。具体体现在如下五个方面。

一是畅通人才来源渠道。制定社区工作者人才发展专项规划和管理办法，社区工作者由区（市）县统筹选聘、乡镇（街道）考核评价、社区管理使用。②

二是提高人才薪酬待遇。制定社区工作者员额控制及岗位等级序列办法，建立与岗位等级和评价结果相衔接、动态调整的薪酬体系。区（市）县财政对薪酬及福利待遇予以全额保障。③

三是拓宽人才发展渠道。制定优秀社区党组织书记选拔到乡镇（街道）领导班子的具体办法，建立优秀社区党组织书记任乡镇（街道）兼职委员制度并给予一定补贴。加大从优秀社区工作者中定向公开招聘事业编制人员力度。④

---

① 中共成都市委、成都市人民政府：《关于深入推进城乡社区发展治理　建设高品质和谐宜居生活社区的意见》，2017年9月。
② 同上。
③ 同上。
④ 同上。

四是提升人才专业素质。健全社区工作者全覆盖培训体系，鼓励社区工作者参加社会工作职业资格评价和学历教育培训，探索社区党组织书记后备干部递进培养和导师制度。有计划地选派机关事业单位优秀年轻干部到社区挂职锻炼等。①

五是激发人才工作动力。探索建立容错纠错机制和奖惩机制，通过评选表彰工作调动社区工作者实干创业、改革创新热情。②

第三，健全社区发展治理多元投入机制。社区发展治理的各类主体、各类事项、各类场所要能够有效运转起来，既要有资源的导入，也要有资金的投入。其中资源的导入是多多益善，资金的投入则是刚性保障。社区发展治理的保障资金在结构上由两大部分组成，即公共财政资金和多元统筹资金。公共财政资金是社区服务的基本保障，但是充分保障则需要多元统筹资金。因此，成都在新型社会发展治理体系的配套政策制度中特别提出了健全社区发展治理多元投入机制。

在公共财政资金方面，要求合理划分市、区（市）县、乡镇（街道）三级财政支出责任。在市级层面，市级财政加大对社区发展治理工作的以奖代补力度，将其相关经费纳入一般性转移支付保障范围。在区（市）县和乡镇（街道）层面，区（市）县财政落实乡镇（街道）资金预算，保障乡镇（街道）和社区工作经费。在社区层面，优化社区公共服务和公共管理专项资金管理使用机制。③

在多元统筹资金方面，要求发挥社区公共服务资金"撬动"作用，引导社会资金和群众自筹资金投入社区发展治理。在具体资金使用方向上，要求落实项目清单管理，由居民（代表）大会或议事会自主决定项目内容和实施方式。在具体财务管理制度上，要求完善"居财居管""村财村管"制度，强化乡镇（街道）监督职责，采取财务人员委派制等方式，为社区

---

① 中共成都市委、成都市人民政府：《关于深入推进城乡社区发展治理　建设高品质和谐宜居生活社区的意见》，2017年9月。
② 同上。
③ 同上。

提供无偿财务代理服务。在社会资金管理方式上,探索设立社区发展基金,鼓励社会资金投向社区发展治理,调动社区居民共同推动社区发展。①

第四,健全以居民为主体的权责统一机制。正如前文所述,社区发展治理既要依靠人民群众,也要依靠专门队伍,人民群众是基础力量,专门队伍是骨干力量。因此,充分发动人民群众参与,可以为社区发展治理注入强大的持久的力量。人民群众对参与社区发展治理认识的过程,也是思想认识、精神境界不断提高和能力素质、参与方式不断塑造的过程,需要认识到自己不仅仅是社区发展治理的受惠者,也必须是重要的参与者。社区发展治理的良好状态要实现可持续并不断优化,就需要人民群众明晰在其中的权利和责任,形成人民群众支持帮助参与下的社区良性发展。因此,成都在新型社会发展治理体系的配套政策制度中特别提出了健全以居民为主体的权责统一机制,提出按照权责一致的原则,制定社区居民权责清单,明确居民在社区发展治理中的权利与责任。② 具体涉及如下四个层面。

一是培育公共素质。具体举措是建立社区、驻区单位、社会组织参与的居民常态化培训机制,增强居民公共意识和公共精神,提升居民自觉遵守法律法规、公民道德、社区公约水平。③

二是引导有效参与。具体举措是引导居民主动关心社区建设、参与社区治理。建立居民有效参与社区公共事务的制度规范。④

三是解决实际问题。具体举措是搭建利益相关方充分参与的协商平台,依法开展社区公共一体协商,化解矛盾纠纷,解决居民的实际问题。⑤

四是探索激励机制。具体举措是将居民参与社区治理维护公共利益情

---

① 中共成都市委、成都市人民政府:《关于深入推进城乡社区发展治理 建设高品质和谐宜居生活社区的意见》,2017年9月。
② 同上。
③ 同上。
④ 同上。
⑤ 同上。

况纳入社会信用体系。①

三 党领导社会建设体制创新与社会发展治理体系现代化：成都的经验

成都市委和市政府在推动社区发展治理过程中，推动了党领导社会建设的体制创新，由于是针对进入新时代后城乡社区治理过程中的体制机制问题所做的改革和创新，虽然是以解决现实问题为诉求，但是其中所包含的经验是值得总结的，具有一般性意义。

*第一，通过顶层设计，创新党领导社会建设的组织体制，推动社会发展治理体系现代化。*条块分割所带来的发展与治理的问题，是现代国家治理体系中一个长期存在的痼疾。而对于以社区为基础的社会发展治理来说，却是一个整体系统工程，不仅关系到国家治理体系中各个系统，而且还涉及社会治理体系中的各方面要素。如何实现有效统筹，保证国家治理体系和社会治理体系中各系统各要素形成有机合作和有效互动，就关系到社会有效发展和有序治理。而在中国，唯一能够做到将国家治理体系和社会治理体系的各系统和各要素整合起来的力量就是党的组织，这就意味着社会建设要求党发挥"统揽全局、协调各方"的作用，但是党组织在计划经济条件下，也形成了条块分割的特点。因此，能否根据社会发展治理需要，创新党领导社会建设的组织体制，就成为理顺社会建设内部的权力关系，从而推动各系统和各要素的有机合作和有效互动的关键。

成都市委、市政府基于推动社区为基础环节的社会发展与治理的需要，针对上述问题，创造性地自上而下整体调整党领导社会建设的体制，具有十分重要的意义。只有自上而下的顶层设计和整体调整，才能够理顺党、国家、社会之间具体的权力运行关系，并让各层级都能做到有职、有

---

① 中共成都市委、成都市人民政府：《关于深入推进城乡社区发展治理 建设高品质和谐宜居生活社区的意见》，2017年9月。

权、有能、有力。更重要的是成都市专门成立了隶属于市委的城乡社区发展治理委员会，由市委领导和组织部领导来兼任委员会领导，并赋予相应的职能、权力和资源，这就使整体统筹成为现实可能。这样就克服了各部门、各系统、各领域以及体制内外各自为政的现象，构建了党领导社会建设的组织体制，推动了社会发展治理体系的现代化。

第二，通过系统供给，创新党领导社会建设的政策制度，推动社会发展治理体系现代化。 体制机制是权力关系运行的根据，而政策制度是公共事务处理的根据。因此，在现代政治条件下，要实现公共事务的有效处理，就必须保证政策制度的有效供给。这里所谓的有效供给是指政策制度不仅在量上能够保证公共事务处理的需要而及时供给，而且在质上能够适应公共事务发展的要求而及时调整。由于以社区为基础的社会发展与治理，相对于其他领域发展来讲较迟出现，因而在政策制度供给方面存在着量上的不足。而同时进入新时代后在新体制和新要求下，许多政策制度已经不能适应这一变化。这就意味着，进入新时代以社区为基础的社会发展与治理的相关政策制度，既要加大供给，也要及时改革。

成都市委、市政府基于社区为基础的社会发展与治理需要，出台了组织培育、人才激励、资金投入、民众参与等多方面的政策制度，根据新的要求，进行了创新性系统供给，为社区发展治理体制的实施构建起了新型的、与之相配套的运行机制。从而在政策制度层面上，实现全社会围绕社区发展治理的整体性协同。这些系统供给的政策制度，一是适应成都市社区发展治理改革整体规划要求而供给的；二是针对成都市社区发展治理问题而供给的；三是根据新时代社区发展治理新趋势而供给的。

这些系统性供给的政策制度兼具本土性意义和全国性意义：一方面，这些政策制度是适应成都实际情况而提出的，所以具有解决成都本土性问题的作用；另一方面，由于成都是一个城乡融合发展的现代化城市，是全国大型城市发展的一个具有典型性和普遍性特点的样本，因而成都所遇到的问题是新时代我国大部分大型城市发展都会遇到的问题，因而成都的政策制度也具有符合时代发展一般性要求和全国城市化发展普遍性要求的意义。

第三，通过集成改革，创新党领导社会建设的工作形态，推动社会发展治理体系现代化。当前，对于中国社会建设的认识有多种不同观念，主要有三个层次：第一个层次是任务落实层次，不顾经济社会发展变化和时代要求，按照21世纪之后探索的社会工作逻辑继续推进，工作中面临着较多难以克服的体制机制困境；第二个层次是单点创新层次，主要是为了解决某方面突出问题而采取的创新性做法，有一定的效果，局部解决了问题，但是无法从根本上解决问题；第三个层次是整体推进层次，认识到当前社会建设工作已经不能因循守旧，也不能满足于某方面的创新，而是要有社会建设改革发展的总体布局。

经过改革开放40多年来的发展，中国社会发生了巨大变化，许多新体制、新要素都不断生成，进入新时代，改革不再是简单地摸着石头过河，而是要基于顶层设计推动这些体制和要素集成性改革，在新的历史条件下实现新的跃升，推动要素有效发展，体制有序运行，进而实现形态有机形成。对于社会建设来说，也同样如此。新时代的社会建设需要在既往多方面探索的基础上突出集成性、系统性、体系性，探索与新时代国家总体发展要求相适应的党领导社会建设的工作新形态。这种集成改革，是在明确社会建设要同时立足于发展和治理的基础上的深化和升级。

成都市委、市政府推动基于社区为基础的社会发展与治理，实际上不仅分头推进体制创新和政策供给，还基于新时代社区发展与治理的需要，将体制创新和政策供给有机统一起来，形成了集成改革的态势，从而推动了党领导社会发展与治理的工作形态实现整体性跃升。由于二者是集成性推进的，不仅带来整体性促进效应，而且也带来整体性压力风险，因此，这些改革所形成的压力风险测试的成果具有全国性意义和前瞻性价值。

第五节

发展治理机制重塑、党建引领机制发展与社区发展治理能力现代化：党领导社会建设的方式变革

如果说党领导以社区为基础的社会建设体制创新，主要是从权力结构维度理顺社会发展与治理的框架性体制的话，那么要从内容层面上将这些体制切实得以落实的话，就必须通过相应机制创新和能力提升的方式变革来实现。成都市委和市政府在推动社区发展治理过程中，遵循内在规律，针对性地提出"五个"社区建设，并创新发展治理理念，形成党建引领发展治理的新机制，提升整体能力，推动社区发展治理的有效实现。

一 社区建设创新、发展治理机制重塑与适应城市发展改革需要

社区建设作为系统工程，很重要的一个方面，就是其建设内容和相应功能，必须以新时代人的全面发展要求为基础而形成的对社区建设所提出来的要求为根据，而这些内容和功能是多方面的，因此社区发展治理的建设就必须围绕这些方面而展开，规定相应内容，形成相应机制，提升相应能力。

第一，社区发展治理要求与"五个"社区建设。社会主义社会建设内在地要求着推动社会整体发展和实现人的全面发展，这两者是有机统一、相辅相成的，但归根结底是要着眼于人的需求的满足，人的发展的实现。"人的全面发展"涉及方方面面的诸多内容，而这些内容就是社会主义现代化建设大方向，反之，社会主义现代化建设的内容也是人的全面发展的具体内容。

党的十八大报告确立了社会主义现代化建设包括经济建设、政治建设、文化建设、社会建设和生态文明建设，最终形成了如今的"五位一体"总体布局。社会主义现代化建设各方面的价值性和规范性的内容就构成了人的全面发展的内容。随着中国特色社会主义进入新时代，不仅是人的发展对这些方面内容有了新的需求，而且这些内容自身也在新时代有了自身的发展。要将这些内容在社区发展治理中转化为现实中可操作的办法，并充分体现新时代的要求，这就需要在工作方式上，将这些内容转化为具体的工程环节。

成都在实践中将社区发展治理的要求凝聚为社区发展治理的目标，即城乡社区发展治理机制更加完善，治理能力显著增强，服务功能进一步强化，居民生活品质进一步提高，居民文明素养进一步提升，努力建设舒心美好、安居乐业、绿色生态、蜀风雅韵、良序善治的高品质和谐宜居生活社区。①

这一目标既凝聚了社会建设发展的要求，也充分体现了人的各方面需求和多元化发展要求。在具体实践中需要将社区建设以多维度的方式立体呈现，成都因此提出了建设品质社区、活力社区、美丽社区、人文社区以及和谐社区"五个"社区，这也就是将新时代社区发展治理要求的内涵立体化地呈现为多元化主题的社区建设系统工程，与社区建设进行了有效匹配，从而实现了以系统工程的方式将社区发展治理的内容和要求予以落实。

第二，"五个"社区建设与发展治理机制重塑。社会建设的机制在不同的历史时期具有不同的表现形式，任何一种机制的确立都要适应时代发展的最新要求。"五个"社区建设虽然从表面上看是为解决五个方面的具体问题而提出，但实际上无论是从总体上看这"五个"社区的提出，还是从"五个"社区的每个方面来看，其都或显性或隐性地体现出整体性、系统性的特点。

---

① 中共成都市委、成都市人民政府：《关于深入推进城乡社区发展治理 建设高品质和谐宜居生活社区的意见》，2017年9月。

首先，从推进品质社区建设来看，强调了"强化社区规划引领"，具有鲜明的整体性认知特点，在此基础上提出健全服务配套设施、完善综合服务功能、改进物业服务管理，具有整体性的特点。

其次，从推进活力社区建设来看，提出要促进就业、支持创业、服务产业的推动"三业"发展思路，覆盖了社会发展的整体业态。

再次，从推进美丽社区建设来看，提出街区有机更新、全域景观化创建、加强环境综合治理，既有传统内容，也有更新更高更优的时代要求。

还有，从推进人文社区建设来看，所提出的"上、善、美"社区精神培育、市民志愿服务、开放包容社区等要素都是新发展理念和时代新人培育的要求。

最后，从推进和谐社区建设来看，既有对社区法治和自治的强调，也有对平安和关爱的要求，体现了依法治国思维和以德治国有机统一的特点，体现了制度规范与人文关怀的有机统一的特点，具有明显的成熟现代社会特点。[①]

由此可见，"五个"社区建设，不仅在内容方面，将社区发展治理的要求和相应的功能，以围绕若干个主题，系统工程化地转化为可操作性的工作内容，而且在机制上，还根据新的理念、新的要求以及党领导社区发展治理的新的体制要求，将政党、国家、社会和市场等多方面力量，有机地统一在每一个主题和每一个工程环节之中，从而达到在推动社区发展治理的具体内容落实的过程中，形成了与新时代社区发展治理要求相匹配的新的机制和方式，重塑了社会发展治理的具体机制。

第三，发展治理机制重塑与社区发展治理能力提升。以"五个"社区建设工程所推进的社区治理发展机制重塑具有其内在的必然性，从主观上看取决于作为"五个"社区建设提出者的成都市委、市政府的决策，从客观上看则取决于新时代的社区建设已经走到了需要进行整体性和系统性发

---

① 中共成都市委、成都市人民政府：《关于深入推进城乡社区发展治理 建设高品质和谐宜居生活社区的意见》，2017年9月。

展的阶段了,既往的单向度或者某些方面的探索也是为解决阶段性的问题而进行的,但是党的十八大之后,随着中国特色社会主义发展进入整合阶段后,社会建设也相应地进入到整合阶段。因此,成都市委、市政府在实践中,在既往探索的基础上,在解决当下社会建设问题和思索未来社会建设的方向的过程中提出了"五个"社区建设,具有其内在的历史必然性。从本原上看,其主观意志也是由客观条件所规定的。

因此,发展治理机制重塑实际上是新时代社会建设对社区发展治理能力提出新要求后的必然选择,否则新时代社会建设的要求就无法得到彰显,社区发展治理就会受到阻碍而面临系统性难题。通过发展治理机制重塑,社区发展治理能力也得到了系统提升,这也是成都市委、市政府在系统谋划和推进城乡社区发展治理过程中的总体思路和基本原则,即坚持以基层党组织建设为统揽,以政府治理为主导,以居民需求为导向,以改革创新为动力,以建设高品质和谐宜居生活社区为目标,努力探索一条全面体现新发展理念、符合特大城市治理规律的城乡社区发展治理新路。在具体实施中要坚持五个方面的原则,即坚持党建引领,共建共享;坚持以人为本,精准服务;坚持改革创新,转型发展;坚持依法治理,智慧管理;坚持统筹协调,相融共进。[①] 上述总体思路和基本原则也因"五个社区"建设所引起的发展治理机制重塑而有了具体机制、方式的保障,从而为社区发展治理的整体能力提升奠定了机制和方式的基础。

二 发展治理理念创新、党建引领机制发展与适应基层发展治理需要

坚持"以人民为中心",是新时代所有工作的出发点和立足点。在社区发展治理中,不仅要依靠人民,还要为了人民。这就需要党组织坚持"以人民为中心",发挥统揽全局、协调各方的作用,通过党建引领实现社

---

① 中共成都市委、成都市人民政府:《关于深入推进城乡社区发展治理 建设高品质和谐宜居生活社区的意见》,2017年9月。

区的有效发展和有序治理。成都市委、市政府在推动"五个"社区建设过程中，不仅强调社区建设的具体内容和现实过程中的具体机制，而且还根据现代社区发展要求和中国政治特色，在创新党领导社区发展治理过程中，充分发挥党建引领的作用，在提升社区发展治理能力过程中，创新党建引领方式。

第一，社区发展治理要求与发展治理理念创新。中国共产党作为国家建设的轴心性力量，始终以追求最大多数人民的最大利益为价值取向，明确党的宗旨就是全心全意为人民服务。因此，我们党长期以来，在执政过程中始终坚持"以人民为中心"来考虑和安排各项工作。"以人民为中心"的理念在具体工作中的呈现是组织人民和服务人民的统一。在党的领导下，人民既能够通过人民代表大会制度决定国家的大政方针，又能够通过社会民主实现对公共事务的自我管理。这其中，党组织在各个层次上都发挥着凝聚人民的轴心作用。因此，要能够坚持"以人民为中心"，就必须在组织上坚持党的领导，发挥其统揽全局、协调各方的作用，从而能够从整体上做到"以人民为中心"的价值理念得以落实。

社区发展治理涉及方方面面，而这些内容是以人的发展的要求和社会发展治理的要求为根据的。因此，在社区发展治理中，要坚持"以人民为中心"，就必须将这些内容统筹起来，并整合各方力量，来满足这些内容和功能的实现。具体来讲，就必须在社区发展治理中，一方面坚持社区发展治理依靠人民，另一方面坚持社区发展治理为了人民。人民群众是作为社区发展治理的行动主体和服务对象而存在的，体现的是社区发展治理的主体逻辑和目标逻辑的有机统一。由此，人民群众既是社区发展治理的服务对象，也是行动主体。因此，党领导下的社区发展治理工作需要将人民群众的行动主体和服务对象的双重角色统一起来。这就意味着，在社区发展治理上不能再走传统的老路，单纯以行政化的方式来推动社区建设，而必须充分重视人民的需求以及充分调动人民的作用，并在此基础上创新组织人民和服务人民的具体方式，并提高相应能力。

第二，发展治理理念创新与党建引领机制创新。发展治理为了人民，发展治理依靠人民。在现实过程中，人民不是抽象存在，而是具体存在。这就意味着，从需求内容来看，不同群众具体利益和需求存在差异，具有数量上的差异，也有质量上的差异；从组织方式来看，群众具有不同组织形态，既有整体的差异，也有个体的差异。要能够调动各方力量和创造各种条件服务具有各种利益和需求的群众，要能够整合各种形态的生存系状态和组织方式的群众，不论是依靠群众自身国家力量还是社会组织或市场机制，都存在着片面性和有限性，而在中国只有党的组织力量能够做到统揽全局、协调各方。

为此，成都市委、市政府在推进社区发展治理过程中，在整体创新了党领导社区发展治理的体制基础上，创新了党建引领社区治理的具体实现方式，构建了以党组织为核心的新型城乡社区发展治理体系，推广了党建引领社区发展治理"五线工作法"和党建引领居民小区发展治理"五步工作法"。"五线工作法"的核心要义在于党员和群众的总动员，通过凝聚"党员线"、健全"自治线"、壮大"社团线"、发动"志愿线"、延伸"服务线"等，让社区党组织切实担负起直接教育党员、管理党员、监督党员和组织群众、宣传群众、凝聚群众、服务群众的职责，巩固党在城市执政基础、增进群众福祉，充分体现了"以人民为中心"的发展治理理念。"五步工作法"则更是直接聚焦居民小区这个离群众最近的基本单元，坚持党的全面领导和以人民为中心的发展思想紧密结合，充分发挥居民小区党支部战斗堡垒作用，通过"找党员"抓骨干、"建组织"抓覆盖、"优机制"抓统筹、"抓服务"聚合力、"植文化"强精神，积极推动党的组织体系向居民小区延伸。①

此外，成都市委还全方位推进各领域基层党建工作，并推进社区党建与各领域基层党建工作的联动，从而达到以党建为引领、以社区为基础的整个基层社会的发展治理的目的。

第三，党建引领机制创新与社区发展治理能力提升。 成都市委不仅通

---

① 中共成都市委组织部：《关于推广党建引领社区发展治理"五线工作法"和党建引领居民小区发展治理"五步工作法"的通知》，2019年3月27日。

过党建引领社区发展治理的机制创新，从而为提升社区发展治理能力创造了相应的机制基础，而且还直接针对党建引领社区发展治理的具体能力提出了提升组织领导能力、群众工作能力、化解矛盾能力、舆论引导能力的"四力"。这"四力"都是党领导下社区发展治理工作"以人民为中心"理念的现实体现。而且成都市委不仅仅提出了这"四力"，而且对这四个方面的能力提升工作都做出了具体安排，具体体现为如下三个视角。

第一个是领导视角，要求提升基层党组织领导能力。该项能力的提升具体表现在统筹协调力、组织凝聚力、文化引领力、组织学习力等方面，在统筹协调力上主要通过职能调整赋予职权、创新平台抓手等方式来实现。在组织凝聚力上主要通过社区党组织对社区重要事项发挥主导作用，牵头落实上级提供给社区的资金资源来实现。文化引领力主要突出加强社区廉洁文化建设。组织学习力主要通过党组织负责人培训和学习教育常态化制度化等来实现。①

第二个是群众视角，要求提升群众工作能力。该项能力的提升明确要求坚持把居民意愿、要求和利益作为想问题、做决策、办事情的出发点和落脚点，加强服务能力培训，提供精准高效服务，不断提升群众工作能力。明确提出完善一系列相应制度机制，包括社区工作者与居民"面对面"工作制度、"两代表一委员"联系社区制度、"互联网+双报到"走基层制度等。还要求要发挥工会、共青团、妇联等人民团体的桥梁和纽带作用，加强对社区的联系服务。②

第三个是工作者视角，要求提升化解矛盾和舆论引导能力等。这两项能力是在两项能力提升基础上，在更加具体工作中的运行能力优化。具体体现为一个总体要求和三个工作方向，总体要求上主要是突出及时性，具体是要完善社区各群体利益表达机制，准确了解掌握居民诉求，及时发现、预防、化解和依法依规处置矛盾，及时了解掌握居民关心的热点和突

---

① 中共成都市委、成都市人民政府：《关于深入推进城乡社区发展治理 建设高品质和谐宜居生活社区的意见》，2017年9月。

② 同上。

发事件，准确做好舆情引导，确保社区和谐稳定。① 具体而言，体现为三个工作方向的要求：一是体现便捷化，推行"互联网 + 多元化解"，逐步推行网上调解、视频调解、预约调解。二是体现专业化，引导人民调解员、基层法律服务工作者、社会工作者等专业队伍发挥积极作用。加强对社区工作者现代信息技术培训，提升社区工作者运用新媒体能力等。三是体现前置化，强化安全稳定风险防控，建立预警防范和应急处置机制，把矛盾化解在基层、消除在萌芽状态。②

三 党领导社会建设方式变革与社会治理能力现代化：成都的经验

体制机制和政策制度要切实转变为社会发展与治理的推动力量，还必须通过发挥人的因素，使之转变成为一种能力，这一转化过程需要通过方式变革来实现。成都市委、市政府在推进基于社区为基础的社会发展与治理过程中不仅重视体制创新和政策供给，而且还重视理念创新和方式变革，让体制创新转化为发展治理能力，让方式变革转化为现实动力。

第一，凸显理念创新，坚持"以人民为中心"，提升社会发展治理的根本能力。中国在古典文明向现代文明转型过程中，在中华民族历史逻辑、现代社会发展逻辑与共产主义运动逻辑的共同作用之下，选择了由中国共产党领导人民来建立现代国家以推动现代社会发展的现代文明建构的路径。中国共产党是在马克思主义思想指导下，根据共产主义原则而建立的政党。共产主义原则秉持着以人民为中心的逻辑。中国共产党领导国家建设过程中始终遵循以人民为中心的逻辑，努力建设一个人民民主的共和国。

中国共产党在实现人民民主的过程中坚持发展为了人民、发展依靠人民，这是以人民为中心逻辑的紧密相连又相互区别的两个方面。发展为

---

① 中共成都市委、成都市人民政府：《关于深入推进城乡社区发展治理 建设高品质和谐宜居生活社区的意见》，2017 年 9 月。
② 同上。

了人民强调的是发展的出发点和落脚点，发展依靠人民强调的是发展的动力。发展依靠人民在实践中就是通过政党的组织化力量将人民群众组织起来并推动人民群众解决自身赖以生存、生活和发展的国家、社会空间中所存在的各类问题。

进入新时代，我们党更加强调要坚持"以人民为中心"。发展为了人民，使满足人民需求成为发展的努力方向，从而使我们找到了奋斗的目标。发展依靠人民，使发挥人民作用成为发展的动力来源，从而使我们找到了发展的根据。成都市委、市政府在推动基于社区为基础的社会发展与治理的过程中，充分重视不同群体的人民群众的需求，充分重视调动各种形态的人民群众的力量，充分整合社区内外的人民群众的资源，并将满足群众需求和发挥群众作用作为体制机制创新和工作方式变革的根据，这就使基于社区为基础的社会有效发展和有序治理，获得了基本动力，进而提升了根本能力。

第二，凸显体制创新，强化党的全面领导，提升社会发展治理的统筹能力。人民的作用要得到发挥，需要党的领导；人民的力量要得到聚合，需要党的组织。党的领导和党的组织成为了坚持"以人民为中心"的理念得以落实的组织基础。既往党建引领基层社会治理经验让我们认识到，之所以强调"党建引领"实际上是党的全面领导在基层治理中的具体呈现。作为中国特色社会主义事业领导核心的中国共产党，在宏观、中观、微观各个层面上都始终发挥着统领全局、协调各方的功能。

因此，在社区建设过程中强调党的领导和党建引领就是要通过加强党在社区中的基层组织建设，利用党自身的组织网络来组织和动员人民群众，整合和优化配置各类治理资源，调动各方力量参与社区发展治理的积极性。然而在不同历史时期和不同领域，通过党的领导和党的组织，来发挥人民的作用和聚合人民的力量，都存在着相应的差异。这就意味着党的领导体制实现方式必须根据时代发展和领域差别而不断改革创新。

成都市委、市政府基于新时代社区为基础的社会发展与治理的需要，通过创新党领导社会发展治理的体制，实现与新时代社会发展与人的发展相适应的组织方式，通过理顺党、国家、社会、市场的权力运行关系，从而最大限度发挥人民群众的作用和力量聚合，并充分满足人民的发展需求和秩序要求，使社区成为"人人有责、人人尽责、人人享有的社会治理共同体"[①]。这就意味着成都市委、市政府通过体制创新，强化了党的领导作用，提升了社会发展治理的统筹能力，从而在党的领导之下，最大化地发挥政党、国家、社会、市场和民众的作用，为人民服务。

第三，凸显方式创新，变革党建引领机制，提升社会发展治理的执行能力。党的领导在具体工作中有两个大的原则，一方面是政治路线决定组织路线，组织工作要服务于中心工作和政治大局；另一方面是政治路线确定之后，干部就是决定性的因素，干部是政治任务落实的实践者。人民群众力量的调动也要靠组织和干部来实现。因此，理念创新和体制创新最终都需要通过党的组织力量和干部群众力量来落实，这就要求通过在推动以社区为基础的社会建设过程中，一方面要加强党的建设，并有效引领各方面力量，在具体层面上和具体方法上有针对性发挥人民作用和服务人民需求。另一方面要改变干部的工作方式和提高干部的工作能力，在具体过程中组织人民和服务人民。

成都在明确了社会建设的大方向之后进行了具有前沿性、先驱性的探索和尝试。成都市委、市政府推动基于社区为基础的社会发展与治理的过程中，重视党建引领工作，并通过有效推动党领导社会体制创新与党建引领社会发展治理创新的有机统一，从组织维度增强了组织力。重视各级干部做群众工作的能力，并通过各种举措，调动干部的积极性和提高干部的能力水平，从干部维度增强了执行力。而由于成都是具有完整城乡形态的超大城市，面临的是全国城市化发展过程中的共性难题，因此成都的这些经验不仅仅对成都推进基于社区为基础的社会发展与治理具有积极作用，而且对新时期强调基层党建工作的组织力和各级干部的执行力，都具有一般性借鉴意义。

---

① 《中国共产党第十九届中央委员会第四次全体会议公报（2019年10月31日中国共产党第十九届中央委员会第四次全体会议通过）》，《人民日报》2019年11月1日第1版。

第三章

党建引领基层治理与新时代党领导社会建设体制内容创新：成都的探索

党建引领基层治理是新时代党领导社会建设体制的根本方式。在党建引领基层治理发展，推动城市基层社会建设的过程中，成都市围绕一个重点、一个基础、一个枢纽、两个"组织起来"和两个"有效整合"，探索形成了符合成都实际的党领导城市社会建设体制，并为新时代党建引领城市基层治理做出了一系列卓有成效的生动实践。所谓一个重点，就是党建引领基层治理和党领导社会建设的重点要落在社区发展治理这个与人民群众生产生活最密切相关的领域上。所谓一个基础，就是党建引领基层治理的基础是规范全领域的基层党组织设置。所谓一个枢纽，就是要深化街道职能转变，强化街道在城市社会建设中的枢纽作用。所谓两个"组织起来"，就是要在城市社会建设的过程中，通过党的建设实现对两新组织和关键领域的有效组织。所谓两个"有效整合"，就是要在城市社会建设的过程中，通过党群服务中心和党建工作，实现对基层社会治理服务资源和力量的有效整合。面对推动城市转型发展的时代之问、满足群众美好生活需要的民生之问、特大城市现代治理的变革之问、实现长期执政强基固本的责任之问，成都市的创新和实践交出了一份让党和人民满意的答卷。

第一节
党建引领基层治理与党领导社会建设的微观逻辑

建党百年以来,党领导人民探索出一条党建引领基层治理的中国特色社会建设道路,中国社会建设取得了举世瞩目的伟大成就。党建引领基层治理是推进城市基层社会建设的根本方式。新时期成都面临超大规模城市社会建设的新挑战。面对这一挑战,成都以社区发展治理为重点构建党建引领基层治理体系,重新定位了城乡社区的价值和功能,以基层党组织建设为关键,以党建引领城乡基层治理为抓手,实现了对党领导社会建设体制的"适应性重构"。

一 基层党组织与中国社会建设:基于逻辑与历史的分析

社会建设是党领导中国特色社会主义建设的题中要义。中国共产党人的初心和使命,就是为中国人民谋幸福,为中华民族谋复兴。中国共产党永远把人民对美好生活的向往作为奋斗目标。无论是革命时期,还是建设、改革和发展时期,中国共产党始终坚持以人民为中心,努力保障和改善人民群众的社会生活,加强和创新社会治理,为人民群众的全面发展创造良好的社会环境。新中国成立之后,"以毛泽东为核心的中国共产党第一代中央领导集体把增进人民福祉作为一切工作的出发点和落脚点,开拓社会建设事业,为做好教育、就业、社会保障、医疗卫生等各领域民生工作奠定了基础,为我们在新时代加强和创新社会治理,提供了宝贵的历史经验"[①]。改革开放之后,伴随着中国特色社会主义事业的探索和发展,党领

[①] 李娟:《社会主义革命和建设时期 新中国社会建设事业的奠基与探索》,《社会治理》2021年第6期,第39—45页。

导下社会建设的内涵、方略和理论也逐步成熟。2004年9月，在中共十六届四中全会上做出的《中共中央关于加强党的执政能力建设的决定》中，首次使用了"社会建设"这一概念。2005年10月党的十六届五中全会通过的《中共中央关于制定国民经济和社会发展第十一个五年规划的建议》中，正式将社会建设纳入中国特色社会主义事业总体布局之中。[①] 党的十八大以来，以习近平同志为核心的党中央紧密结合新的时代条件和实践要求，进一步完善和丰富了党的社会建设的理论内涵，将党的建设、社会治理和社会建设有机结合起来，推动我国社会建设取得了新的历史性发展。

建党百年以来中国社会建设取得了举世瞩目的伟大成就。在党的领导下，我国已经逐步探索出一条有中国特色的社会建设道路，社会建设取得了巨大成就。有学者将这些成就概括为以下八个主要方面：一是社会从一盘散沙走向有序组织；二是人民生活水平发生了翻天覆地的变化；三是社会事业发展达到中高收入国家水平；四是人的素质得到全面提升；五是社会结构从封闭走向开放；六是社会结构从封闭走向开放；七是社会不平等状况得到极大改善；八是社会从动荡混乱走向安定有序。[②] 由此可见，在党的领导下，我国社会建设取得的成就是全方位的、全领域的、普惠的，是从根本上有利于广大人民群众的。

基层党组织是中国社会建设取得伟大成就的政治和组织保证。在党的领导下，我国的社会建设取得了举世瞩目的伟大成就，这其中，就离不开基层党组织的重要作用。首先，党的基层组织是党实现对基层社会有效组织的保证。只有将基层社会组织起来，党才能有效统筹社会建设需要的各类资源和力量，才能更有效地推进社会建设的任务。其次，党的基层组织是保证我国社会建设发展方向的关键保障。基层党组织和广大人民群众密切接触，是最贴近人民群众、最了解人民群众现实需要的，只有基层党组

[①] 李永芳：《中国社会建设的改革进程、特点和经验》，《深圳大学学报》（人文社会科学版）2018年第35卷第3期，第25—35页。

[②] 龚维斌：《百年大党领导中国社会建设的伟大成就》，《中国党政干部论坛》2021年第5期，第6—10页。

织充分发挥功能，才能让党领导下的社会建设始终符合人民群众的现实需要和根本利益。最后，党的基层组织是党在基层开展社会建设的领导主体和重要行动主体。党要实现基层社会建设的基本目标，就必须强化和充分发挥基层党组织的功能。

二 党建引领基层治理与城市基层社会建设：党领导社会建设的微观形态

城市基层社会建设是社会建设的基础维度。我们这里所讨论的社会建设指的是，"与经济建设、政治建设、文化建设、生态文明建设并列的社会领域的建设，是一个具体的发展领域的建设，包括社会事业建设、社会制度和体制机制建设、社会结构建设和社会管理"[①] 等。可见，社会建设本身是一个复杂的系统工程，这一工程不仅涉及社会建设内部各部分之间的关系，还涉及社会建设与经济建设、政治建设、文化建设和生态文明建设之间的关系。面对这一复杂的系统工程，必须找到有力的工作着力点才可以行之有效地推进社会建设的发展。社会建设的千丝万缕和各种关系最终还是会归结到基层社会中，会回到人民群众的现实生活中。因此，基层社会建设是社会建设的关键着力点。由于现代城市社会本身的复杂性和多元性，城市基层社会能够更好地呈现社会建设的各种关系和复杂面貌。因此，城市基层社会建设无疑也是社会建设的基础维度。

城市基层社会建设的关键抓手是城市基层治理。在推进城市基层社会建设的过程中，最关键的是要实现两个基本任务。一是实现基层社会生产关系和交往关系的有机化，推进活力社区、人文社区、和谐社区建设，推动人民群众生产生活的发展。二是实现基层社会基本秩序和安全的有效保障，推进社区法治、安全建设，提升社区综合治理水平，保障人民群众的生命财产安全。前一个任务事关发展，后一个任务事关安全，而与这两个

[①] 青连斌：《十七大精神深度解读：社会建设篇》，人民出版社2008年版，第12页。

基本任务紧密相连的过程就是社会治理。社会治理本身就是面向这两个基本任务的，也只有在开展社会治理的过程中，社会建设的这两项基本任务才可以得到实现。因此，推动城市基层社会建设关键就是要推动基层社会治理的发展。

党建引领基层治理是推进城市基层社会建设的根本方式。基层社会治理面临复杂的主体关系和任务关系。所谓主体关系指的是，基层社会治理需要处理好基层相关的政治、经济、社会和文化主体之间的关系。所谓任务关系指的是，基层社会治理在各项治理任务中，往往要根据人民群众的现实需要和治理工作的资源条件，权衡各项治理任务的实现方式和进度安排。要实现这两种复杂的统筹和协调，就需要强有力的组织中轴和领导中心。因此，党建引领基层治理是推进城市基层治理发展的必由之路，自然也是我国推进城市社会建设的必然选择。

三 构建以社区发展治理为重点的党建引领基层治理体系与党领导社会建设体制内容创新：成都探索

新时期成都面临超大规模城市社会建设的新挑战。成都市域面积1.43万平方公里，辖23个区（市）县、261个镇街、3039个村（社区），常住人口2093万，实际管理服务人口2233万，2020年成都GaWC世界城市排名已达到第59位、迈入Beta+级，新时代的成都已经成为典型的超大规模城市。随着城市发展进入工业化、城镇化中后期，成都的城市形态、生产方式和社会结构发生深刻变化，已经面临着超大规模城市社会建设的新挑战。首先，基层党组织存在作用弱化虚化的问题，在基层党组织中存在着一定的骨干队伍能力不适应、组织减负还权不充分、组织整合资源能力弱、基层治理机制不规范、组织引领能力不强、城乡居民小区党的覆盖不到位、党组织和党员作用发挥难七个方面的突出问题，党建引领基层治理缺乏有效路径和实践载体。其次，九龙治水的体制弊端和条块分割的管理惯性导致基层治理各自为政、资源分散、权责失衡，影响了城市治理的整体效能。再次，传统的社会管控理念不适应城市发展的阶段特征和实践需要，制约了新时代基层治理的创新发展。最后，各类主体参与基层治理的意愿不强、机制不畅、动力不足，"共享成果易、共建共治难"的问题比较突出。面对上述挑战，成都迫切地需要探索和实践出一条党领导下符合成都实际的社会建设之路。

成都以社区发展治理为重点构建党建引领基层治理体系。社区是最基层的城市社会单元，也是直面群众、服务群众的第一线，让人民群众的根本需要主导社区建设，是确保社区发展治理工作取得实效的基础和前提。2017年4月，成都市第十三次党代会把创新社会治理纳入建设全面体现新发展理念的国家中心城市总体布局。2017年9月，成都市委召开城乡社区发展治理大会，在市县两级党委序列独立设置"城乡社区发展治理委员会"，开启了党建引领城乡基层治理的崭新实践和体制创新。2018年5月，成都市委召开城乡社区发展治理现场推进会，进一步明确了城乡社区在城市治理中的定位和重点任务。成都市的探索和实践，重新定位了城乡社区的价值和功能，以基层党组织建设为关键，以党建引领城乡基层治理为抓手，实现了成都市基层社会治理和社会建设的长效发展。

成都探索形成的党建引领基层治理体系创新了新时期党领导社会建设的体制机制。推进城市治理体系和治理能力现代化是一场深刻的发展变革，面临权责划分、资源整合、利益分配等城市治理中的现实难题，其背后涉及的是党领导社会建设的重大命题。一方面，在推进社会建设的过程中，党要切实承担好统领城市工作的责任。为此，成都市启动了构建以党组织为核心的新型城乡社区发展治理体系三年行动、全市党建引领城乡社区发展治理集中攻坚行动等专项工作，强化党组织在城乡社区发展治理中的领导核心作用。在实际工作中，切实发挥区（市）县党委的"一线指挥部"作用、街道党工委（乡镇党委）的"龙头"作用、社区党组织的"战斗堡垒"作用和驻区单位党组织的协同作用。另一方面，要切实巩固党在城市的执政根基。成都市在实施城乡居民小区党的有效覆盖攻坚的基础上，拓展党组织和党员作用发挥的平台。充分发挥基层党组织的领导核心作用，引领

社区社会企业、社会组织、自组织发展，把群众凝聚在党组织周围。同时，成都市要求党员切实发挥先锋模范作用，践行党的群众路线，提高党员宣传、动员和引领群众的能力，不断提升党员示范行动的带动效应。成都市在党建引领基层治理体系上的创新，将加强和改进党的领导与推进城市治理、促进社会建设事业发展有机统一，推动了党的政治优势、组织优势转化为治理优势、发展优势，实现了对党领导社会建设体制的"适应性重构"。

第二节 规范全领域基层党组织设置与夯实党建引领基层治理的组织基础

党建引领基层治理发展是新时代城市基层党的建设的重要任务和关键内涵。要落实党建引领基层治理发展，首先要夯实党在城市基层社会的组织基础，提升基层党组织建设规范化水平，实现全领域的基层党组织设置，理顺隶属关系、严密组织体系、确保上下贯通、责任明确、运转高效，为城市社会建设织牢组织网络。成都市在基层党的组织建设上的实践证明，夯实党建引领基层治理的组织基础是强化党领导社会建设的组织保证，也是党领导城市基层社会建设科学性和有效性的重要基础。

一 进入新时代、推进城市基层党的建设与党建引领基层治理发展

新时代党的建设总要求对城市基层党的建设提出更高要求。党的十九大强调新时代党的建设总要求是：坚持和加强党的全面领导，坚持党要管党、全面从严治党，以加强党的长期执政能力建设、先进性和纯洁性建设

为主线，以党的政治建设为统领，以坚定理想信念宗旨为根基，以调动全党积极性、主动性、创造性为着力点，全面推进党的政治建设、思想建设、组织建设、作风建设、纪律建设，把制度建设贯穿其中，深入推进反腐败斗争，不断提高党的建设质量，把党建设成为始终走在时代前列、人民衷心拥护、勇于自我革命、经得起各种风浪考验、朝气蓬勃的马克思主义执政党。在此基础上，党的十九大还进一步强调，党的基层组织是确保党的路线方针政策和决策部署贯彻落实的基础。要以提升组织力为重点，突出政治功能，把企业、农村、机关、学校、科研院所、街道社区、社会组织等基层党组织建设成为宣传党的主张、贯彻党的决定、领导基层治理、团结动员群众、推动改革发展的坚强战斗堡垒。在这一背景下，作为党的建设重要阵地的城市基层社会，也需要进一步加强党的建设。

新时代推进城市基层党的建设要突出基层党组织的功能。在开展基层党建工作的过程中，关键是要充分发挥基层党组织的各项功能，把"党务"工作真正升华为"党建"功能，发挥党建引领和推动治理发展的功能。在城市基层社会建设中，发挥基层党组织功能主要是要发挥好党建引领能力、市场运筹能力、社会协同能力、基层统筹能力、法治保障能力"五种能力"，着眼基层党建与基层治理"一盘棋"，充分发挥城市基层党组织政治领导、思想引领和组织动员作用，增强城市基层党组织在群众中的凝聚力、影响力、号召力，不断夯实党在城市基层社会中的执政根基，为基层社会建设奠定坚实的政治基础和组织保证。因此，成都市在城乡社区发展治理"十四五"基本思路中就十分强调基层党组织的功能，提出着眼固本强基提升党建引领能力、着眼激发活力提升市场运筹能力、着眼凝聚合力提升社会协同能力、着眼增强效能提升基层统筹能力、着眼规则之治提升法治保障能力五项重要举措。

党建引领基层治理发展是新时代城市基层党的建设的重要任务和关键内涵。要充分发挥党建功能，就要健全和完善党建引领基层治理发展的体制机制。成都市把党建引领基层治理体制机制的完善作为一项重要任务压实到党的基层组织来落实和完成，在实践中构建了一核引领、多元协同的组织动员体系。面对新的社会环境下基层治理理念、任务、方式的深刻调整，成都市坚决把加强基层党的建设、巩固党的执政基础作为贯穿社会治理和基层社会建设的一条红线，在基层党建引领基层治理过程中实现党的意志和群众意愿的有机统一，不断厚植党执政的政治基础和群众基础。

具体来说，一是强化思想引领，发挥党的政治功能把人心凝聚起来构建"社区价值共同体"。成都市针对强化意识形态领域主导权和话语权的问题，以培育和践行社会主义核心价值观为根本，增强基层党组织在宣传党的主张、团结动员群众方面的作用。为此，成都市2018年探索在社区建立"蓉城先锋"党员宣传队、"微党校"示范点等，并在随后不断强化这些创新做法的覆盖和实效。二是强化组织引领，发挥党的组织功能把资源链接起来构建"社区治理共同体"。成都市针对街道社区党组织整合资源难的问题，进一步全面强化组织纽带和利益联结，大力推动街道社区党组织与驻区单位互联互动，建立公共和社会资源共建共享机制，切实提升社区治理能力。三是强化机制引领，发挥党的整合功能把活力激发出来构建"社区行动共同体"。针对基层治理机制滞后的问题，成都市着力深化新型城乡基层治理机制，构建以党组织为核心，自治为基础，法治为根本，德治为支撑的"一核三治、共建共享"城乡基层治理新机制，有效发挥了党建引领基层治理机制创新的重要作用。

二 规范全领域基层党组织设置与推进城市基层党建发展

组织建设是城市基层党的建设的基础维度。中央《关于加强和改进城市基层党的建设工作的意见》中强调，城市工作在党和国家工作全局中举足轻重，是各级党委工作的重要阵地。城市基层党组织是党在城市全部工作和战斗力的基础。这意味着，要保证党组织功能在城市基层的有效发挥，要保证党建引领城市基层治理的有效实现，就必须首先强化城市基层党的组织建设。城市基层党的组织建设就其内容而言，主要包括纵向、横向和联动三个主要方面。纵向指的是党的基层组织上下级组织之间的组织建设。横向指的是基层社会中党的组织网络的覆盖和完善。联动则指的是基层党的组织与群团组织、社会组织等其他组织主体之间的有效联动。

规范全领域基层党组织设置是党的基层组织建设的基础工作。组织设置是组织建设的前提，没有完善的组织设置，就谈不上党的组织运行和组织功能发挥。党的组织设置工作主要需要满足两个基本要求。一是要符合规范性。即要严格按照党的相关规定和基层实际工作的需要设置党的组织，一旦设置，就需要发挥相应的功能，不能随意设置，盲目设置。成都市在基层党组织设置工作中，明确要求要严格遵照《党章》有关条件及程序规定设立党支部、党总支及党委，临时党组织的组织形式要参照正式党组织设置。同时，成都市为了进一步规范基层党组织设置，要求不得新增非建制型党组织，原有非建制型党组织要逐步消化，并可调整为建制型党组织、党建工作部门或党建议事协调机制。二是要符合全面性。即党的基层组织要对城市社会的主要方面和领域实现全面覆盖，以组织覆盖带动工作覆盖，以工作覆盖实现功能覆盖。要结合基层工作实际，实事求是地推进规范全领域基层党组织设置。例如，成都市在健全和完善产业功能区（园区）党的组织设置时，就运用了"双孵化"模式、"党建组团"模式、"园地共建"模式和"产业建党"模式等创新性做法，有效实现了规范全领域基层党组织设置的重要任务。

规范和健全的基层组织运行体系是党建引领城市基层治理发展的基础保障。在完成规范全领域基层党组织设置的基础上，为了更有效地发挥基层党组织功能，还需要规范和健全基层党组织运行体系，让"组织运转起来"。在实践中，成都市主要突出了三类与党建引领城市基层治理发展密切相关的组织运行体系的创新和完善。一是创新党组织引领城市基层治理体制，推动城市基层治理格局由条块分割向统筹联动转变。成都市由"城乡社区发展治理委员会"统筹基层党建和基层治理工作，具体履行城乡基层治理"顶层设计、统筹协调、整合资源、重点突破、督导落实"职能，破解基层治理"九龙治水"体制弊端。二是创新党组织统筹基层社会治理机制，推动社会治理方式由被动管理向主动治理转变。成都市在镇街和社区层面统筹政法、社治、城管等力量资源，形成"一支队伍统管、一张网格统揽、一个平台统调、一套机制统筹"的协同机制，整体提升城市治理和基层治理效能。三是创新党组织领导基层社会治理机制，推动基层管理运行由权责失衡向规范有序转变。成都市构建以社区工作事项清单管理为基础、城乡基层治理为重点、群众满意度为导向的基层工作综合考评体系，让镇街聚焦抓党建、抓治理、抓服务的主责主业，让社区党组织回归领导基层社会治理、组织整合辖区资源、服务社区群众、维护和谐稳定、建设美好家园的功能定位。

三 夯实党建引领基层治理的组织基础与党领导社会建设体制创新

夯实党建引领基层治理的组织基础成为强化党领导社会建设的组织保证。党在基层社会的组织基础是发挥党的组织功能的前提，也是党建引领基层治理的前提。在上文中，我们着重讨论了党的基层组织建设对于党建引领基层治理的重要意义。我们会发现，党建引领基层治理的过程实际上就是在不断推进基层社会建设的过程。在这个意义上来说，党建引领基层治理的组织基础自然也是党领导社会建设的组织基础，党建引领基层治理的组织创新也会成为党领导社会建设体制创新的重要内容。

夯实党建引领基层治理的组织基础有助于提升党领导社会建设的科学性。党在基层社会中的组织基础会成为党领导基层社会建设的基本单元和工作抓手。基层党组织功能的有效发挥，可以让党在社会建设过程中的决策和工作更加符合基层人民群众的现实需要，可以充分提升党领导社会建设的科学性。成都市面对特大城市人口分布高集聚性、人口结构高异质性、生产要素高流动性、社会管理高风险性带来的治理变量，在领导社会建设的过程中明确树立大抓基层的工作导向，通过党建引领推动治理重心向基层下移，全面提升镇街社区党组织能力，使之更加有序有力有效地引领基层治理。在这一基础上,成都市党领导社会建设的科学性显著提升。一是营造制度生态,推动基层治理走向规则之治。出台"党建引领城乡社区发展治理30条"等文件,形成功能互补、协调衔接的规划体系和系统完备、规范有序的制度体系。二是集成要素供给,提升社区服务能力。健全保障与激励双轨并行的社区专项经费制度,每年为村(社区)拨付17.7亿元社区保障激励专项资金,通过基层民主程序专项用于城乡基层治理项目,实现了基层社会建设资源的科学配置。三是建强基层队伍,增强城乡基层治理能力支撑。扩宽视野选优配强社区党组织"带头人"4300名,选拔优秀社区书记进入镇街领导班子,实施"头雁孵化工程"选育社区书记后备干部3400名,创建社区专职工作者职业化岗位薪酬制度、职业资格补贴制度和基层党建指导员制度,在全国率先创办村政学院、社区学院、社会组织学院和社区美学研究院等13所基层治理院校,系统构建多层次基层队伍和社区人力资源支撑体系,为科学领导基层社会建设奠定了人才基础。

夯实党建引领基层治理的组织基础有助于提升党领导社会建设的有效性。 成都市强化党的基层组织建设的工作大大推进了城市社会建设,取得了显著的成效。如今,在成都市,党建引领城乡基层治理理念深入人心、制度机制日趋成熟、实践探索推陈出新,开启了一场党领导城乡基层治理的体制创新和方式变革,打造了一批高颜值高品质的和谐宜居社区,营造了一幅蜀都味、国际范的多维生活场景,构建了一套广聚人、能成事的社会动员机制,培养了一支听指挥、打硬仗的基层干部队伍,建成了一套多层次、全覆盖的便民服务体系,办成了一批群众广受益、齐点赞的民生实事好事,经受住了新冠肺炎疫情防控的大考检验。成都党建引领城乡基层治理实践也先后获评"2018年全国民生示范工程"第一名、"2019年全国城市基层党建创新最佳案例"和"2019年城乡社区发展治理创新案例"等荣誉称号。

第三节

深化街道职能转变与做强党建引领基层治理的枢纽环节

街道是城市基层社会发展与治理的枢纽,是党领导城市社会建设的重要环节。新时代,在我国社会主要矛盾变化和国家治理体系与治理能力现代化建设的背景下,实现街道职能转变成为党领导城市社会建设的一项重要工作。实现街道职能转变关键还是要落脚到党建引领基层发展治理的实际需要上,通过理顺党建引领基层治理的体制机制,更好地发挥街道在基层发展和治理中的枢纽作用。成都市通过转变街道职能,探索推行"四个一"的体制机制改革,强化了党建引领基层社会治理的组织基础,提升了党领导基层社会建设的能力,为我国新时代街道职能转变探索出了一条行之有效的道路。

一 街道:城市基层发展与治理的枢纽

街道是党领导城市社会的重要环节。新中国成立后,党领导人民进行城市社会建设的探索,确立了我国城市社会管理的基本体制。街道作为主要设置在城市的一级行政区划成为党领导城市社会的重要行政区划制度。作为一级行政区划,街道的行政地位与镇、乡、民族乡、苏木、民族苏木、县辖区相同,属乡级行政区,由市辖区、县级市、县、自治县、旗、特区管辖或由地级市直接管辖。一般在街道设立街道党工委作为党的一级基层组织。街道的管理机构为街道办事处,是市辖区、县级市、县、自治县、旗、特区或地级市人民政府的派出机关。1954年12月31日全国人民代表大会常务委员会第四次会议通过《城市街道办事处组织条例》长期作

为我国街道体制的重要制度性文件，一直持续到 2009 年 6 月 27 日第十一届全国人民代表大会常务委员会第九次会议决定废止该条例。目前，我国城市街道管理体制和职能定位正在经历转型和改革，各地方也在积极探索街道职能转变的有效方式，但是，从街道本身的基本性质而言，其基本功能是明确的。

*街道是推动城市社会发展的关键枢纽。*街道相当于乡镇一级的行政区划，本质上是国家政权在基层的末梢。一方面，街道是直接面对城市基层社区，街道办事处是与基层人民群众距离最近的一级政权机关派出机构。负责组织实施辖区与居民生活密切相关的公共服务工作，落实卫生健康、养老助残、社会救助、住房保障、就业创业、文化教育、体育事业和法律服务等领域的相关法律法规和政策。同时，负责组织实施辖区环境保护、秩序治理、街区更新、物业管理监督、应急管理等城市管理工作，营造辖区良好发展环境。另一方面，街道承担着上级党组织和政府在社会发展方面的重要任务。街道要在街道党工委的领导下，执行党的路线方针政策，完成上级交付的各项工作。因此，在推动城市社会发展的过程中，街道发挥着重要的起承转合功能，是推动城市社会发展的关键枢纽。

*街道是进行城市社会治理的关键枢纽。*街道在履行发展职能之外，还承担着重要的社会治理功能。街道党工委是区域内社会发展治理的领导核心，负责统筹领导区域内政治、经济、文化、社会、生态文明建设和党的建设等。街道在我国城市社会治理发展，尤其是在处理街道内部社会关系和维护社会秩序上发挥着重要作用。首先，街道承担着组织动员辖区单位和各类社会组织参与基层治理工作，统筹辖区资源，实现共建共治共享的重要职能。其次，街道承担着推进社区发展建设，指导居民委员会工作，支持和促进居民依法自治，完善社区服务功能，提升社区治理水平的重要职能。最后，街道还承担着组织实施辖区平安建设工作，预防、排查、化解矛盾纠纷，维护社会和谐稳定的重要职能。

二 进入新时代、城市社会发展与转变街道职能命题提出

*新时代城市社会发展主要矛盾转变与街道职能转变。*党的十九大强调，中国特色社会主义进入新时代，我国社会主要矛盾已经转化为人民日益增长的美好生活需要和不平衡不充分的发展之间的矛盾。我国社会生产力水平总体上显著提高，社会生产能力在很多方面进入世界前列，更加突出的问题是发展不平衡不充分，这已经成为满足人民日益增长的美好生活需要的主要制约因素。发展的不平衡和不充分对在城市社会发挥重要发展和治理功能的街道提出了新的、更高的要求。街道要继续承担好其在城市社会中的使命，就必须推动街道职能转变。这意味着，新时代街道职能转变的第一个准绳就是人民群众日益增长的美好生活需要。职能转变的基本方向就是要使得街道能够更好地满足人民群众的现实需要，解决城市基层社会建设和发展中存在的不平衡不充分的问题，充分履行好街道在统筹社区发展、组织公共服务、实施综合管理、优化营商环境和维护社区平安等方面的基本职能。

*国家治理体系与治理能力现代化与街道职能转变。*党的十八届三中全会提出，全面深化改革的总目标是完善和发展中国特色社会主义制度，推进国家治理体系和治理能力现代化，正式启动了我国新时期实现国家治理体系和治理能力现代化的征程。党的十九届四中全会庄严宣告，中国特色社会主义制度是党和人民在长期实践探索中形成的科学制度体系，我国国家治理一切工作和活动都依照中国特色社会主义制度展开，我国国家治理体系和治理能力是中国特色社会主义制度及其执行能力的集中体现。同时，还强调社会治理是国家治理的重要方面。必须加强和创新社会治理，完善党委领导、政府负责、民主协商、社会协同、公众参与、法治保障、科技支撑的社会治理体系，建设人人有责、人人尽责、人人享有的社会治理共同体，确保人民安居乐业、社会安定有序，建设更高水平的平安中国。作为国家政权在城市社会末梢的街道，也必然要实现其治理体系和治理能力

的现代化。据此而言，新时代街道职能转变的第二个准绳就是街道治理体系和治理能力现代化。街道职能转变的过程中要注重街道体制机制创新，促进街道各部门、各组织主体之间关系的有机化，形成街道发展的合力，将街道建设为治理型街道。

城市基层社会治理需求与街道职能转变。新时期，城市基层社会中的政治、经济、社会、文化、生态等各要素、各主体都充分生成和发育起来。这意味着，城市基层社会治理面临更为复杂的环境和更为多元的需求。无论是从人民群众对美好生活需要的角度，还是从街道实现治理体系和治理能力现代化的角度来看，新时代基层社会治理都对街道体制机制提出了更高的要求。正是在这一背景下，成都启动了街道职能转变和街道体制机制改革创新的实践，取得了显著的成效。成都市主要从三个方面着手推动街道职能转变和街道体制机制改革。一是明确街道职能定位。街道主要履行统筹社区发展、组织公共服务、实施综合管理、优化营商环境和维护社区平安五项基本职能。二是重构街道组织架构。成都市根据街道职能定位和精简统一效能原则，按照"5+X"模式综合设置街道办事机构，统一设置综合办公室、党群办公室、社区发展办公室、社区治理办公室和民生服务办公室五个党政办事机构。同时，成都市统筹设置街道事业机构，将直接面向社区居民和市场主体提供的政务服务事项集中，实行"一窗受理"。在此基础上，成都市还进一步推进街道人员编制的科学配置，实行街道人员编制总量控制，统筹使用各类编制资源。三是完善社区发展治理工作机制。成都市围绕街道职能转变，在建立权责清单制度、规范事权下放准入和推进综合行政执法等方面，推动街道治理工作体制机制改革创新。

三 推动街道职能转变、做强党建引领基层发展治理的枢纽与提升党领导社会建设的能力

街道职能转变是做强党建引领城市基层治理发展枢纽的重要举措。成都市针对基层治理力量分散、多网并行、多头指挥、条块分离等影响和制

约基层治理效能提升的顽疾问题，着力将基层党组织的政治优势、组织优势转化为治理效能，按照改革赋能、试点破局、系统整合、做强镇街的思路，在街道层面推行"一支队伍统管、一张网格统揽、一个平台统调、一套机制统筹"的"四个一"管理机制改革，有力提升了城市基层治理体系和治理能力现代化水平，在街道层面理顺了党建引领城市基层治理发展的体制机制。

街道职能转变强化了党领导城市社会建设的组织保障。成都市在推进街道职能转变的过程中，主要从两个方面加强了党领导城市社会建设的组织基础。第一，从人才队伍的方面来看。成都市在街道层面推行"一支队伍统管"，实现基层治理力量握指成拳。针对基层治理力量人属多门、用管分离、"管着事的管不了人"等突出问题，成都市着力推动各条线下沉力量的聘用管理关系、经费保障渠道、管理考核权限从部门转移至街道，按照人员"只减不增、职责整合"的原则，由区（市）县核定街道基层治理工作者员额控制数，并按人头标准保障人员薪酬和工作经费，实现下沉人员"工作职责镇街定、工作安排镇街调、工作绩效镇街评"，真正做到了管得了人、接得住活、做得好事。第二，从组织网络的方面来看。成都市在街道层面推行"一张网格统揽"，实现基层治理场域精耕细作。针对基层治理网格多而不精、细而不实、"网织得密但捞不着鱼"等突出问题，成都市着力推动各条线治理网格优化整合，按照网格"多网合一、一格多员"的原则，整合基层综治、城管、应急、环保、民生服务等各类网格设立综合网格，将与基层治理相关联的职能职责整体纳入网格工作体系。建立网格党组织，整合网格内服务管理资源力量，在每个综合网格设置网格长负责指挥调度，设置专职网格员负责具体落实，发挥社区治理优势发动网格内企事业单位、居民小组、院落负责人作为兼职网格员协助开展网格治理工作，形成党建引领、多元参与的网格治理工作格局。

街道职能转变系统提升了党领导城市社会建设的能力。成都市通过街道层面的"四个一"体制机制改革，实现了街道职能向服务型和治理型的

有效转变。在改革后，街道层面实现了"一个平台统调"和"一套机制统筹"，实现了基层治理调度一呼百应，也实现了基层治理体系双线融合，党以街道为枢纽领导城市社会建设的能力得到显著提升。党领导下的街道治理体系也实现了人力资源管理由分散粗放向集约高效转变、网格管理由叠床架屋向扁平精细转变、指挥调度由令出多门向集中统一转变、治理体系由分散乏力向集成统揽转变的"四个转变"。"四个转变"是成都市探索街道职能转变的生动表现和重要成果。以先期试点的青白江区为例，青白江区着力推动"双线融合"机制在街道落地，以一支队伍统管为前提、一张网格统揽为基础、一个平台统调为支撑、一套机制统筹为保障，系统推进街道职能转变，区域治理效能得到整体性提升。这一改革举措从体制上强化了党对基层社会建设的统一领导，充分发挥了基层党建引领基层治理的关键作用。

第四节

加强两新组织、关键领域党建与织密党建引领基层治理的组织网络

　　两新组织和关键领域党建是党建引领城市基层治理和社会建设发展的重要环节，是推动城市基层社会建设的"关键少数"。成都市通过扩大组织覆盖和提高组织能力的有机结合，实现了以两新组织党建引领两新组织发展，并进而带动了城市基层社会发展活力。同时，成都市十分重视产业园区、物业和楼宇社区等关键领域的党建工作，通过党建引领关键领域发展，带动城市基层社会发展效力，为党领导城市基层社会建设创造了更多的行动主体和能力源泉。

一　加强两新组织党建与关键领域党建：织密党建引领组织网络的重点任务

在规范全领域基层党组织设置的基础上进一步织密基层党组织的关键网络。在城市基层党组织建设上，既要规范全领域基层党组织设置，实现对城市基层社会的全覆盖，也要抓好城市基层社会中的重要部分，以点带面，从整体上提升党建在基层社会建设中的领导和引领能力。一般而言，在基层党建视域下，城市基层社会的重要部分主要由两个方面组成：一方面是由社会时代特性所决定的，对于当前社会建设具有重要作用的领域和主体。在社会主义市场经济活跃和多元社会主体生成的条件下，两新组织显然是这个时代社会建设中最为重要的部分之一。另一方面是由社会地区特性所决定的，在特定的社会空间范围内，对于推动社会建设具有重要意义的关键领域或主体。通过强化对上述重要部分的党的组织建设，可以织密基层党的组织网络，为党领导城市基层社会建设打下更为坚实的组织基础。

加强两新组织党的建设是新时期提升党领导社会建设能力的重要一环。两新组织顾名思义指的是新经济组织和新社会组织。新经济组织是指私营企业、外商投资企业、港澳台商投资企业、股份合作企业、民营科技企业、个体工商户、混合所有制经济组织等各类非国有集体独资的经济组织。新社会组织则是指社会团体和民办非企业单位的统称。由两新组织的基本构成就可以看到其对社会建设的重要意义，我们可以从三个方面来具体理解这一重要意义。首先，新经济组织是中国特色社会主义市场经济中最活跃、最具创造性的部分，对于社会主义市场经济的发展起到关键作用，也是国民经济发展的重要驱动力。其次，新社会组织是社会主义和谐社会中最为活跃的组织主体之一，对于组织、动员人民群众参与社会治理，创建和谐社会具有显著作用，能够成为党将人民群众组织起来的重要助力。最后，在新经济组织和新社会组织中的个人在社会建设中也扮演着十分重要的角色，是党领导社会建设过程中需要重点凝聚和团结的对象。因此，新时期加强两新组织党的建设，通过党的组织将两新组织组织起来，就成为党领导城市基层社会建设必不可少的环节。以成都市的两新组织为例，2020年成都高新技术企业达6120家、较"十二五"末增加248.9%，新经济总量指数排名全国第二、活力指数排名全国第三，新职业人群规模达63.7万人、居全国第三，成为推动成都经济发展变革的引领力量，也必然会成为成都市开展基层党建的重要领域。

加强关键领域党建是充分发挥党建引领基层治理功能的重要一环。在成都基层社会建设中，主要存在三类需要着力加强党建工作的关键领域。首先是作为经济发展和产业升级重要引擎的产业园区党建。截至2021年9月，成都市共有产业生态圈12个，首批确定58个产业功能区，入驻园区"两新"组织6572家。其次是作为现代城市社会生产生活重要载体的楼宇社区党建。成都市作为实际管理人口超过2000万的超大城市，楼宇的空间占有率逐年提高，中心城区的商务楼宇、商业综合体以年均30%的速度增长，截至2020年12月，全市甲级、超甲级以及税收亿元以上楼宇108栋，推动形成了若干都市特征明显、商业氛围繁荣、生活气息浓郁的楼宇社区。再次是作为人民群众社会生活重要场域的物业党建。物业的各项工作与人民群众最日常的社会生活息息相关，物业治理已经成为基层治理中十分重要而又充满挑战的部分。成都市正是在推动产业园区、楼宇社区和物业党建的过程中，抓住了与人民群众生产生活最为相关的关键领域，充分发挥了党建引领基层治理的重要作用。

二 在扩大组织覆盖与提高组织能力之间：两新组织党建与党建引领基础锻造

扩大组织覆盖是两新组织党建的基础工作。强化两新组织党建的重要前提就是实现对两新组织党的组织覆盖。即一手抓组织覆盖、一手抓队伍建设，把党组织有效嵌入发展最活跃的新行业、新组织、新阶层。成都市主要通过五种机制实现对两新组织的党的组织覆盖。第一，各级"两新"工委直接推动机制。压实成员单位和各区（市）县委"两新"工委责任。让各级"两新"工委成为健全两新组织党的组织网络的主要责任人和坚决推动者。第二，街道社区党（工）委统筹推动机制。加强"两新"组织党组织属地管理，区域化、网格化推动"两新"党建工作，引导"两新"组织参与街道区域化党建工作。积极吸纳"两新"组织党组织负责人进入街道综合党委和社区区域党委班子。第三，行业党建条块融合推动机制。依托行业主管监管部门或行业协会商会建立行业党组织，统一管理律师、互联网、物流、物业、商会、学会等行业党建工作。探索建立条块融合、以块为主、以条助块的党建工作机制。第四，党建联席会议运行机制。广泛推广党建联席会议制度，充分运用党建联席会议引领重点"两新"组织了解、服务和深度参与社区发展治理。第五，党建联盟区域带动机制。在"三区三带"、产业生态圈、产业功能区以商居联盟、产业联盟等形式建立党建共建平台。

在五重机制保障下，成都市加大两新组织组织覆盖力度，采取按单位组建、按行业组建、按区域组建等方式，推进两新组织党组织应建尽建，动态保持全市两新组织的党组织高覆盖率，其中，社会组织覆盖率不低于80%。同时，成都市创新组建方式，按照"一方隶属、参加多重组织生活"的原则，探索组建功能型党组织。有效解决两新组织党员关系转接难、党员教育落实难、党员培养发展难问题。推进党群共建，按照"先群建、再党建，先组建、后完善"的思路，先建立工会、妇联等群团组织，发挥其桥梁纽带作用，推动党组织建设。

提高组织能力是两新组织党建的关键工作。在实现党的组织覆盖的基础上，关键还要进一步提高基层党组织引领两新组织发展的能力，从而实现党建工作与两新组织发展的良性互动。成都市在提升两新党组织能力方面主要有两项创新性举措。第一，建立"两新"发展治理促进平台。成立成都市"两新"党建促进会，设立助力社区发展治理专委会。推动参与社

区发展治理支持中心建设和市、区（市）县、街道（镇）三级社区发展治理支持体系建设。整合"蓉城驿站"和社会组织孵化服务园、社区发展治理支持中心资源，建立"两新"组织参与发展治理咨询对接窗口。第二，深化"政社企地"联动平台。深化"党旗领航·聚力发展"联合主题党日，拓宽多元参与渠道，每季度由"两新工委+职能部门+企业单位+社会组织"参加，推动职能部门宣讲社区发展治理政策，协调解决"两新"组织参与社区发展治理存在的困难问题，促成"两新"组织参与合作，增强社区发展治理的社会力量协同。

在上述创新性举措之外，成都市还通过一系列改革，系统提升两新组织党的组织能力。首先，成都市从健全领导机制、理顺管理机制、完善工作机制等方面着手，建立健全两新组织党建工作管理体制和工作机制。尤其是在工作机制方面，成都市推动完善直接联系机制、党建指导机制、目标考评机制等重要机制，在两新组织党建工作中发挥了重要作用。其次，成都市通过"双孵化""双登记""双年检""双评估"和"双变更"的"五双"举措，有效扩大党组织在两新组织的工作覆盖，实现了两新组织发展与党建工作同步规划、同步推进、同步见效和同步提升的"四同步"。再次，成都市通过创新党组织作用发挥机制、创新党组织活动方式、创新党员教育管理服务方式等，不断拓展两新组织党组织和党员发挥作用的途径。最后，成都市通过拓展选任视野、提升能力素质和激发干事活力等，大力加强两新组织党务工作者队伍建设，为两新组织党组织能力提升奠定了队伍基础。

以两新组织党建引领两新组织发展进而带动城市基层发展活力。要实现以两新组织党建带动整体基层社会建设的任务，还要让两新党组织进一步动员和发挥两新组织在推动社会建设上的功能，让两新组织成为参与基层社会建设的重要主体。成都市在以党建引领两新组织参与社会建设上主要采取了八项重要举措。第一，助力社区商业发展。引导行业协会和重点企业参与研究制定社区商业发展导则，引导"蓉城驿站"拓展社区商业服务，补充健全15分钟社区生活服务圈。第二，助力产业社区建设。鼓励和支持两新组织参与产业社区基本公共服务设施三年攻坚行动，参与人才公寓、社区综合体、邻里中心服务设施建设和日常管理运营。第三，助力社区双创工作。鼓励和支持两新组织在社区创办双创孵化基地，充分利用社区空置空间，挖掘社区商业价值，开展双创孵化服务，厚植社区双创土壤。第四，助力社区社会企业培育。探索两新组织在社区党组织领导下投资、管理和运营社区社会企业机制。鼓励两新组织助力社区社会企业发展，履行公益责任，引导一批优质公益性社会组织转型为社会企业。第五，助力社区场景营造。围绕营造城镇社区、产业社区、乡村社区场景，形成两新组织可参与的机会清单，引导各类组织发挥专长优势参与产业社区服务场景、文化场景、生态场景、空间场景、产业场景和智慧场景建设。第六，助力小区物业管理。成立市、区（市）县两级物业行业党委，加大对物业管理协会和物业服务机构的政治引领。第七，助力和谐社区建设。推动律师行业党委深化"法律进社区"和"法治惠营商"行动，引导党员律师和律师团队向"社区法律之家"延伸和拓展服务，推进法律咨询进企业、进社区，引导居民依法表达诉求和建议，就地化解矛盾纠纷。第八，助力"爱成都·迎大运"行动。引导两新组织广泛参与"爱成都·迎大运"社区共建共治共享行动，围绕主题社区建设、小微景观提升、群众活动举办、体验式场景营造等，发挥两新组织专业运营和组织发动的优势，共同提升社区服务能力，展示社区良好形象。

三 在加强组织建设与增强服务能力之间：关键领域党建与党建引领效能提升

加强组织建设是关键领域党建的基础工作。同推进两新组织党建一样，推进关键领域党建首先要加强关键领域党的组织建设。以产业园区党建为例，成都市在开展产业园区党建时，首先重视和强调的就是加强产业园区党的组织建设，并积极探索出四种可以有效加强产业园区党的组织建设的模式。一是"双孵化"模式。针对党建基础好的重大企业，从项目引进开始，园区党工委就主动进入谋划党建工作，充分发挥政治引领和服务功能，帮助企业单独建立党组织，实现企业发展与党建工作同步规划、同步推进、同步见效、同步提升。二是"党建组团"模式。以园区为单位，针对中小企业较多、党建基层薄弱的特点，把属地党委力量、职能部门资源、园区企业党组织作用汇聚起来，成立综合党委及工作机构，开展组织联建、党员联管、场所联用、活动联办，实现园区党建与经济发展相融互促。三是"园地共建"模式。针对一些产城融合发展的工作园区，探索"经济发展区域化、基层党建一体化、社会管理和公共服务属地化"的"园地共建"模式。属地街道党工委发挥组织优势，统筹园区内企业和社区资源，重点抓党建抓服务，园区党组织重点抓项目抓发展，实现园区党建工作、经济发展和社会管理一体化推进。四是"产业建党"模式。针对一些工业园区呈现企业（项目）集中布局、产业集群发展的特点，发挥产业链的"串联"优势，依托产业基地、龙头企业、专业市场和产业协会建立党组织，将进入产业集群内的每一家企业链接起来，实现产业和党建一体化发展。

增强服务能力是关键领域党建的关键工作。 在加强关键领域党的组织建设的基础上，要进一步在党建引领下，发挥出关键领域在社会建设中的服务功能。以与人民群众生产生活息息相关的物业党建为例，成都市创新性地探索和实践了党建引领下的"信托制"物业服务模式，充分发挥了物业对于人民群众生产生活和基层社会建设的服务功能。为了破解各大城市普遍存在的住宅小区物业矛盾高发频发的难题，成都市把创新住宅小区治理机制作为深化改革的重点工作，由成都市委社治委牵头从党建引领制度创新入手，系统性、整体性推进住宅小区治理。成都市在全国15个副省级城市中率先以党委政府名义印发《关于深化和完善城镇居民小区治理的意见》，把推行党建引领"信托制"物业服务模式作为破解住宅小区治理难题的突破口，完善群众参与基层社会治理的制度化渠道，探索了一条通过制度创新解决基层社会治理难题的成都实践路径。成都市在党建引领"信托制"物业服务模式发展的过程中，通过"组织找党

员、党员找组织"的方式，建立小区党组织，构建社区党组织领导，住宅小区党组织引领，小区业主委员会、物业企业信义合作、小区党组织及党员业主监督的共建共治共享的住宅小区治理体系。实现了全市 5511 个物业管理小区党组织覆盖率 100%，2.1 万个老旧住宅小区党组织覆盖率超过 50%。党建引领"信托制"物业服务模式的实践，实现了在小区层面的"还权、赋能、归位、固本"，完善了党组织领导的基层组织体系，创新了党建引领多方参与的基层治理机制，推动了党建"神经末梢"向居民小区延伸，进一步筑牢了党的政治和社会基础，从根源上破解了物业矛盾高发频发问题，为推进基层治理体系和治理能力现代化贡献了成都智慧。

以关键领域党建引领关键领域发展进而带动城市基层发展效力。在发挥关键领域服务功能的同时，还需要在党建引领下让关键领域成为带动城市社会发展的一支重要力量。以楼宇社区党建为例，成都市立足党建引领经济高质量发展、城市高效能治理、市民高品质生活，聚焦增强城市基层党建整体效应，认真研究楼宇社区生产要素汇聚、市场信息集散、经济活动交互以及生活配套相对完善的特点，着力在抓党建、促融入上下功夫，推动传统的"自闭型"楼宇党建向"开放式"楼宇社区党建演进。在实践中，成都市以综合党委为主枢纽，融入城市基层党的组织体系。综合党委吸收楼宇所在街道、社区党组织负责人担任党委委员，积极与区域内中央、四川省以及外地驻蓉单位党组织协调联系、开展共建，以组织纽带强化楼宇社区区域连接。楼宇社区党建充分发挥了党组织的政治优势、组织优势，用党的组织、工作、活动串起楼宇社区内外千门万户、各行各业，整合各类市场主体、治理主体资源，以"大团结""大融入""大协作"促进城市基层社会建设的"大发展"。

第五节

建设党群服务中心、拓展服务力量与提升党建引领基层治理的服务能力

党群服务中心建设与社会服务力量整合是提升党建引领服务能力的重要抓手。一方面,成都市通过加强党群服务中心建设,有效整合了基层社会治理和服务的各类资源,重塑了基层社会服务机制,强化了党领导社会建设的服务能力。另一方面,成都市通过加强志愿者队伍和社会组织建设,有效统筹了基层社会治理和服务的重要力量,建立了基层社会治理和服务的长效机制。

一 党群服务中心建设与社会服务力量整合:提升党建引领服务能力的重要抓手

党建引领基层治理服务能力提升的关键是实现对社会服务资源和力量的有机整合。党建引领基层治理发展的关键内涵就是提升基层治理的服务能力。一方面,基层治理的核心价值是以人民为中心,服务于人民群众的切实需要是基层治理的核心要义。另一方面,城市基层社会发展和社会建设也需要充分发挥基层党建的服务功能。在提升基层治理服务能力的过程中,党建主要需要从两个维度着手。第一个维度是服务平台建设的维度。即为基层党建和社会治理服务功能的有效发挥提供一个平台,实现对相关服务资源的有效整合,同时为人民群众和相关主体提供一个寻求服务的窗口和场所。在新时代基层党建实践中,党建服务中心成为发挥基层治理服务功能最重要的平台。第二个维度是服务力量整合的维度。即将可以参与基层治理服务的相关力量和主体有效组织起来,使其可以充分发挥相应的

服务能力，并且形成主要服务力量的组织合力。志愿者队伍和社会组织成为这些服务力量和主体中的关键部分。

党群服务中心是城市基层党组织整合社会服务资源的重要平台。《中共中央 国务院关于加强基层治理体系和治理能力现代化建设的意见》强调，市、县级政府要规范村（社区）公共服务和代办政务服务事项，由基层党组织主导整合资源为群众提供服务。这些服务和事项主要包括以下三个方面。一是推进城乡社区综合服务设施建设，依托其开展就业、养老、医疗、托幼等服务，加强对困难群体和特殊人群关爱照护，做好传染病、慢性病防控等工作。二是加强综合服务、兜底服务能力建设。完善支持社区服务业发展政策，采取项目示范等方式，实施政府购买社区服务，鼓励社区服务机构与市场主体、社会力量合作。三是开展"新时代新社区新生活"服务质量提升活动，推进社区服务标准化。而党群服务中心则成为实现优化村（社区）服务格局任务最重要的组织和空间载体。以党群服务中心为枢纽和平台，可以有效地整合社会服务的各类资源，协调社会服务的各种机制，将党群服务中心打造成社会治理和基层党建的"服务站"和"窗口"。

志愿者队伍和社会组织是城市基层党组织整合社会服务力量的关键抓手。随着多元社会的生成和发展，在城市基层社会服务中，有两类主体成为越来越重要的服务力量。一是以个人为主体，有组织或无组织的志愿者队伍，他们是进行社会服务的生力军，是社会服务力量中最活跃、最积极的部分。二是新兴社会组织尤其是以公益性、服务性组织为代表的组织性力量，这类社会组织是城市基层社会服务的中坚力量。党建引领城市基层治理和城市社会建设过程中，必须充分组织、动员和发挥这两支关键的服务力量，才能最大程度上调动广大人民群众参与社会治理和社会服务的积极性、能动性。

二 服务群众的资源整合机制创新与基于服务的党的工作体系构建：党群服务中心建设与党建引领机制创新

党群服务中心是党的服务工作体系的重要创新。党群服务中心的探索和实践将原来大量分散性的、活动式的社会服务资源统筹起来，使其经过有机组合，成为常态化的、阵地式的社会服务资源。本质上，党群服务中心就是通过体制机制创新实现了对社会服务资源的再造。2018年以来，成都市在坚持党的领导、坚持服务群众、坚持问题导向和坚持美观整洁四个基本原则的指导下，以社区党群服务中心亲民化改造为牵引，打造易进入、可参与、能共享的温馨家园，3039个社区已全面完成亲民化改造，居民"家门口"服务渐趋完善，取得了明显的工作成效。成都市聚焦社区服务载体社会参与不够、使用效率不高等问题，"多管齐下"加强运营体系建设，激发使用活力。一是创新运营体制机制。将社区综合体所在区（市）县社治部门纳入并联审批单位，在土地出让前和方案审批中，开展居民问需调查，建议意见纳入规划条件和方案设计。将建成的社区综合体移交街道或国有平台公司管理，委托社会企业、社会组织、品牌企业第三方专业机构运营。二是促进共建共治共享。培育发展社会组织、社会企业、自组织，采取无偿或低偿方式使用社区用房，提供多元品质服务。三是强化智慧科技应用。依托天府市民云等智慧平台，叠加信息查询、生活缴费、资源报审等服务功能，整合了61个部门的241项服务事项。搭建智能化社区综合服务管理平台，强化信息化、物联网、云计算等技术应用，提升服务实效。

党群服务中心是基层党组织整合服务群众资源的机制创新。在以党群服务中心整合服务群众资源时，成都市主抓蓉城驿站和社区党群服务中心两个主要阵地。首先，成都市以蓉城驿站为主阵地，融入党群服务体系。在中心城区根据楼宇聚集程度和辐射范围合理划分44个区域，充分考虑区位优势和设施条件，按照"中心+站点"的方式建设"蓉城驿站"党群服务阵地体系，作为城市市民中心、政务服务中心和街道、社区党群服务中心的延伸。充分整合驻区单位、职能部门、群团组织、社会力量资源优势，在针对入驻企业单位提供专业化、定制式服务的基础上，同步承接面向职工群众的生活服务项目，形成一站集成、常态长效的区域服务机制。截至目前，成都全市已建立"蓉城驿站"中心38个、站点49个，基本覆盖城市核心区域。其次，成都市还着力推进了社区党群服务中心资源整合的机制创新。成都市聚焦城市社区人口密集增长，公共服务设施供给不足、短板明显等问题，着力开展公共服务设施建设和提升改造。一是强化基础建设，推进社区公共服务设施配套。开展公共服务设施"三年攻坚"行动，优化完善城市社区 8 大类 18 项公共服务配套设施建设，实施项目 2818 个，重点补齐医疗、教育、文化、体育、养老等公共配套短板。二是推进提升建设，开展党群服务中心亲民化改造。开展清牌减负，重点对各职能部门在社区（村）设立的工作机构和加挂的各种牌子进行清理取消。采用开敞式功能分区布局，减少物理隔断，增强空间的视野通透性和使用灵活性。压缩社区党群服务中心办公空间至建筑总面积的 20%，腾退的空间用作党员群众服务性功能用房。三是加强拓展建设，扩大党群服务载体覆盖范围。在商超、市场等商业网点叠加党建和政务服务，服务范围延伸至小区和院落。

党群服务中心重塑了城市基层社会的服务体系。成都市把"人民至上理念"具化到创造品质生活来落实，构建需求导向精准精细的服务供给体系。面对新时代社会主要矛盾的变化，成都市始终把服务群众造福人民作为发展治理的出发点和落脚点，以居民需求和居民体验为导向，以社区为基本尺度提供精准精细服务，在服务中彰显政治功能、密切党群关系，让群众感党恩、听党话、跟党走，形成"众星拱月、月朗星灿"的态势。一是党群服务载体亲民化改造，实现活动阵地与凝聚民心精准嵌入。以"去形式化、去办公化和改进服务"为主要内容全覆盖推进 3039 个党群服务中心亲民化改造，构建"天府之家"社区综合体、社区党群服务中心、居民小区服务站三级社区服务载体，打造"易进入、可参与、能共享"的党组织活动阵地和社区服务空间，集成提供党群服务、政务服务和便民服务，把高品质便捷服务送到居民家门口。二是便民服务内容项目化供给，实现要素配置与多元需求精准对接。建立基本公共服务清单管理和动态调整制度，充分发挥社区党组织贴近群众、连接供需作用，构建 15 分钟街区级、10 分钟社区级、5 分钟小区级生活服务圈，合理布局养老托幼、社区医疗、社区教育、文化体育等服务资源，吸引1.3万个社会组织、73家社会企业等多元主体承接社区服务项目，推动服务供给与人口流动迁徙、区域功能疏解精准匹配动态平衡。三是社区服务方式专业化运营，实现供给创新与服务提质精准匹配。鼓励社区盘活党群服务中心和社区闲置资源，通过培育社区社会企业、引进品牌社工机构等方式提供专业化、社会化高品质生活服务，推动居民自组织向功能型社区社会组织转化，提升自我服务能力，激发党建引领、社会协同、群众参与、多元供给的内生活力。四是积极推动社区服务智慧化供给，打造"天府市民云"线上平台，整合60余个部门240余项服务事项，服务市民4亿人次，注册人数超1000万，实现市民服务一号通行、一键搞定。

三 加强志愿者队伍建设与推动社会组织力量发展：社会服务力量整合与党建引领力量壮大

提升人民群众参与式服务能力是党建引领城市基层服务体系重塑的重要内涵。所谓参与式服务能力指的是将人民群众组织和动员起来，使作为服务对象的人民群众也自发地成为服务者，在相互服务中提升整个城市基层社会的服务能力，重塑城市基层服务体系。成都市构建以基层党组织为核心、自治为基础、法治为根本、德治为支撑的"一核三治、共建共治共享"新型基层治理机制，并把社区志愿服务纳入社区发展治理体系中，与"学雷锋"活动紧密结合，大力培育和践行社会主义核心价值观，培育了一批具有奉献精神、专业素养、常态化参与社区服务的志愿者队伍，建成了一批管理规范、服务完善、充满活力的社区志愿服务组织。在成都市的努力推动下，成都社区志愿服务法规、政策、制度体系更加完善，志愿者参与社区服务的体制机制运转有序、渠道丰富通畅，"向上向善向美"的社区精神得到充分弘扬，基本建成与社区发展治理相适应的社区志愿服务体系，形成与邻为善、与邻为伴、守望相助、乐观包容的良好社区氛围。成都市在这一过程中，推动了3.2万个机关、企事业单位、"两新"组织与社区结对共建，动员和组织全市登记志愿者275万人，释放党群携手共建共治活力，引导全社会和广大市民共同建设美好生活家园。

加强志愿者队伍建设是党的基层组织整合社会服务力量的基本抓手。志愿者队伍是基层社会服务力量中的重要力量，是基层党组织要着力培育和支持的队伍体系。成都市在党建引领城市基层治理实践中，十分重视志愿者队伍的作用，出台了一系列政策举措。2017年11月3日，中共成都市委组织部、中共成都市委城乡社区发展治理委员会、成都市精神文明建设办公室、成都市民政局四部门联合发布《成都市深化社区志愿服务的实施方案》。2018年7月24日，中共成都市委宣传部、成都市精神文明建设办公室、中共成都市委城乡社区发展治理委员会等九部门联合发布了《成都市支持和发展志愿服务组织的实施意见》。2019年6月17日，中共成都市委宣传部、中共成都市委城乡社区发展治理委员会和成都市民政局又专门出台了《成都市志愿服务激励办法（试行）》。

在加强志愿者队伍制度建设的同时，成都市还通过五项专项行动，切实完善了志愿者队伍的运行机制和工作体系。一是实施社区志愿者队伍发展行动。成都市通过构建社区志愿服务队伍体系、充分发挥干部职工率带作用、引导青少年参与社区志愿服务和提升社区志愿服务能力等举措，切实推动志愿者队伍发展壮大。二是实施社区志愿服务组织培育行动。成都市通过培育志愿服务枢纽组织、健全社区志愿服务组织孵化机制、完善社区志愿服务组织监督管理和增强社区志愿服务组织造血功能等举措，形成了完备的社区志愿服务组织培育体系。三是实施社区志愿服务效能提升行动。成都市通过开发志愿服务项目、打造志愿服务阵地、强化志愿服务供需对接和提升社区志愿服务信息化水平等举措，有力提升了志愿服务的整体效能。四是实施社区志愿服务评价激励行动。成都市通过完善社区志愿服务组织评价机制、社区志愿者激励机制、营造社区志愿服务良好氛围等举措，构建了有效的志愿者队伍评价激励体系。五是实施社区志愿服务要素保障行动。成都市通过完善法制保障、完善推进机制、强化资金保障等举措，为志愿者队伍的发展建构了完善的保障体系。

目前，志愿者队伍已经在成都市的社会治理发展中发挥着十分重要的作用。在抗击新冠肺炎疫情过程中，成都市就发动社区志愿者共同行动，积极投入入户走访排查、小区院落管控、居家医学观察人员服务等基础工作和社区公益服务，形成全社会共抗疫情共克时艰的强大合力。在日常的基层治理中，志愿者队伍更是在与人民群众生产生活息息相关的"小微"领域发挥着十分重要的作用。截至2021年中，成都市志愿者网站上的注册志愿者人数已经达到2755700人，注册志愿者队伍数已经达到28190个，而很多实际参与基层社会志愿服务的志愿者可能还不在注册者之列。由此可见，成都市志愿者队伍已经呈现出蓬勃发展的势头，在社会发展治理过程中，已成为一支十分关键的力量。

推动社会组织力量发展是党的基层组织整合社会服务力量的长效机制。社会组织的健全和发展是现代城市社会的一个显著特征，也是全面提升基层社会服务能力的组织支撑。成都市重视两新组织党的建设，积极支持社会组织的培育和发展，将培育社会组织作为基层党组织在推动社会发展治理过程中的一项重要工作。成都市坚持分类施策明确社会组织培育方向，突出重点推动社会组织发展。积极培育发展枢纽型、平台性和品牌性社会组织，搭建社会组织同伴学习、以老带新的有效平台，增强社会组织自我管理和服务能力。支持符合城市建设定位的促进新经济发展、推动科技创新、服务保障民生和环境治理的品牌性社会组织的发展。市、区（市）县两级社会组织发展专项资金，优先支持社会组织参与智能经济、扶贫济困、扶老救孤、救灾救助、社会治安综合治理、教育、科学、文化、卫生、体育、生态环境等事业发展，同时加快发展生活服务、公益慈善和居民互助类社区社会组织。在由成都市人民政府办公厅发布的《大力推进政府向社会组织购买服务 提升公共服务水平三年行动计划（2019—2021）》中明确要求，2019年至2021年，成都市社会组织数量年均增长应达到6%，品牌社会组织每年增加应不少于10个。

成都市的一系列政策举措和改革创新，推动了成都市基层社会组织的繁荣与发展。截至2021年中，在成都市社会组织和社工网注册的社工人数已经达到17666人，注册社会组织已经达到1.26万个。如果考虑到大量活跃在基层社会服务中，并未进行注册登记的功能性社会组织，成都市社会组织的发展和功能发挥已经取得了显著成效。培育和发展起来的社会组织将会成为成都市基层社会服务的一支中坚力量，社会组织参与社会服务的机制也会成为成都市社会建设的一项重要的长效机制。

第四章

社治综治双线融合与新时代党领导社会建设体制框架重构：成都的创新

促进人的全面发展是中国共产党领导下社会建设的核心目标。进入新时代，伴随着多元主体与新兴要素的出现，城市社会综合治理需要新的格局，即在中国共产党的领导下，组织起来，以简约高效的治理格局推动社会建设、促进社会繁荣，最终服务于最广大人民群众的根本利益。有鉴于此，成都市从社会建设与人民群众的福祉出发，把社会安全与民生幸福作为新时代党领导下社会建设的"双轮"驱动，探索了新时代党领导城乡社会建设的新路径，形成了一套可供复制和推广的普遍经验。

第一节

统筹发展与安全：新时代城市治理与社会建设的根本要求

社会是人民组织起来的生产生活形态。因此，对于社会建设与社会治理，归根结底是做人的工作。也正是在这个意义上，人的基本安全与全面发展自然也就成为城市社会建设与治理的根本要求。中国共产党既代表着全体人民的最根本利益，也是新时代城市社会建设与治理的领导者。由此，在党的领导下，统筹发展与安全，让城市建设与发展的成果为全体人民所共同享有，就成为新时代城市社会建设与治理的核心要义。

一 发展与安全：社会建设之"两轮"

城市社会是人类现代文明发展的产物，在其形成和发展的过程中，人民都是最为核心的构成部分。一方面，人的集合性存在构成社会，人通过自己的力量建构社会秩序、促进社会发展，从而使人民这个集合体得以维系。正是在这个意义上，人自己生成了社会这个集合体，并以自己的力量维系这种存在，即人民自我管理社会公共事务。另一方面，伴随着人的生产和交往活动的拓展，人的各类需求不断丰富和发展，社会内部的关系日益复杂，冲突矛盾逐渐难以化解，社会建设的命题由此提出。由此，社会建设内涵可以被概括，通过一种集合性力量的存在，组织起来的人民群众实现对公共事务的有效管理，保障基本的公共秩序，满足每一个人对美好生活的向往。基于这一内涵，不难发现，安全与发展是社会建设的两项基础内容。

一方面，社会安全是社会建设的秩序保障。从本质内涵出发，社会建设的推进首先需要构建和谐稳定的社会秩序。其中，社会安全又是维护社会秩序的基础内容。城市社会是人自我组织起来的，其首要宗旨是保障社会中每一个人的生存和发展，而安全则是实现这一目标的前提。立足社会建设事业，社会安全可以从两个维度理解。其一，社会安全需要保障每个个体的生命财产安全。社会是由具体的、现实的人所组织起来构成的。因此，社会安全归根结底是保障社会中人的安全。在这个意义上，保障社会成员的生命财产安全以及与之相关的各项权益是社会建设的底线。其二，社会安全需要构建能够保护社会整体利益的治理格局。社会是人民组织起来的生活形态，其内涵既有集合性的一面，也有集约性的一面。因此，社会安全不仅意味着保障每一位社会成员的个体安全，也意味着保护社会整体的安全。社会是一个有机体，整体性的社会安全涉及社会建设各领域、各环节，也与社会全体成员的生产生活密切相关。具体而言，涉及平时状态与应急状态两类安全体系。社会安全的平时应对体系包含日常公共安全、公共卫生、网络信息安全等社会治理的底线，而应急状态下的社会安全则包含预防和应对突发公共事件、自然灾害等重大安全问题。由此可见，社会安全是一项系统工程，需要理念价值、文化知识、规章制度、政策实施、组织体系等各个方面协同起来，在保障每一位社会成员个体安全的基础上，为实现社会建设的整体目标奠定重要的安全基础。

另一方面，社会发展是社会建设的根本取向。所谓社会发展，即以个体为基础的社会关系出现从个体到社会总体的自由延伸，个体的自由延伸到社会整体关系面。马克思主义认为，人的全面发展是社会发展的最终目标，而人的全面发展又体现为物质与精神两个方面，其中，物质文明是精神文明的基础。由此，不断推动人在物质与精神层面的全面发展，就成为社会建设的根本取向。与社会安全的逻辑相类似，若要从根本上推动社会发展，既需要实现社会中每个个体的充分发展，也需要从整体层面入手，构建有利于社会进步的发展格局，二者相辅相成、互为推动。在社会成员个体发展方面，社会建设首先需要满足人民群众对美好生活的向往，与之相对应，推动建立和完善针对社会成员个体发展权益的社会保障和服务体系，切实做到让每个社会成员能够感受到物质与精神层面的富足。在整体格局构建方面，社会建设是一项涉及政治、经济、文化、生态等各方面发展的总体工程，只有各领域、各主体之间协同发展，形成稳定、强劲的社会发展动能，才能为社会建设事业提供坚实的整体性基础和保障。

二 基于发展的治理与基于安全的治理：社会建设的治理逻辑

社会是人民群众组织起来的共同体，也就是说，社会首先是社会成员的集合型组织形态，即每一个独立的个体共同构成一个有机整体。也正是在这个意义上，社会又有了其集约型组织形态的特征，即通过协调各类主体的权力关系，处理涉及社会全体成员的公共事务，构建美好的公共生活，而这也是社会治理的核心要义。由此，在社会治理全领域、全过程之中贯彻安全与发展就成为整个社会建设的重要内容。

一方面，基于安全的治理是保障社会秩序的基础。安全、稳定、和谐的社会秩序是巩固和推进社会建设事业的基础，而实现这一目标的重要举措，就是要在整个社会治理过程中不断夯实和完善基于社会安全的治理形态。首先，基于社会安全的治理形态需要保障参与社会治理主体的各项权益。政党、政府、经济社会组织以及社会成员都是社会治理的参与主体。因此，对于构建基于安全的治理形态，一个首要前提就是确保各类主体能够安全地生存、安全地发育成熟。易言之，只有充分保障各类治理主体的发育成熟，社会治理才能发挥出其最大效能，才能更好地为全体社会成员所享有。其次，基于社会安全的治理形态需要理顺社会治理主体之间的关系。参与社会治理的各类主体之间的交往与互动，共同构成了社会关系。而社会又是一个有机的共同体，社会的有机性需要构建积极完善的社会关系，其重要内涵就是理顺各类治理主体之间的关系，将矛盾和纠纷化解在未发之际，从而推动参与社会治理的各类主体相互促进、共同发展。

另一方面，基于发展的治理是推动社会进步的关键。现代社会最根本的特征是生产力快速发展和生产关系不断变革，以及由此带来的全体社会成员的全面发展。因此，对于社会建设事业而言，积极推动构建基于发展的社会治理形态是促进社会进步、服务全体社会成员的关键。具体而言，基于发展的社会治理形态主要由"政治—社会"发展、"经济—社会"发展、"文化—社会"发展与"生态—社会"发展四重结构组成。在"政治—社会"层面，需要不断推动社会民主政治的进程，让全体社会成员真正参与到社会治理的全过程之中，让政治权力为全体社会成员共有、共享、共同参与；在"经济—社会"层面，既要保证社会生产力的不断发展与进步，也要让经济发展所取得的成果成为全体社会成员全面发展的要素和资源；在"文化—社会"层面，要塑造和构建能够从根本上推动社会发展的文化形态，让文化的力量润泽全体社会成员的心灵和精神；在"生态—社会"层面，要在现代文明与现代化发展的语境下探索人与自然和谐共处的发展形态，社会发展不能以牺牲生态自然环境为代价，和谐的人与自然关系以及优质的生态自然环境应当成为社会发展的关键动能。

三　统筹发展与安全的有效治理：新时代党领导社会建设体制构建的重要机理

改革开放以来，在前三十年取得的基础上，我国城市建设与发展事业在党的领导下取得飞速进步，创造了一个又一个发展奇迹。与快速发展相伴而生的是，城市主体更为多元、关系更加复杂，各类新兴经济社会组织不断发育成熟，城市新兴组织、新兴阶层、新兴力量不断涌现，主体之间、人与人之间关系的经济联系和社会联系日臻加强。特别是进入新时代，面对城市多元主体发育成熟、复合关系逐渐形成的历史背景，如何以简约高效的方式创新治理体系、提升治理效能，将城市现代化发展中形成的力量与资源"组织起来"，推动新主体、新要素、新技术全面融入城市社会发展的进程之中，就成为新时代城市基层治理工作中的首要议题。

具体而言，若要把新时代城市发展的各类主体和要素组织起来，其基础和根本就在于实现党领导城市社会建设体制机制的创新。其中，最为根本、最为重要的内容是将安全与发展两条主线统筹起来，共同作用于服务最广大人民群众根本利益的有效治理。正是在这个意义上，人民本位的价值追求、先锋模范的组织行动、统揽全局的整体领导决定了只有依靠党的领导，才能真正统筹好新时代城市安全与发展的有效治理。相较于计划经济时期的"单位制"管理模式，相对于改革开放以来快速发展带来的"城市病"，新时代党领导社会建设的核心要义在于既要充分释放多元主体的发展活力，又要保证在这一过程中的社会安全。

党的领导是中国特色社会主义的最本质特征以及中国特色社会主义制度的最大优势，这就意味着，统筹新时代城市社会安全与发展的有效治理，其本质就是推动党领导社会建设的体制创新和方式变革。具体来说，体现在以下几个方面：一是在党的领导下，推动政党、国家、社会和市场自身功能的发育与发展，最大限度保障各类治理主体的权益，进而形成推动人民城市建设的合力；二是在党的领导下，推动政党、国家、社会和市场之间的关系重塑，进一步构建稳定、和谐、有序的治理关系，并在此过程之中推动社会发展、维护社会稳定；三是在党的领导下，通过价值、制度和组织三个维度，使政党、国家、社会和市场之间的互动关系实现有机化和稳定化，形成统一于人民群众幸福生活的城市治理格局。

统筹做好安全与发展的有效治理，既要遵循党的领导逻辑，又要根据国家治理现代化机制，还要兼顾不同领域要求。从党的领导角度来看，随着社会多元主体生成和基层社会形态发展，要实现党对社会的有效治理，就必须在体制和方式上进行变革。在推动发展方面，新时代城市社会的最显著特点是新兴经济社会组织的发育成熟，并且作为主体性力量开始参与到社会治理之中。由此，在党的领导下，统筹协调多元主体之间的关系，进而形成促进社会发展的合力，就成为新时代城市社会建设的重要内容。在保障安全方面，新时代城市社会在形成和发展过程中，面临着诸多前所未有的问题和挑战。因此，充分发挥党在城市社会的领导优势、政治优势、组织优势，并将之转变为维护社会稳定的治理效能，同样是实现新时代城市社会有效治理的关键任务。

从国家治理现代化角度来看，要统筹做好社会安全与发展的有效治理，就必须在党的领导下调整国家与社会、市场之间的关系。从社会建设的逻辑出发，就必须在党的领导下，充分发挥社会自身的主观能动性，推动社会内部不同主体之间的关系调整，统筹社会发展与社会安全之间的关系，并在此基础上积极发挥国家和市场的作用，以及统筹国家内部不同组成部分和不同作用方式的关系。这就意味着，党领导社会建设的体制创新和方式变革，就是以推动社会有效发展和构建稳定和谐的社会秩序为目的，理顺党组织与国家、社会、市场之间的关系并在体制上和方式上得以呈现的过程。

第二节
社区发展治理与社会综合治理的双线融合：统筹发展与安全的成都逻辑

为更好地推进新时代城市社会建设事业、满足人民群众对美好生活的向往，成都市积极探索社区发展治理与社会综合治理的双线融合，旨在将城市社会建设的各类资源统筹起来、把城市多元主体组织起来、将城市复合关系联系起来，从而在根本上实现城市社会建设进程中安全与发展的有机统一，通过一系列改革举措，最终把人民城市的价值理念转变为维护社会安定团结、提升人民群众幸福生活质量的生动实践。

一 社区发展治理与基于发展的社会治理体系构建：提升社会建设"高线"的成都实践

满足人民群众对美好生活的向往既是中国共产党"以人民为中心"治

国理政理念的集中体现,也是新时代党领导社会建设的核心目标。归根结底,保障社会安全和推动社会发展是实现这一目标的两项基础内容。其中,不断提升人民群众的幸福感、获得感是新时代社区发展治理与社会综合治理的立足点和落脚点。为了全面推进以社区为基础的社会建设,中共成都市委和成都市人民政府根据中央城市工作会议的精神,制定了《关于深入推进城乡社区发展治理建设高品质和谐宜居生活社区的意见》,并出台了相应配套文件,针对以社区为基础的社会建设存在问题,直面社区发展治理中的体制机制难题,做出了一系列部署,进行了一系列改革,统筹发展与安全两项核心工作,构建起"1+6+N"政策体系,其中,"1"是明确社区发展治理的提纲挈领,"6"是着力突破重点改革领域相关政策和制度保障,"N"是具体工作的配套政策与行动方案。经过三年多的探索,成都市逐渐形成了以不断提升人民群众生活质量"高线"为核心内涵的社会发展治理新格局。

第一,*以人为本、聚焦社区,统筹发展与安全*。《意见》强调要适应人民群众多样化多层次多方面需求,以精细化管理和良好服务造福居民,实现服务在基层、拓展矛盾在基层化解、民心在基层凝聚。统筹推进城乡社区发展治理与社会综合治理,在高质量可持续发展中不断提高治理水平,以高水平治理促进城乡社区加快发展,做到城乡社区发展和治理相互促进,共同提升。为此,《意见》提出,要真正把人民群众对美好生活的向往作为成都市城乡社会建设的核心目标,通过推进品质社区建设、活力社区建设、美丽社区建设、人文社区建设以及和谐社区建设等相应举措,打造舒心美好、安居乐业、绿色生态、蜀风雅韵、良序善治的高品质和谐宜居生活社区,为建设全面体现新发展理念的国家中心城市提供坚实基础。

第二,*党建引领、健全机制,统筹政党、国家、社会和市场的力量,构建基于发展的社会治理新体系*。《意见》强调要加强和改善党对城乡社区发展治理的领导,发挥基层党组织领导核心作用,统筹协调各类组织和社区居民共商区域发展、共担社会责任、共享发展成果、共建美好家园。

为此,《意见》提出通过创新社区发展治理工作推进体制机制,构建以职能归位为重点的联动推进机制,完善"一核多元、共治共享"机制,完善扶持社会组织发展机制,健全促进社区人才发展机制,健全社区发展治理多元投入机制,健全以居民为主体的权责统一机制。通过健全促进城乡社区发展治理的上述长效机制,推动党领导社会建设的体制机制的创新与发展。在此基础上,成都市积极引入社会和市场的力量提升治理服务,为此,成都市相继出台《成都市社区发展治理"五大行动"三年计划》《大力推进政府向社会组织购买服务、提升公共服务水平三年行动计划》《关于实施幸福美好生活十大工程的意见》等文件,在党的统筹领导下,理顺政府、市场与社会的关系,切实把建设和发展人民城市的价值使命转变为一件件切实可行的具体行动。

第三,改革创新、提升能力,推动政党和国家作用方式变革,拓宽市场、社会和居民参与的途径,形成党领导社会发展治理的合力。《意见》强调要打破思维惯性和路径依赖,推动治理路径,从条块分制向系统治理转变、发展动力从外在驱动为主向自主发展为主转变。通过提升基层党组织领导能力,提升群众工作能力,提升化解矛盾能力,提升舆论引导能力,实现城乡社区发展治理能力跃升,切实提升城乡居民的幸福感和获得感,进而推动新时代党领导下的社会发展治理体系创新。为此,成都市专门制定"城乡社区规划师制度",让人民群众切实参与到城市发展和治理的全过程、全领域之中,真正做到"人民城市人民建"。此外,成都市围绕高品质宜居生活、幸福十大工程等社会发展治理年度一号课题,积极引入包括经济组织、社会组织在内的多元力量,共同参与到人民城市的建设之中,确保城市发展成果为全体人民群众所共享,切实做到"人民城市为人民"。

二 社会综合治理与基于安全的社会治理体系构建:夯实社会建设"底线"的中国经验

社会是一个各类主体共同活动、相互交往的场域。因此,对于社建设事业而言，维护社会安定团结、构建良好的社会秩序就成为社会治理与发展的首要前提。新中国成立以来，在中国共产党的领导下，我国逐渐形成了具有鲜明特色的社会治安综合治理体系，即在党委、政府统一领导下，在充分发挥政法部门作用的同时，组织和依靠参与社会治理的各类主体性力量和人民群众的力量，综合运用政治、经济、行政、法律、文化、教育等多种手段，实现从根本上预防和治理违法犯罪、矛盾纠纷，化解不安定因素，维护社会治安持续稳定的一项系统工程。党的十八大以来，习近平总书记要求继续加强和创新社会治理，完善中国特色社会主义社会治理体系，努力建设更高水平的平安中国，进一步增强人民群众安全感。应当说，不断深化和创新社会综合治理是解决影响我国社会治安深层次问题、建设平安中国的重大方略和根本途径，这既关系到人民群众日常生产生活的安全底线，也是保障社会经济健康发展的必要基础，更是体现国家治理能力与治理体系现代化的晴雨表。

正是在这个意义上，成都市贯彻党中央关于新时代社会综合治理的若干指示精神，结合成都实际情况，以人民城市建设的系统思维和整体战略谋划为指导原则，积极构建基于安全的治理体系，真正把专项治理和系统治理、综合治理、依法治理、源头治理结合起来，深入推进社会治安综合治理创新，努力建设更高水平的平安成都，进一步增强人民群众的安全感和满意度，为全面推进党领导下的社会建设事业营造了安全稳定的社会环境，为实现人民安居乐业、社会安定有序、城市治理发展提供了有力保障。

一方面，织密公共安全网，夯实社会综合治理根基。为进一步提升社会综合治理能力，筑牢社会发展的安全底线，成都市从2017年开始在全市范围内推动城乡社区发展治理体系创新工作，将社会安全作为一项不可或缺的内容，纳入到整个城市治理体系构建的格局中。在此过程中，涉及社会综合治理方面的改革创新首先体现为立足现有问题和瓶颈，改革创新公共安全网络，为守护社会安全和人民群众幸福夯实最为根本的安全根基。针对成都市社会治理的总体布局，统筹整合相关部门在网格化管理中的职能，融多张网为一张网，变"条线网格员"为统一管理、一员多用的"综合网格员"，强化"雪亮工程"与网格化服务管理的有机结合，打通了精细精准服务人民群众的最后一公里，切实做到了"网格全覆盖、工作无缝隙、服务零距离、管理无漏洞"。

另一方面，提高"三预"能力，巩固公共安全风险防控。防患于未然是我国社会综合治理体系的重要功能和鲜明特色。进入新时代以来，成都在城市建设与发展方面取得了飞速的进步。在这一过程中，新的治理主体、复合关系不断生成，与之相伴随的新问题和新矛盾不断出现。有鉴于此，成都市以提高公共安全风险预测预警预防能力为核心，加快推进社会安全防控体系建设，织密全方位、立体化社会治理安全网络，促进了从事后被动应对处置向事前精准高效防控转变。在此基础上，成都市结合2017年以来在全市范围内推进的城乡社区发展治理工作，把各类矛盾风险化解在源头，相关部门出台配套政策文件、制订具体的行动计划，对加强矛盾纠纷源头化解，建立健全有机衔接、协调联动、高效便捷的矛盾纠纷多元化解机制做出了顶层设计，预防化解涉及城市社会建设和人民群众日常生活各领域、各环节、全过程的矛盾以及纠纷等问题，构建起了各类矛盾风险发现在早、防范在先、处置在小的基于安全的城市治理体系。

三 推动社区发展治理与社会综合治理的双线融合：统筹发展与安全的治理体制创新

从社会本身的特征属性出发，社会安全与社会发展是一对不可分割的整体，社会安全是社会发展的前提基础，社会发展是社会安全的长效保障。正是在这个意义上，作为中国特色社会主义事业的重要内容，新时代党领导下的社会建设体系创新，必须将基于安全的治理与基于发展的治理统筹起来，共同作用于、服务于广大人民群众的平安幸福生活。有鉴于此，成都市积极推动社区发展治理与社会综合治理的双线融合，在不断推动具体工作、落实具体行动的过程中，尤其注重治理体制创新，取得了一系列值得深入总结推广的普遍经验。

第一，构建"社治+综治"的体制机制。创新党委领导、双线融合机制，融合推进城乡社区发展治理和社会综合治理，把党的领导贯穿社会治理全过程各方面。具体而言，涉及决策机制、深化改革、难点突破以及治安建设四个方面的内容。

其一，深化创新意识，健全"社治+综治"决策机制，推动重大事项共商。充分发挥党委总揽全局、协调各方的领导核心作用，建立平安成都建设协调机制，成立领导小组，形成党委牵头抓总、政法社治统筹协调、市级部门联动协作、区（市）县组织实施、镇（街道）强基固本的工作格局，统筹推进市域社会治理现代化试点。

其二，坚持理论联系实际，实现改革事项共推。围绕公园城市建设、东部新区建设、社区发展治理等重点领域，会同各级各部门联合开展课题研究、改革攻坚，共同推进《成都市社区发展治理促进条例》立法工作，联动推进平安成都建设、智慧城市建设、社区场景营造等重大项目。

其三，坚持问题导向，推动痛点难点堵点共治。建立联席会议制度，聚焦政策性难题、基层基础短板，扭住制约社会治理现代化的全局性、关键性问题，开展治安乱点、行业乱象等影响公共安全的突出问题专项整治，在解决问题中不断完善治理体系、改进治理方式、提升治理能力。

其四，完善社会综合治理体系，深化平安成都共建。统筹协调公安、城管、应急等部门，以治安重点整治、老旧城区改造、背街小巷整治、特色街区建设、社区服务提升为突破口，以实现无违法上访、无刑事治安案件、无邪教、无黑恶势力、无公共安全事故、无毒害、无群体性事件为目标，深化平安创建、激活平安细胞，积社区小平安为成都大平安。

第二，完善"发展+治理"的工作布局。坚持城市发展与城市治理相促共进，推动城市发展为社会治理聚势，深化社会治理为城市发展赋能。

其一，借助重大活动，全面推进城市社会建设。借力大运谋治理、借力大运谋发展，组织开展"爱成都·迎大运"共建共治共享行动，以平安守护、社区共建共治共享、社区环境品质提升等七大子行动为抓手，深入推进市域社会治理现代化试点,广泛发动群众走出家门、参与治理,持续提升城市平安环境、功能品质和发展活力。

其二,贯彻中央精神指示,将城市治理优势转变为城市发展动能。擘画大尺度公园城市发展治理蓝图,推动韧性标准融入城市规划,构建特大城市全周期管理体系;打造核心价值引领、天府文化润城、先进典型示范、市民友善优雅"四大行动"品牌,构建天府文化浸润市民生活、铸造时代精神的文明养成体系;按照天府锦城"八街九坊十景"总体布局,同步推进业态植入、景观提升、交通改造、安全管理,构建蜀风雅韵、良序善治、平安和谐大美形态。

其三,借助国家战略,整体推动城市社会发展,赋能区域发展。贯彻省委彭清华书记唱好"双城记"指示精神,达成成德眉资禁毒协作协议,建立成甘阿凉反分维稳、禁毒防艾协作机制,推动成渝地区公共服务异地共享,巩固"环蓉护城河"。打造国际化营商环境3.0版本,倒逼政务服务流程再造优化,加快推进"一网通办、一网统管、一键回应"。构建产业生态圈协同发展政策体系,推进220个示范产业社区建设,推动人、城、产有机融合。以"两区一城"建设为契机,推动社会治理与新城建设齐头并进,同步加强综治中心规范化建设,融合推进"雪亮工程""天网工程""慧眼工程",天府新区和东部新区24个乡镇(街道)、296个村(社区)实现综治中心和视频监控建设联网应用同步覆盖。

第三,夯实"社区+场景"的基层基础。 深入贯彻习近平总书记关于建设和发展人民城市的理念,围绕成都得天独厚的文化资源,深化场景营造,打造市民有感的高品质公园社区和各类生活休闲场景。具体包含以下四个方面的内容。

其一,坚持党建引领,营造共治场景。推动党支部或党小组建在网格、覆盖产业功能区、嵌入"两新组织",构建以党组织为引领,社区、小组、网格、院落、楼栋五级联动的基层治理体系,推动政治、法治、自治、德治、智治同频共振,社会各界同向发力,构建共建共治共享的社会治理共同体。

其二，体现生态文明，营造绿色生活休闲场景。统筹推进公园城市、公园社区建设，深入推进"两拆一增"，打造小游园、微绿地、微景观，建设1000条"上班的路、回家的路"，推动天府智慧绿道、平安绿道连片成网，彰显推窗见绿、开门见园的生态之美。2021年以来，新建改建"小游园·微绿地"102个，打造示范街巷22条，完成"两拆一增"点位1000个。

其三，深化治理服务，建设便捷生活场景。围绕社区全人群、全周期、全链条生活服务需求，构建集综治中心、社区邻里中心、群众工作之家等于一体的社区综合体，推动60余个部门、240余项服务入驻"天府市民云"，因地制宜发展夜间经济、周末经济、跳蚤市场等多维立体的商业服务，着力打造"5、10、15分钟社区生活服务圈"。

其四，突出科技赋能，打造智慧场景。制定《成都市智慧城市建设行动方案》和《天府智慧小区建设导则1.0版》，健全"城市大脑""镇街中脑""社区小脑""小区微脑"运行机制，深入推进智慧小区、智慧安防、智慧服务等智慧场景，为高水平营城、高质量发展、高品质生活、高效能治理提供智能引擎。

第三节

街镇"四个一"改革与社治综治双线融合：统筹发展与安全的体制创新

新时代党领导社会建设命题的提出与新时代城市发展程度紧密相连。新时代中国特色现代城市的显著特征是多元主体逐渐生成，城市的发展与治理需要以良好的安全底线和社会秩序为依托，也需要以简约高效的治理和发展为推动。其中，街镇是我国基层政权和社会空间相勾连的空间节点，因而也是新时代党领导社会建设的主阵地和发力点。有鉴于此，成都市在全面推进城市社会建设的整体布局中，尤为强调突出街镇的功能与作用，为此，实施了一系列创新，实现了以简约高效的治理推动社会整体繁荣和发展。

一 街镇：社治综治双线融合的"交叉点"

成都市将街镇作为"社治+综治"双线融合的主阵地，其根本原因在于街镇一方面是我国行政管理权力的最末端，另一方面又是连接社会基层各类主体和人民群众的政权前沿。

根据我国的行政管理体制，按照行政级别，城市可以划分为直辖市（正省级）、计划单列市（副省级）、省会城市（副省级）、地级（正厅级）及县级市（正处级）。从城市内部的行政区划层级上来看，以地级市为例，一般而言，市级层面下面设市辖区，市辖区经上一级人民政府批准，可以设立若干街道办事处，作为政府派出机关。但也有少量地级市不设市辖区，和县级市一样直接在市区下设立街道办事处。市、区、街道都是不同级别的行政单元，街道与乡镇同级，街道的设立与城市规划、城市功能、市政设施、地形边界、历史因素等有着密切关系。作为我国西部国家中心城市，也是我国的国家社会与经济发展计划单列市，副省级城市，成都市辖23个区（市）县，261个街道和乡镇。

在城市中，街镇是行政区划最末端。因此，若要实现"社治+综治"双线融合，统筹各类资源、推进各项工作最恰当的地域性空间就是"街镇"，这与街镇本身的层次、定位、功能等有密切关系。一是从地域空间范围来看，街道主要覆盖城区，镇主要覆盖乡村，可以覆盖比较完整的城市范围。二是从权力覆盖范围层面来看镇政府是基层政权，街道的行政管理机构为街道办事处，属于政府的派出机构，从权力主体来看，刚好处于国家行政权力最末端，因而可以充分调动国家的公共行政资源。三是从资源覆盖范围层面来看，街镇以下就是社会自治空间和市场自主空间，行政力量不能直接进入，但是党的组织可以深入，因而能够协调市场资源和社会资源。

由此，街镇是国家行政权力在城市的最末端，但是行政机构对区域空间内的很多组织主体是没有领导权的，比如行政级别超越街道的国有企业，这就构成了条块区隔，而行政权力属于体制内权力，对体制外的各类主体也没有权力隶属关系。因而政府主体无法实现对多元主体的整合。但是街道层面的党组织一方面可以调动政府的行政资源，是体制内的领导力量；另一方面，也可以利用党的组织权威来领导协调各方（政府、社会、市场），是体制内外的整体性领导权威。从而承担起了基层共同体构建的区域化整合任务。

二 街镇"四个一"改革：做法与内容

考虑到街镇对于整个城市治理体系的重要意义和不可替代的功能，成都市在全市范围内，以街镇为主要着力点，深入推进"四个一"改革，取得了积极成效，最大限度地推动了"社治+综治"双线融合。

2020年5月开始，成都市认真贯彻习近平总书记关于"人民城市人民建，人民城市为人民"的城市建设与发展思想，深入学习领会中央关于新时代城市基层治理的若干指示精神，结合本地发展的实际情况，聚焦街镇为枢纽，在全国率先提出推进"四个一"——"一支队伍统管、一张网格统揽、一个平台统调、一套机制统筹"基层治理改革试点工作；2020年12月，成都市设立"四个一"改革首批试点区县，通过改革组织架构、创新治理机制、深化社会服务等一系列举措；2021年3月，成都市在总结"四个一"改革经验的基础上，出台了《关于开展镇（街道）"四个一"管理机制改革试点的指导意见》（以下简称《指导意见》），进一步强化和巩固街镇在整个城市社会治理格局中的突出地位，将党的领导、数字城市建设、基层治理体制创新统一于"守护社会安全底线，提升民生幸福高线"的具体实践之中，形成了一套以简约治理促进社会繁荣的新时代基层治理与社会建设经验。

在"一支队伍统管方面",《指导意见》要求建立镇(街道)统一管理的基层治理工作者队伍。由试点镇(街道)建立统一的基层治理工作者队伍,并负责队伍人员的招聘、使用、管理、考核。原聘用管理关系、资金保障渠道在区(市)县职能部门的转移至试点镇(街道)。社区专职工作者作为基层治理的重要力量,与基层治理工作者队伍一同由所属镇(街道)负责日常管理和统筹调度,其管理按照《成都市社区专职工作者管理办法》执行。

在"一张网格统揽"方面,《指导意见》要求区(市)县指导试点镇(街道)以综治网格为基础,以有利于基层治理、有利于资源整合、有利于责任落实为原则,整合综治、城管、民生等各类网格,形成统一划分、设置合理的基层治理综合网格,实现多网合一、一网管理、全域覆盖。

在"一个平台统调"方面,《指导意见》提出优化镇(街道)智慧治理平台。试点镇(街道)原则上依托已实现四级联通的"大联动·微治理"平台,并在此基础上整合或融通网格化服务管理、数字城管、网络理政、警综平台、信访信息系统、数字环保系统等各类向基层延伸的信息系统,建立镇(街道)智慧治理平台。镇(街道)智慧治理平台应与区(市)县智慧治理平台无缝对接,完成对接后,区(市)县职能部门现有延伸至镇(街道)的信息系统应与试点镇(街道)智慧治理平台业务链接贯通、数据实时互通,新增信息系统向镇(街道)延伸部署须报经区(市)县智慧治理中心批准。

在"一套机制统筹"方面,《指导意见》着重强调三类重要机制在街镇层面的实施细则,即组织领导机制、工作运行机制、工作保障机制,突出强调街镇在统筹三类机制上的主体责任和行动准则。

三 街镇"四个一"改革与社治综治双线融合:现状与成效

新时代党领导社会建设的关键在基层,难点也在基层,而提升基层治理能力的关键又在于街镇能否发挥其应有的功能与作用。从普遍情况来看，街镇在社会治理与发展过程中的地位之所以需要强化，主要在于：现有的基层治理同基层社会发展的要求不适应，政府管理社会、服务民众的许多事务下移到了基层，但治理的重心没有完全下移。导致这种局面的原因主要有三个：一是体制惯性强，上级各职能部门十分看重手中的职权，往往是放了事务，不放权力；二是基层能力弱，长期以来人们将基层定位为政策执行者，往往赋予的任务和责任多，赋予的治理权限和资源少；三是条块分离，"条线"与"区块"在治理权责、治理标准等问题上容易出现矛盾。基于上述问题和挑战，成都市通过街镇"四个一"改革，从三个方面探索了如何以街镇层面"社治+综治"双线融合，推动新时代党领导基层社会建设工作的整体跃升，形成了一套可推广、可复制的经验模板。具体体现为以下两个层面的成效。

其一，重塑组织架构，以"四级联动"促进"双线融合"。成都市街镇"四个一"改革的第一个根本意义在于：不是简单地削减行政冗余，而是以提升效率、深化联动、强基固本的治理创新，推动基层社会的繁荣和发展、满足人民群众对美好生活的向往。为此，街镇"四个一"改革之初，首先搭建起贯通区、街道（镇）、社区（村）、小区（院落）的"四级联动"组织架构，进而形成了权责分明、治理资源分配合理的四级联动工作体系。"四级联动"组织架构的最显著意义是，在实现统筹整合治理资源的同时，既突出街镇的主体责任，又没有将之孤立起来，而是依据实际情况，将权责合理分配、推动治理资源向基层下沉，从根本上解决了基层治理能力弱、治理力量分布不平衡、权力和资源移得出却接不住等基层社会治理困境。

其中，区"双线融合"社会治理中心负责全区社会治理事件指挥调度及全区社会治理大数据汇聚分析、监测预警、共享应用。而作为关键的街道（镇）"双线融合"社会治理分中心负责社会治理事件发现、上报、流转、办理、反馈、存档、督导、考核和平台基础数据录入、完善、维护等工作，接受区治理中心工作指导和业务考核。整合镇（街道）综治中心、值班室职能，辖区内派出所、市场监管所、执法中队、司法所等区级部门下沉、派驻的工作站（所）纳入治理分中心进行统一调度。社区（村）社会治理工作站负责整合村级综治中心、警务室、视频监控室等职能，小区（院落）社会治理工作点按照各镇（街道）、村（社区）根据管理服务需要，负责为居民提供便民服务，搜集民情民意，排查隐患问题并及时上报。

其二，创新工作体系，以"机制统筹"实现"长治长效"。当前城市社会治理改革创新工作中，往往只重视统筹资源和力量，忽视机制的统筹与整合工作，从而导致资源和力量到位之后，工作依旧开展不起来，治理体系改革创新的整体性效果依旧发挥不出来。从党领导新时代社会建设的总体目标和要求出发，工作机制贵在长久有效。因此，成都市街镇"四个一"改革在统筹平台、统筹网格、统筹队伍以外，还特别重视对工作机制的统筹，确保到位的治理资源和力量能够发挥出实际效用。成都市街镇"四个一"改革进行机制统筹的根本依据有两点：一是要确保统筹整合之后的机制要简约、清晰、有效、长效；二是要确保机制统筹必须覆盖到基层治理与发展工作的全过程，涉及治理、研判、监督等治理过程的全领域，不能头重脚轻、顾此失彼。为此，成都市街镇"四个一"改革在实践中，逐渐探索出街镇层面需要重点统筹的六大核心机制，形成了长治长效的社会治理格局。

一是平战结合机制。设立街镇层面的指挥平台，按照"平战结合""分层分类"的原则，设立指挥体系。

二是联席指挥机制。按照街镇治理的实际需求，分批次、按需求设置联席指挥工位，由公安、综合执法、卫健、应急、市场监管等部门明确首席指挥长、派员入驻，专职负责联席指挥、协助处理职责内工单、参与研商处置疑难复杂工单及平台整合、数据融通等工作。

三是多元发现机制。推动专群结合，按照"统一调度，分片包块、责任明晰"原则，以"大联动·微治理"平台为载体，以天网、雪亮、智慧小区、数字城管、慧眼等智慧系统为支撑，以天府市民云等智慧应用为媒介，发动社区居民、社会组织积极参与，用好媒体监督，基层治理队伍充分利用走、看、听、问、记、办、报"七步法"动态发现各类问题隐患，构建起全民发现、全员参与"人防＋技防""线上＋线下"的监测预警体系，拓宽问题发现渠道，提高问题发现时效性。

四是联勤联动机制。按照"中心指挥、四级联动"的管理模式，在全市开展"访困难送温暖、访问题送平安"工作，由街镇指挥中心负责落实，建立区、镇（街道）、村（社区）、小区（院落）四级联动工作机制。建立网格员与专业队伍有机互动的工作机制，相关部门专业人员、执法人员按网格包片，责任到人，协同网格员联动处置社会治理事件。

五是分析研判机制。建立定期分析研判制度，定期形成研判报告，为相关部门和上级党委政府及时提供社会治理动态、决策研判的数据支撑。建立例会通报制度，总结前期情况，查找存在的问题，解决共性问题。对街镇平台难以解决的问题，必要时提请区委、区政府协调决策。

六是评估考核机制。围绕"基本业务、重点任务、底线要求"，将镇（街道）、平台公司对社会治理事件发现、上报、接单、办理、反馈情况，以及回应民生诉求、参与社会治理的绩效情况纳入年度考核。

第四节

在理念与组织之间：双线融合与党领导社会建设的体制机制重构

作为新时代党领导社会建设改革创新的生动实践，成都市社治综治双线融合工作一方面基于以人民为中心的城市建设与发展理念，另一方面则是源自党领导下的基层社会治理实践。因此，若要推动这项工作从改革推进走向整体定型，就需要积极探索与之相适应的体制机制，在此基础之上构建以社治综治双线融合为重要内容的党领导社会建设的体系与格局。

一　以人民为中心、统筹发展和安全与社治综治双线融合：党领导社会建设的体制框架重构的价值与理念

进入新时代，我们党更加强调要坚持以人民为中心。发展为了人民，满足人民群众对美好生活的向往，就是我们的奋斗目标；发展依靠人民，发挥人民作用成为发展的动力来源，是我们建设中国特色社会主义事业的坚实基础。正因为如此，成都市在推动新时代城市社会建设事业的过程中，充分重视不同群体的人民群众的需求，充分调动各种形态的人民群众的力量，充分整合社区内外能够服务人民群众的资源，并将满足群众需求和发挥群众作用作为社会建设体制机制创新和工作方式变革的根据。具体而言，就是以人民为中心，把发展和安全、社治与综治双线融合统一于人民群众的切实需求上，以党的初心使命作为价值引领，不断创新新时代党领导社会的体制机制。

一方面，通过强化党的领导和党建工作，确保以人民为中心的价值理念始终贯穿在社会建设事业改革创新的全过程、全领域、全周期。满足人民群众对美好生活的向往，是新时代所有工作的出发点和立足点。新时代党领导的社会建设事业，不仅要依靠人民，还要为了人民。这就需要党组织坚持以人民为中心，发挥统揽全局、协调各方的作用，通过党建引领实现新时代的有效发展和有序治理。其中，成都市在推动统筹"社治＋综治"双线融合的过程之中，不仅强调新时代社会发展和安全建设的具体内容和现实过程中的具体机制创新，而且还根据现代城市社会发展要求和中国政治特色，在创新党领导社区发展治理过程中，充分发挥党建引领的作用，在推动双线融合过程中，坚持党建引领，确保以人为中心的价值理念不变形、不走样。

另一方面，将以人民为中心的价值理念转变为党领导社会建设事业的具体创新行动。在现实过程中，人民不是抽象存在，而是具体存在。这就意味着，从需求内容来看，不同群众具体利益和需求存在差异，具有数

量上的差异，也有质量上的差异；从组织方式来看，群众具有不同组织形态，既有整体的差异，也有个体的差异。要能够调动各方力量和创造各种条件服务具有各种利益和需求的群众，要能够整合各种形态的生存系状态和组织方式的群众，不论是靠群众自身、行政力量还是社会组织或市场机制，都存在着片面性和有限性，而在中国只有党的组织力量能够做到统揽全局、协调各方。因此，成都市委、市政府在推进社区发展治理过程中，在整体创新了党领导社会建设体制的基础之上，进一步创新了党建引领双线融合的具体实现方式，构建了以党组织为核心的新型城乡社区发展与安全治理体系，从而达到以党建为引领、以提升人民群众安全感和幸福感为内容的治理目标。

二 基于发展与安全有效统筹的任务职能整合与责任体系重构：社治综治双线融合的工作网格和管理方式创新

网格化管理是我国社会综合治理在长期实践中的创新，其关键在于以实际的物理空间作为权责单元，夯实基层社会综合治理的主体责任。进入新时代，伴随着城市社会多元主体生成，基层治理的关系日益复杂、各类主体间交往越发频繁，新的要素和新的组织快速形成，关系空间的迭代重塑了物理空间的内涵。因此，基于新时代城市社会的显著特征，成都市坚持问题导向，立足基层社会的实际情况，探索推进综合网格，重新划分和定义综治网格，有效统筹基于发展的治理与基于安全的治理双线融合。

应当说，综合网格建立后，网格职能边界更加清晰，管理幅度进一步优化，问题发现渠道有效拓宽，事件处置时效性增强，以成都市青白江区为例，综合网格建立后，平均办件率提高23.6%，网格管理扁平化效能初显。在这一过程中，成都市探索形成了"网格员吹哨，专业队伍报到"的基层治理模式，这可以被认为是"街镇吹哨，部门报到"模式的升级版本。基层社会是一个有机体，基层事务往往涉及多个行政部门的职能交叉。"网格员吹哨，专业队伍报到"模式的优越之处在于，以专门发现基层问题的网格员和专业解决基层问题的队伍代替行政机构和部门，从而提升了问题解决效率、优化了问题解决质量。这一模式的运用和推广，背后的基础在于成都市能够将基于发展与安全的任务职能与责任体系重构，有效统筹进入到社治综治双线融合的综合网格之中，其创新支柱主要在于以下三个方面。

第一，优化调整基层治理综合网格。区（市）县指导试点镇（街道）以综治网格为基础，以有利于基层治理、有利于资源整合、有利于责任落实为原则，整合综治、城管、民生等各类网格，形成统一划分、设置合理的基层治理综合网格，实现多网合一、一网管理、全域覆盖。

第二，明确基层治理综合网格职责。区（市）县编制试点镇（街道）综合网格职责清单，指导试点镇（街道）将党的建设、城市管理、治安维护、公共服务、民族宗教、生态环保、社情民意搜集、矛盾隐患发现、信访维稳、应急处突、社区和小区（院落）治理等工作内容纳入综合网格职责，并建立综合网格工作准入机制。

第三，强化基层治理综合网格力量。综合网格应设网格长，按照"一格一长"或"多格一长"的原则，由社区专职工作者担任，统筹协调网格内城乡社区服务管理事项。综合网格应设专职网格员，按照"一格一员"或"一格多员"的标准配备，负责履行综合网格职责。综合网格应设兼职网格员，由网格内企事业单位有关负责人、居民小组长、小区（院落）党组织负责人、业（院）委会负责人、居民代表等兼任，负责协助网格长及专职网格员开展网格治理工作。试点镇（街道）应在综合网格建立网格党组织，以党组织为核心整合网格内服务管理资源和力量，推动构建网格治理共同体。

三 基于发展与安全有效统筹的权力关系理顺与体制机制重构：社治综治双线融合的组织领导和工作保障机制创新

新时代党领导社会建设事业的推进，离不开体制机制的创新。进入新时代，新的要素、新的组织以及人民群众新的需求意味着党领导社会建设的运转机制也要革新。有鉴于此，成都市在推进社治综治双线融合的过程中，尤其注重理顺新时代背景下基层社会的权力关系。在此基础上重构党领导社会的体制机制，不断强化社治综治双线融合的组织领导和工作保障。具体而言，包含以下三个方面的机制创新。

第一，坚持党建引领，完善组织领导机制。各区（市）县应完善"党建引领、双线融合"领导体制和工作机制，加强对"四个一"管理机制改革试点工作的领导。构建全市先行试点和区域自行试点同步推进的工作格局，天府新区、武侯区、青白江区、温江区作为全市先行试点区（市）县，应建立党（工）委主要负责人为组长、副书记为常务副组长以及政法委、社治部门、公安部门主要负责人为副组长的领导小组，社治部门牵头，联动政法委、公安部门，统筹部署和系统推进试点镇（街道）改革工作，于2021年3月底前制定深化改革试点推进方案，2021年5月底前完成改革试点任务，努力打造全市样板；其他区（市）县也应参照建立管理机制改革工作领导机制，于2021年12月底前完成本区域内改革试点任务，改革试点进度快的可提前申请验收，成效明显的可纳入全市试点予以推广。

第二，坚持问题导向，完善工作运行机制。区（市）县党委政府督促指导试点镇（街道）综合运用人员、网格、平台整合成果，以"一支队伍统管"为前提，以"一张网格统揽"为基础，以"一个平台统调"为核心，推动智慧手段应用与基层治理实践的无缝融合，用系统化思维推动城市运行一网统管、社会诉求一键回应、风险防控一体联动。突出抓好市民诉求响应处置体系建设，用智慧化手段整合网格发现、市民反映、智能感知、舆情监测等多个市民诉求收集渠道，优化"发现—分析—响应—处置—反馈"流程，完善"镇街吹哨、部门报到"工作机制，实现全要素、全时段、全领域指挥调度。大力推行镇（街道）职责任务、公共服务、属地管理"三张清单"制度，提升规范化、精细化治理水平。

第三，统筹治理资源，完善工作保障机制。市委社治委、市委政法委应充分发挥统筹协调作用，督促指导试点区（市）县持续、深入、系统开展改革。市级其他有关部门应积极参与和服务改革试点工作，在力量整合、平台融合、业务支撑、管理考核等方面加强工作指导和支持。各区（市）县应推动资金、人员、项目等要素向镇（街道）下沉，建立督促考核机制，对试点镇（街道）统筹力量、建立平台、完善设施等方面工作予以必要经费支撑，对改革成效明显的镇（街道）给予激励。试点镇（街道）应统筹用好政策支撑和资源力量，积极稳妥推进改革试点工作，确保工作衔接有序、改革推进有力、社会和谐稳定。

四 基于发展与安全有效统筹的行动主体重塑与工作力量整合：社治综治双线融合的队伍建设和人事制度创新

推动新时代党领导下的社会建设事业，行动主体重塑与工作力量整合是关键。具体而言，就是要立足新时代社会建设的根本目标，不断加强和改革人事制度与治理队伍建设，不仅要精简治理队伍规模，还要提升队伍素质和能力；不仅要夯实治理队伍的主体责任，还要推动治理资源下沉、确保资源供给，保障基层有人有权、有钱有物。这两方面是有机统一的，如果队伍规模不精简、素质不提高，再多的资源下到基层也起不到应有的作用；反之亦然，如果资源保障不到位，基层队伍能力再强、素质再高，最终还是"无米之炊"。

因此，成都市在社治综治双线融合的改革创新中，始终把队伍建设与人事制度改革摆在重要位置，同时推进两方面工作，"保证基层事情基层办、基层权力给基层、基层事情有人办"，如此才能从根本上提升治理效能。

为此，成都市通过改革人事制度，实现了强化队伍建设、精简队伍规模，扎扎实实打造了一支基层社会治理的"铁军"，为新时代党领导下的社会建设事业提供了重要的人事保障。成都市把队伍建设和人事制度改革作为社治综治双线融合改革创新的前提。针对镇（街道）编外人员和部门下沉人员管理主体不一、薪资体系不一、忙闲不均、容易无序扩张等难题，从三个方面着力强化基层治理的队伍建设、改革基层人事制度。

第一，夯实街镇责任，建立统一管理的基层治理工作者队伍。区（市）县指导督促试点镇（街道）对聘用人员［包括区级职能部门聘用下沉人员、镇（街道）自聘人员等各类聘用人员，不含服务外包人员］进行全面清理，由试点镇（街道）建立统一的基层治理工作者队伍，并负责队伍人员的招聘、使用、管理、考核。原聘用管理关系、资金保障渠道在区（市）县职能部门的转移至试点镇（街道）。社区专职工作者作为基层治理的重要力量，与基层治理工作者队伍一同由所属镇（街道）负责日常管理和统筹调度，其管理按照《成都市社区专职工作者管理办法》执行。

第二，提升队伍质量，统筹基层治理工作者队伍员额管理。区（市）县根据试点镇（街道）事权，综合考虑基层治理各方因素，在摸清底数的基础上，按照"只减不增、职能整合"的原则，核定镇（街道）基层治理工作者队伍员额控制数。区（市）县财政部门根据核定的员额控制数，按人头标准保障人员薪酬和工作经费，纳入试点镇（街道）财政预算。区（市）县职能部门原则上不再单独聘用人员下沉至试点镇（街道）和村（社区）。厘清基层治理工作者和服务外包人员工作职责边界，已纳入服务外包范围事项不得再聘用人员。

第三，强化组织保障，完善基层治理工作者队伍管理制度。区（市）县赋予试点镇（街道）基层治理工作者队伍管理考核自主权，指导试点镇（街道）综合参考人员岗位职责、工作强度、现实表现等因素，制定以工作实绩为导向的薪酬体系和绩效考核办法，建立奖优罚劣、优胜劣汰的管人用人机制。鼓励试点镇（街道）在条件成熟时，将符合条件的基层治理工作者纳入社区专职工作者职业体系和薪酬体系。

第五节
在技术与制度之间：双线融合与党领导社会建设的运行方式创新

信息技术正以不可逆转的趋势改变人类社会的发展形态：一方面，数字经济全面兴起将会极大程度地推动社会生产力的发展；另一方面，数字社会的形成也将彻底改变人类社会的交往方式，从而孕育和塑造新的文明形态。因此，全面推进信息技术赋能基层社会治理既是推动新时代党领导社会建设的关键举措，也是中国特色社会主义发展、构建新型文明形态的必由之路。推进技术赋能基层社会治理是一项机遇和挑战并存的事业，其中的关键在于把握信息技术的核心价值与根本立场。对于新时代党领导下的社会建设事业而言，党的领导是确保信息技术始终为人民服务、以人民群众最根本利益为目标的基础性力量，在此基础上，进一步推动信息技术重塑党领导社会建设的制度基础，从而让科技成为服务城市基层社会建设的关键动能。

一 技术重塑制度：数字化转型、社治综治双线融合与党领导社会建设的运行方式创新

成都在推动党领导社会建设事业改革创新的实践过程中证明，智慧城市建设对基层治理有着革命性的重塑意义，信息技术不仅能够赋能城市治理，并且会推动实现真正意义上的简约高效的治理体系。其关键在于，智慧城市建设必须坚持人民至上的指导原则，人民群众的根本利益就是智慧城市建设的应用场景，技术是为人服务的。基于这样的原则和理念，成都市在推动社治综治双线融合的改革过程中，一方面积极运用信息化技术手

段,赋能治理体系、重塑基层治理的制度和流程,让借助数字技术的治理模式能够更高效、更便捷地发挥其功用;另一方面,在设计和规划智慧治理的技术方案时,坚持问题导向,以技术能不能提升治理效能、可不可以服务人民群众为立足点,在此基础之上形成了一系列可供推广复制的普遍经验。

为了更加彻底、全面地推动技术赋能双线融合工作,成都市将智慧城市建设与社治综治双线融合两项工作紧密结合起来,依托全市"1153"智慧城市体系,不断推动社治综治双线融合的制度建设。其中,《成都市智慧城市建设行动方案(2020—2022)》明确提出了成都市智慧城市建设行动框架,即一个"城市大脑"、一个数据资源中心、一套智能基础设施、五大智能化应用体系、三个支撑体系。依托这一完备的智慧城市体系,社治综治双线融合工作得以运用新的治理技术,填补社会建设事业的盲点、解决社会治理的困境,进而从整体性的层面重塑了整个社会治理的制度。

第一,建立一个"城市大脑",推动社治综治双线融合全市"一盘棋"。以市网络理政中心为龙头,全面构建全天候能在线监测、能分析预测、能应急指挥的智能城市治理运行体系,成为智慧城市服务中心、治理中心和应急指挥中心,从而为社治综治工作提供坚实的总体指挥系统。

第二,建立一个数据资源中心,为社治综治双线融合提供丰富可靠的数据支撑。其中,包括一个数据库、一个数据资源目录和数据中台。依托数据资源目录和数据库建立安全可靠、开放共享的城市数据资源体系,通过成都市统一的数据中台提供数据服务能力,有效支撑各领域智慧化应用,为各级社治综治双线融合指挥平台的协同治理奠定坚实的数据支撑。

第三,建立一套智能基础设施,推动社治综治双线融合的虚实联动。成都着力建设完善一套智慧化城市感知体系和信息基础设施,实现一体化部署应用,推动城市"万物互联、精确感知"、信息系统"互联互通、数据共享",进而为社治综治双线融合工作提供联结虚拟与现实的节点和枢纽。

第四,健全五大智能化应用体系,服务社治综治双线融合向纵深发展。围绕政务服务、城市治理、生活服务、风险防控、产业发展构建五大智能化应用体系，着力实现政务服务"一网通办"、城市运行"一网统管"、生活服务"一码通城"、风险防控"一体联动"、产业发展"赋能提质"，推动社治综治双线融合工作能够更加便捷、高效地面向人民群众的日常生产生活。

第五，建设三个支撑体系，为社治综治双线融合的长效发展提供信息技术的支持。 建立应用开发生态及创新支撑体系、网络安全管理和防护体系、智慧城市标准和规范体系，为社治综治双线融合工作的制度建设提供长期有效的信息技术基础。

二 基于数据汇聚的智慧治理体系建设与部门区隔打破：社治综治双线融合的数字化运行体系构建

一直以来，部门区隔是阻碍城市社会治理的首要障碍，特别是信息技术融入基层治理工作之后，部门区隔导致数据不能共享互通，每一个部门都设立自己独立的信息系统，从数据采集到数据使用都自成体系。从表面上来看，这一现象的出现是技术区隔，但从更深层次来思考，部门区隔更多的则是统筹不力、行政区隔和缺乏共识的产物。成都市以信息技术赋能社治综治双线融合的改革证明，只要坚持问题导向、实事求是、秉承为人民群众办实事的实践原则，利用新技术破解部门区隔和基层治理九龙治水的困境并不是一件困难的工作。具体经验包括以下三个方面。

第一，建强两级智慧治理中心，以信息技术的力量夯实社治综治双线融合的主体责任。 各区（市）县应整合"大联动·微治理"指挥中心、网络理政中心、智慧治理中心、城市管理数字化监督管理中心等，建立智慧治理中心，中心经区（市）县党委政府授权，依托所整合平台功能对相关事务进行统筹协调和指挥调度，推动社治综治双线融合。试点镇（街道）应比照区（市）县智慧治理中心建立本级智慧治理中心，中心主任由党（工）委主要负责人兼任。

第二，优化智慧治理平台，以信息技术推动各部门之间的协调合作。社治综治双线融合试点镇（街道）原则上依托已实现四级联通的"大联动·微治理"平台，整合或融通网格化服务管理、数字城管、网络理政、警综平台、信访信息系统、数字环保系统等各类向基层延伸的信息系统，建立镇（街道）智慧治理平台。镇（街道）智慧治理平台应与区（市）县智慧治理平台无缝对接，完成对接后，区（市）县职能部门现有延伸至镇（街道）的信息系统应与试点镇（街道）智慧治理平台业务链接贯通、数据实时互通，新增信息系统向镇（街道）延伸部署须报经区（市）县智慧治理中心批准。

第三，营造智慧应用场景，推动社治综治双线融合更加精准便捷地服务人民群众。成都市在各级智慧平台建设过程中，始终坚持与社治综治服务场景之间的紧密结合，采取政府主导、多元参与、市场运作的方式，大力推动智慧社区、智慧小区建设，不断丰富天府市民云智慧服务场景，协同推进智慧物业、智慧安防、智慧党建、智慧交通等领域的智慧建设，推动天网工程、雪亮工程、慧眼工程等与各类智慧应用场景联通，强化信息收集前端和事件处置末端作用。

三 基于数据运用的应用场景建设与治理能力提升：社治综治双线融合的数字化治理、服务体系构建

信息技术的普及和网络社会的到来是新时代城市基层治理环境的显著变化。近些年来，建设智慧城市、推动城市治理数字化转型在全国范围内全面推开。随之而来的一个问题是，不少城市投入大量资金和技术，但治理效果并未达到预期，系统建成、技术到位之后，无法与人民群众的实际问题联系起来、无法将先进科技转变为治理效能，最终导致智慧城市空悬在技术与资本之中。其根本症结在于，除了一网通办、电子政务等基础功能以外，智慧城市更大规模、更深程度的应用场景到底在哪里？

习近平总书记指出："共产党就是为人民谋幸福的，人民群众什么方

面感觉不幸福、不快乐、不满意，我们就在哪方面下功夫。""以人民为中心"是中国共产党治国理政的核心价值理念，也是数字治理、智慧城市建设的应有之义。在这个意义上，数字社会的全面到来和信息技术的快速发展，为我们党更优质、更高效、更精准、更便捷地服务人民群众提供了前所未有的时代机遇。由此便有了一个问题，城市数字化治理的创新到底应当通过什么形式的实践，才能转变为提升治理能力的动能和人民群众满意的公共服务？成都市通过智慧城市建设，用数字技术赋能社治综治双线融合工作、提升城市公共服务质量，很好地回答了这一新时代发展背景下的命题。

一方面，应用场景的开发以及技术赋能公共服务首先要解决线上平台与线下服务的对接问题。为此，成都市以智慧治理平台为载体，整合党建、政务和社会服务资源，在推广线上智慧服务应用的同时，切实打造与之相对应的线下社治综治双线融合的服务场景，建设1:1的数字孪生应用场景，让线上的每一个数字服务板块都能与线下的实际公共服务无缝融合，从而实现"数据多跑路，群众少跑腿"，用数字技术优质便捷地服务人民群众。

另一方面，运用数字化手段，简化服务流程，提升公共服务部门的效率。成都市通过平台升级，接入数字城管、农业信息化等部门社治综治相关部门信息系统、汇聚丰富信息数据、提升事件办结率和群众满意率，实现"数据线上转、服务面对面"，真正做到了以数字技术推动社治综治双线融合工作的高质量发展，以更加简约便捷的服务流程实现更加丰富精准的公共服务内涵建设。

四 基于数据反馈的智慧手段运用与运行流程再造：社治综治双线融合的数字化工作流程体系构建

信息技术对社会治理的革命性重塑体现为治理信息要素的快速流转，与社会治理相关的各类信息能够在第一时间被获取，治理主体得以迅速掌握情况、研究判断、制定方案，其本质是对社会治理与发展的流程再造，进而以更加简约高效的数字治理，促进社会治理与发展的有序和繁荣。其中，以统一指挥、统一调度为功能的智慧治理平台实是数字治理背景下社会运转流程的中枢系统。此外，还需要建立与数字指挥中心相联通的数字治理"末梢神经"，在现实空间设立工作站、监测点，实时搜集和获取社会治理与发展的相关信息。

成都市在推动智慧城市建设赋能社治综治双线融合的改革进程中正是抓住了上述两点智慧平台建设的关键，针对基层多中心指挥、多平台派单、多系统录入，跨部门、跨层级数据流转不畅等难题，创新开发"社智在线"信息平台，着力建设统一、高效的数据大脑中枢，全面建设覆盖基层的数字治理"末梢神经"，从而以数字转型推动社会运转流程的再造。

其一，创新数字治理架构，为社治综治双线融合提供坚实的技术框架。例如，成都市青白江区将信息化平台贯穿于整个"1+7+83+N"社会治理架构之中，以完善合理的技术体系，促进信息数据及时反馈，在此基础上不断深化社治综治双线融合的治理流程重塑，组建1个区智慧治理中心，整合综治中心、网络理政中心、数字城管中心职能，实现全区社会治理统一指挥调度、数据分析研判、监测预警和共享运用；建立7个镇（街道）分中心，统筹协调、指挥调度辖区社会治理事务；推动83个村社工作站和N个小区工作点建设，延伸治理触角，打造"家门口、一站式"服务，做到居民有需求、社区有服务。

其二，搭建指挥平台，为统筹社治综治双线融合长效运转提供技术支撑。成都市以"大联动·微治理"平台为主体，升级打造各类共享开放，贯通市、区、街镇、社区、小区五级智慧治理平台，为在整体层面统筹推进社治综治双线融合工作提供了完备高效的指挥调度支持。此外，成都市分批次整合融通经科信、综合执法、应急等社治综治相关部门平台，主动对接成都天府市民云、成都"蓉易办"等民生平台，联动区级部门、园区管委会和国有公司，构建诉求响应、部门协同、数据融通、市民参与的社治综治双线融合新格局。

第五章

党领导社会建设体制创新与人民城市社会性"新基建":成都的实践

党领导社会建设的体制创新和方式变革,是以推动社会有效发展和实现社会有序治理为目的,重新调整党组织与国家、社会、市场之间关系并在体制上和方式上得以呈现的过程。因此,党领导社会建设的体制创新和方式变革又是党推进国家治理体系和治理能力现代化的一项基础性工程。而党领导社会建设的体制创新和方式变革本身从层次上又可以区分为宏观、中观、微观三个层面:宏观层面在于党中央层面的决策部署,中观层面在于地方党组织的体制、机制、政策创新和调整,微观层面则是基层党组织通过党建引领基层社会发展治理的机制的具体创新。由此可见,党领导社会建设的体制创新和方式变革本身是共同着眼于基层社会建设的宏观、中观、微观多个层面的联动创新。从城市的视角来看,党和国家之所以将社会建设的着眼点放在基层,是因为城市的核心是人,广大人民群众生存和发展的具体实践最终又都要落在基层。人民群众是党执政的基础,也是党和国家服务的对象。因此,城市的存在和发展要以社会建设为基础,要为广大人民群众服务,要以人为本。因此,党领导社会建设的体制创新和方式变革更加凸显了其基础性工程的特点和地位,是人民城市建设必不可少的一种"新基建"。成都市通过党领导社会建设的体制创新和方式变革,成功地探索和开辟出了一条人民城市社会性"新基建"新路,为新时代全国人民城市社会建设提供了一个重要样板。

第一节

体制创新与社会建设实践：人民城市建设的社会性"新基建"逻辑

社会是人的集合体。城市的核心是人，城市市民是城市的行动主体，也是城市的服务对象，没有人就没有所谓的城市。因此，"城"的存在是以市民所组成的社会的存在为基础的，城市的发展要以社会建设为基础，要为广大人民群众服务，要以人为本。因此，对于城市建设而言，党领导社会建设的体制创新和方式变革就凸显了其基础性工程的特点。因而，党领导社会建设的体制创新和方式变革，从本质上是与人民城市基础设施建设相匹配的社会性基建的创新，是新时代人民城市建设必不可少的"新基建"。通过社会性"新基建"，人民城市可以有效推进城市幸福指数不断提升和应对各种社会性风险挑战。成都市通过党领导社会建设的体制创新和方式变革，成功地探索和开辟出了一条人民城市社会性"新基建"新路，在日常性工作中发挥了显著作用，在应急性工作中经受住了考验。

一 人民城市社会建设的双重统筹与党领导社会建设的体制创新

中国共产党之所以鲜明提出人民城市建设，就是要明确社会主义国家的城市建设要始终不忘初心，始终坚持"以人民为中心"。众所周知，城市建设是一个综合立体工程，包括经济建设、政治建设、社会建设、文化建设、生态建设等各个领域。习近平总书记2019年在考察上海时，提出了"人民城市人民建，人民城市为人民"的重要理念，要求"在城市建设中，一定要贯彻以人民为中心的发展思想"。这一理念深刻回答了城市建设发展依靠谁、为了谁的根本问题，深刻回答了建设什么样的城市、怎样建设城市的重大命题，为深入推进人民城市建设提供了根本遵循。"人民城市人民建，人民城市为人民"，建设人民城市的提出，是中国共产党将"为人民服务"宗旨贯彻在城市建设中的生动体现。在我国，建设"人民城市"的实质，就是中国共产党"全心全意为人民服务"这一根本宗旨在城市当中的整体性体现、全领域落实、全方位贯彻，要求各级城市党政管理者、决策者，要始终坚持以人民为中心，执政为民，顺应新时代的民生、民心需求，努力让人民群众过上幸福美好的城市生活，构筑起世界上最紧密干群关系、党群关系、政社关系、群体关系的"铜墙铁壁"，为实现中华民族伟大复兴中国梦打下最坚实的社会基础。[①]

人民城市的建设强调"以人民为中心"理念在城市建设中各个领域的贯穿，而在人民城市建设中，能够体现"为人民服务"的宗旨和"以人民为中心"的价值理念的重要领域就是社会建设。这是因为社会是人的集合体。城市的核心是人，城市市民是城市的行动主体，也是城市的服务对象，没有人就没有所谓的城市。因此，"城"的存在是以市民所组成的社会的存在为基础的，城市的发展要以社会建设为基础，要为广大人民群众服务，要以人为本。而社会建设也是夯实党执政的社会基础的现实载体。

由此，人民城市的社会建设必须注重两个必须：一是必须始终在社会建设中坚持党的领导；二是必须将"为人民服务"的宗旨和"以人民为中心"的价值理念贯穿在人民城市社会建设的各个环节。这两个必须是相辅相成的，只有坚持党的领导，社会建设才能牢牢坚持把握住人民城市建设方向，只有坚持"以人民为中心"才能始终确保党执政社会基础的稳固。而人民不是抽象的，不是原子化的，人民是在特定条件下被组织起来的社会群体。

因此，基于上述认识，人民城市社会建设需要做好两个方面的统筹工

---

① 陶希东：《城市实质上就是人类的化身》，《社会科学报》2020年12月10日第3版。

作：一方面是统筹好人民的需求与需求的满足之间的关系；另一方面是统筹好人民的发展需要和人民的安全需要之间的关系。前者是从作为主体的人民的角度出发进行的考量；后者则是从作为客体的人民的角度出发进行的考量。

一方面，从作为服务对象的人民出发，需要统筹好人民的需求与需求的满足之间的关系。具体而言，就是要处理好满足好人民群众对美好生活的需要与调动多方力量充分满足群众的多元化需要的关系。这是从作为主体的人民的角度出发，发现的人民城市建设中的一对供需关系，这也是新时代已经变化了的社会主要矛盾在城市社会建设中的突出表现，即人民日益增长的美好生活需要和不平衡不充分的发展之间的矛盾在社会建设中的反映。而处理好这对关系，本质上也要立足于"发展"，必须将"以人民为中心"的理念具体化，即从人民的主体性出发，统筹"发展为了人民"与"发展依靠人民"之间关系。"发展为了人民"就是解决满足好人民群众对美好生活的需要，"发展依靠人民"就是要解决调动多方力量充分满足群众的多元化需要。而所谓调动多方力量，实际上就是党委政府通过多种方式将人民组织起来并发挥其作用的过程。

另一方面，从人民的需求本身出发，需要统筹好人民的发展需要和人民的安全需要之间的关系。这对关系也是将前述关系中的人民群众日益增长的美好生活需求的具体化。根据马斯洛需求层次理论，人类需求像阶梯一样从低到高按层次分为五种，分别是生理需求、安全需求、社交需求、尊重需求和自我实现需求。根据这种区分原则，总体而言，我们可以将人民群众的需要区分为基础性需求和高层次需求。人民群众的温饱和基本安全就属于基础性需求，而人民群众对美好生活的向往就是在解决温饱问题基础之上的更高层次的需求。更高层次的需要主要包括两个维度，一是更高层次的发展需求，二是保障发展的更高层次的安全需求，这两方面是紧密联系的。因此，这就需要人民城市在社会建设中统筹好新时代的社会发展与社会安全，社会安全要适应新时代社会主要矛盾的变化而体现新的内涵。

上述两方面的统筹要求使社会建设的供需关系具有了新的调整，社会发展和社会安全的内容也发生了新的变化。这种调整和变化是基于作为客观服务对象和需求主体本身的人民群众的生存生产生活形态变化，以及随之带来的社会化要求的变化而产生的。这就需要人民城市建设中重新调整社会建设背后的各方面权力关系和运行机制。而这些关系和机制的调整就需要通过党领导下的社会建设的体制创新和方式变革来实现。

近年来，成都市在人民城市社会建设过程中把前述双重统筹融入到党领导社会建设的体制创新和方式变革探索过程中，加强党对社会建设的全面领导，落实以人民为中心的发展理念，树立"城市的核心是人"的价值取向，以满足人的发展、人的需求和人的感受为逻辑起点谋划城市工作、满足群众期待、践行初心使命，不断增进民生福祉，不断促进社会公平正义，让人民的获得感、幸福感、安全感更加充实、更有保障、更可持续。成都市在实践探索中为了实现人民城市社会建设的"两个统筹"，而在具体工作中推进了两个方面的工作性统筹。一方面是统筹发展与治理。在实践中，成都市打破就发展抓发展、就治理抓治理的思维惯性，突破发展治理"两张皮"的现实困境，紧紧抓住制约城市转型跃升的突出矛盾和关键环节，把发展和治理统筹起来协同推进，以高质量发展促进高效能治理，以高效能治理保障高质量发展。另一方面是统筹"社治"和"综治"。在实践中，成都市针对基层治理力量分散、多网并行、多头指挥、条块分离等影响和制约基层治理效能提升的顽疾问题，着力将基层党组织的政治优势、组织优势转化为治理效能，按照改革赋能、试点破局、系统整合、做强镇街的思路，在镇（街道）层面创新"一支队伍统管、一张网格统揽、一个平台统调、一套机制统筹"管理机制，有力提升了城市基层治理体系和治理能力现代化水平。

二 党领导社会建设的体制创新与人民城市社会建设的"新基建"

成都市所探索的党领导社会建设的体制创新和方式变革，是基于人民城市社会建设的"两个统筹"的需要所做出的新型制度性安排。尤其是其体制创新，对于社会建设而言具有系统性、全局性、整体性的影响。但就社会建设的宏观体系而言，推进体制创新是属于从制度性安排层面对各方面关系进行再梳理和再建构，从而将人民城市社会建设"两个统筹"得以实现的问题从体制层面首先予以破解。因而，该体制创新总体上是处于顶层制度设计层面的安排部署。然而体制的创新不是为创新而创新，而是要打破社会建设过程中推动发展与治理、"社治"与"综治"统筹过程中可能遇到的一系列阻碍，将社会建设体制创新探索具体落实到城市社会建设的具体实践之中。

而城市社会建设是城市建设的一种基础性工作，因此党领导社会建设的体制创新和方式变革对于人民城市建设而言就具有基础设施建设的意涵。基础设施建设是城市建设的基础工程，也是满足生活于城市的人民群众需求的基础工程。基础设施一般需要满足以下标准：第一，基础设施对于一定范围的需求，在资源的消费上是非竞争性的，属于纯公共物品或准公共物品。第二，基础设施与原材料、中间商品或衍生出的投入不同，在使用时不会一次性消耗、用尽或枯竭。第三，基础设施不是特定目的资源，可用作范围广泛的商品和服务投入，提供的是基础的、多目的功能。据基础设施的标准而言，城市的基础设施建设既包括硬件层面的建设，也包括软件层面的建设。

城市基础设施建设的二维区分需要从城市发展的本原来探索其缘由，这也是我们更深刻更完整认识城市基础设施建设的必由之路。城市的核心就是人，人的生产生活分为物质性和精神性两个层面。作为人的聚集性生产生活的最为综合的物质性载体——城市而言，人的物质和精神二元区分也体现为城市的硬件建设和软件建设两个区分，从城市的综合实力的角度来看也体现为城市的"硬实力"和"软实力"两种形态。对此，需要从三个方面来看待城市建设的硬件和软件、"硬实力"和"软实力"这些相对范畴：一是这些范畴之间是明显区分、内涵不同的；二是这些范畴之间又是相互联系、有机统一的；三是这些范畴又可区分为整体性和基础性的不同层次。因此，城市的硬件建设有基础层面的建设，我们习惯称之为"基础设施建设"，相应地，城市的软件建设也有基础层面的建设，社会建设就是人民群众赖以生产生活场域的构造和营建，这也是一种"基础设施建设"，可以称之为"社会性基础设施建设"。

而无论是硬件层面还是软件层面的基础设施建设，都会随着经济社会条件的发展和人的需求的变化而更新迭代。既往的硬件基础设施主要指为社会生产和居民生活提供公共服务的工程设施，是用于保证国家或地区社会经济活动正常进行的公共服务系统，是社会赖以生存发展的物质基础条件。而相应地，既往的社会建设也是适应之前的社会形态和发展阶段的。从这个意义上来反观现有的社会层面的"基础设施"，虽然依然有其特定的效果，但是却面临着对新时代社会变化以及社会群体要求变化适应性不足的问题。因此，随着中国特色社会主义进入新时代，对于人民城市建设而言，无论是硬件层面还是软件层面的建设，都进入到了一个升级迭代的新时期，从而需要与新时代人民对城市的新要求相适应，进行"新型基础设施建设"。当前，国家正在加快布局的以5G基站建设、特高压、城际高速铁路和城市轨道交通、新能源汽车充电桩、大数据中心、人工智能、工业互联网等为代表的新基建是处于硬件层面的"新基建"。而与之同步，新时代的城市建设也呼唤适应社会发展新常态、贯彻新发展理念的社会性意义上的"新基建"。

党领导社会建设的体制创新和方式变革本身具有系统性、全局性、整体性的特点，因而在城乡社会基层层面具体落实该项体制的过程，就是人民城市社会建设重新架构和铺设基础设施的过程，可以称之为人民城市社会建设的"新基建"。反过来，成都市之所以探索党领导社会建设的体制创新和方式变革，也是为了适应新时代要求而着力推进的一种社会性"新基建"。"新基建"是一个工程性的术语表达。人民城市社会建设的"新基建"虽然不是物质性建设，而是制度性安排和运行机制创新。因此，这里同样使用新基建的表述方式，实际上是强调成都市上述所做的这些工作，是其在城市建设过程中具有与其他基础设施建设具有同等重要的基础性地位和意义的工程，即成都市所进行的党领导社会建设的体制创新和方式变革涉及方方面面关系的调整，影响到社会建设的方方面面，实际上是使人民城市社会建设拥有了"四梁八柱"，具有系统性工程特点。

社会性"新基建"深刻改变着整个基层社会工作，也对整个经济社会发展和人民生产生活形态产生广泛影响，因而其基础性特点就更加显著，是新时代推进社会建设必须要做的基础性工作。近年来，成都市委以新发展理念统揽城市工作全局，面对推动城市转型发展的时代之问、满足群众美好生活需要的民生之问、特大城市现代治理的变革之问、实现长期执政强基固本的责任之问，着眼以新发展理念统揽城市工作全局、落实以人民为中心的发展思想、提升特大城市治理能力、巩固党在城市的执政根基，重新定位城乡社区的价值和功能，以基层党组织建设为关键，以党建引领城乡基层治理为抓手，创造性做出党建引领城乡社区发展治理的重大决策，将社区发展治理作为新时代成都城市发展总体战略的重要支撑，推动城市功能定位、动力体系、营城逻辑、治理方式全方位变革，充分激发城市高质量发展内生动力，以社区发展治理塑造时代价值、引领城市方向、培育竞争优势的共识和力量广泛汇聚，人民群众的幸福感获得感安全感显著增强，实现了城市有变化、市民有感受、社会有认同的目标，成功地走出了一条符合特大城市特点和规律的基层治理新路。成都的创新探索契合党中央决策部署、顺应城市发展规律、符合人民美好期待，凸显了夯实党的执政根基的政治导向、推进治理现代化的目标导向、以人民为中心的价值导向、破解城市治理难题的问题导向和构建共建共治共享新格局的实践导向，成都的实践有力且丰富地诠释了新时代人民城市社会建设"新基建"的内涵，为全国城市推进社会性"新基建"提供了成都方案和实践样板。

三 在日常性工作与应急性应对之间：体制创新成效的实践性验证

党领导社会建设的体制创新和方式变革需要在实践中具体落实，这个过程就是城市建设的社会性"新基建"具体推进和铺开的过程。而城市建设的社会性"新基建"其本身不是目的,而是要让其在服务人民和满足人民群众对美好生活需要的实践中发挥应有的基础性作用。因此,城市建设的社会性"新基建"应着眼于有效性才是其推进党领导社会建设的体制创新和方式变革的目的。而且从其整个体制创新的过程来看,从新型体制机制的整体设计,到部署落实,再到实践检验,再到完善修正,本身也是一个循环往复、不断优化的过程。因此,从这个意义上看,体制创新成效的验证本身就是党领导社会建设的体制创新不可或缺的组成部分。

"实践是检验真理的唯一标准",党领导社会建设的体制创新成效的检验不是在理论上的论证,而是在具体实践中的体现,即通过新型体制机制和方式方法在基层社会工作的运用运行过程中的成效来检验。党领导社会建设的体制创新主要应用场景在基层社会,主要体现在社区层面。而根据工作的紧迫性程度来划分,在基层社区建设的实际工作中又有两种状态,一种是日常性工作状态,一种是应急性工作状态。日常性工作和应急性应对是有显著区别的,构成了对基层工作的比较完整的考察。日常性工作是对持久力的考验,可以称之为耐力测试,应急性应对是对爆发力的考验,可以称之为压力测试。

因此,日常性工作实践主要是检验社区建设水平,而应急性工作实践主要是检验社区抗风险能力。通过日常性工作的检验可以从较大程度上证明体制创新和方式变革的合理性和有效性,是符合社会建设和社区发展治理的基本逻辑和实践要求的,是符合新时代社会条件变化和人民群众需求变化的。

然而,仅仅通过日常性工作的检验是不够的。现代社会具有"风险社会"的特质,社会领域的风险挑战越发复杂化,对基层工作构成了严峻的挑战。德国社会学家乌尔里希·贝克在1986年出版的《风险社会》一书中,首次提出了"风险社会"这一概念。贝克在书中指出,风险在人类社会一直存在。但在近代之后随着人类成为风险的主要生产者,风险的结构和特征才发生了根本性的变化,产生了现代意义的"风险"并出现了"风险社会"雏形。"风险社会"是对现代社会状况的一种整体性总结，贝克提出"风险社会"概念来表述风险社会的转变的过程，即现代世界正在从传统的工业社会转向后工业社会。不同于工业社会的风险表象，当代的风险经历了由自然风险向人为社会风险，从局部风险向全球化风险，从单一风险主体向多重风险主体的转变。

因此，党领导社会建设的体制创新和方式变革成效还需要通过应急状态的检验，这是"风险社会"条件下基层工作的压力测试和极限挑战。对于党领导社会建设的体制创新和方式变革而言，这种压力测试和极限挑战至少具有三个方面的重要意义：一是检验工作的有效性，增强对坚持体制创新和方式变革的信心，为工作长足推进提供精神力量；二是总结工作的经验，发现应急状态下的工作方式方法，为今后工作应对提供参考借鉴；三是暴露工作的问题和不足，在总结原因的基础上找到弥补和优化的方案，避免同样的情况再次出现。

虽然日常性工作和应急性应对在检验工作成效方面有明显的区别，但二者之间的联系也是非常紧密的，需要我们在实践验证领导社会建设体制创新和方式变革成效过程中予以整体把握。

一方面，日常性工作是应急性应对的基础和根据。换言之，只有日常性状态下夯实工作基础和群众基础才能够在应急状态下妥善应对。党领导社会建设是一项久久为功的长期工程，日常性工作的强大优势能够转化为应急状态下的强大动能。因此，日常性工作正是优势锻造和积蓄的过程。中国社会的应急性工作需要在党的领导下协调各方力量来妥善化解，党的领导优势主要体现在价值优势、制度优势和组织优势上，而这些优势的建构是在日常工作中完成的。一是在价值优势上，"以人民为中心"的价值理念需要在日常工作中全面贯彻和落实才能转化为工作的惯性和潜意识。二是在制度优势上，制度体系的建设、完善和优化并非一朝一夕之功，应急状态要能够确保运行有效和顺畅的制度体系支撑实际工作，就需要在日常工作中做好规划设计和运转磨合。在党的十九届四中全会背景下，党更加强调在国家治理现代化的背景下加强和推进工作的制度化建设。三是在组织优势上，中国人民应对危机的法宝就是让危机陷入人民的海洋之中，中国共产党组织动员人民群众的优势也是我们不断取得一系列伟大成就的法宝。应急状态下对人民群众的组织动员工作需要在日常工作中做好组织覆盖、工作覆盖工作，以及在日常工作中充分运用组织动员的能力，不断锻造强大组织力。

另一方面，应急性应对是日常性工作的延伸和补充。当前我国社会处于一个新的转型期，社会运行过程中孕育着变化，风险社会的特征不断呈现，基层社会建设面临着一系列可以预见和难于预见的风险和挑战。因此，社会转型期的社会建设要牢牢抓好社区应急能力建设，始终确保社会最基层的稳定有序。因此，形成适应应急状态下的应急工作能力则是在社区日常建设基础上的有益补充，是新时代社会建设的应有之义，是完善基层社区建设的重要一环，其重要性、紧迫性、必要性不言而喻。换言之，只有能够成功应对各种风险突发性风险挑战的社会建设体制机制才是完整有效的。所以，新时代社会建设体制机制的现代化就必须形成应对社会性风险挑战的能力。但毕竟应急性应对工作是以日常性工作为基础的，应急状态相比于日常工作又是特殊状况。因此，应急性工作能力和工作体系的建构要将应急状态下工作运行机制与日常状态下运行机制有机结合起来。

通过上述分析可见，从成效检验的角度来看，社区建设的日常性工作和应急性应对既有区别也有联系，两个方面都要重视，要在实践中整体把握。从近年来成都所进行的社区建设实践来看，日常性工作主要体现在高品质和谐宜居生活社区建设上，这是人民城市社会建设的基础锻造。2017年，成都市委、市政府发布了《关于深入推进城乡社区发展治理 建设高品质和谐宜居生活社区的意见》，提出了推进城乡社区发展治理的总体要求，规划推进"五大社区"建设（即品质社区、活力社区、美丽社区、人文社区、和谐社区），要求健全促进城乡社区发展治理的长效机制和提升城乡社区发展治理能力。《意见》既提出了成都社区发展治理的方向和规划，也为检验成都社区建设成效提供了标准和参照。应急性应对突出表现在对于突发的新冠肺炎疫情的社区防控上，这是人民城市社会建设的应急大考。2020年肆虐全球的新冠肺炎疫情让整个国家进入了应急状态，疫情遍及整个国家，新型冠状病毒的危害之处在于人与人之间的传播，这造成了全国性蔓延和湖北重灾区的状况，而有效遏制疫情蔓延就必须要阻断病毒在人与人之间的传播，做好基层社会广大人民群众的组织动员和流动控制工作。这就导致疫情防控的主战场不仅仅是医疗卫生机构，更在于广大的基层社会。基层一线是打赢疫情防控阻击战的主战场。城乡社区等人群聚集的场所更是疫情防控的重点，这就对基层社区工作形成了重大考验。成都市是一个拥有2000多万人口，4000多个城乡社区的超大型城市，疫情防控任务对社区工作的挑战尤其艰巨。成都市在疫情防控中充分发挥近年来社会性"新基建"的优势，成功地化解了疫情，取得了突出成效。

第二节
体制创新与高品质和谐宜居生活社区建设：人民城市社会建设的基础锻造

人民城市建设的社会性"新基建"的意义在于，在满足人民群众对美好生活需求中发挥新的更大作用。从成都市党领导社会建设的体制创新和方式变革的实践来看，人民城市社会建设的"新基建"是一个系统工程。由于广大人民群众广泛存在于城乡社区之中，因此该系统工程的基底和主体在基层社区。因此，社区层面工作的水平总体上就决定了人民城市社会建设水平线的高低。社区层面的工作又可从状态上区分为日常性工作和应急性应对。从成都实践来看，在日常性条件下工作的重点在于社区建设，因而成都在人民城市建设的社会性"新基建"落实的过程中，首先推进的是高品质和谐宜居社区建设，由于社区工作本身又是社会最基层的工作，因而日常性的社会建设就是人民城市社会建设的最基础性的锻造工作。

一　推进高品质和谐宜居生活社区建设与提升人民城市社会建设水平线

人民城市社会建设的底线是安全线，守住的是社会秩序。而社会建设包括社会秩序和社会发展两大维度，推动社会发展就是促使人民城市建设水平线不断提升。随着中国特色社会主义进入新时代，社会主要矛盾转变为人民群众对美好生活的向往和不平衡不充分的发展之间的矛盾。新时代的城市社区建设在以人民为中心理念的指引下，要开始走向满足社会整体进步和人的全面发展的内涵性建设，实现城市建设一切为了人民，实现满足人民群众美好生活向往的善治，达到这一目标需要更加多样化和精准化满足人民群众的需求和促进人的全面发展。

在成都，这一目标的实现在具体工作中是通过高品质和谐宜居生活社区建设来实现的，这也就在工作中实现了人民城市社会建设水平线的持续提升。2017年，成都市委、市政府发布了《关于深入推进城乡社区发展治理　建设高品质和谐宜居生活社区的意见》，提出了推进城乡社区发展治理的总体要求，规划推进"五大社区"建设，要求健全促进城乡社区发展治理的长效机制和提升城乡社区发展治理能力。

在具体实践中，成都市坚持以基层党组织建设为统揽，以政府治理为主导，以居民需求为导向，以改革创新为动力，以建设高品质和谐宜居生活社区为目标，努力探索一条全面体现新发展理念、符合特大城市治理规律的城乡社区发展治理新路。其目标具体而言就是，建立健全基层党组织领导、基层政府主导的多元参与、共同治理、共促发展的城乡社区发展治理体系，党执政的基层基础进一步巩固，城乡社区发展治理体制更加完善，城乡社区发展治理能力显著增强，城乡社区服务功能进一步强化，居民生活品质进一步提高，居民文明素养进一步提升，努力建设舒心美好、安居乐业、绿色生态、蜀风雅韵、良序善治的高品质和谐宜居生活社区，为建设全面体现新发展理念的国家中心城市提供坚实基础。

在建设高品质和谐宜居生活社区，提升人民城市社会建设水平线的过程中，成都市对于推进社区建设的总体认知和基本原则主要体现在五个方面，充分体现了新时代人民城市社会建设在社区层面应有的水平，对全国城乡社区建设都有启发性意义。

第一，坚持党建引领，共建共享。加强和改善党对城乡社区发展治理的领导，发挥基层党组织领导核心作用，统筹协调各类组织和社区居民共商区域发展、共担社会责任、共享发展成果、共建美好家园。

第二，坚持以人为本，精准服务。推动发展取向由以GDP为中心向以人民为中心转变，适应人民群众多样化多层次多方面需求，以精细管理和良好服务造福居民，实现服务在基层拓展、矛盾在基层化解、民心在基层凝聚。

第三，坚持改革创新，转型发展。打破思维惯性和路径依赖，推动治理路径从条块分治向系统治理转变、发展动力从外在驱动为主向自我发展为主转变，破解城乡社区发展治理难题。

第四，坚持依法治理，智慧管理。运用法治思维和方式推动城乡社区发展治理，依法保护居民权利，强调居民法定责任和应尽义务，建立惩恶扬善长效机制。推动新一代信息技术与城乡社区发展治理深度融合，构建城乡社区智慧管理新模式。

第五，坚持统筹协调，相融共进。统筹推进城乡社区发展和治理，在高质量可持续发展中不断提高治理水平，以高水平治理促进城乡社区加快发展，做到城乡社区发展和治理相互促进、共同提升。

人民城市建设的社会性"新基建"的意义在于，在满足人民群众对美好生活需求中发挥新的更大作用。成都市在上述五个方面认识的指导下，具体规划了"五大社区"建设，包括品质社区、活力社区、美丽社区、人文社区、和谐社区。这些比较系统地响应了人民群众在社会层面对美好生活的需求，充分体现了人民城市建设的社会性"新基建"所具有的系统工程的特点。由此可见，成都市推进高品质和谐宜居生活社区建设的实践是新时代人民城市社会建设水平线持续提升的生动写照。

二 社区发展治理体系创新与高品质和谐宜居生活社区建设

成都市积极贯彻中央城市工作会议精神,根据本地城乡发展需要,做出了深入推进城乡社区发展治理,建设高品质和谐宜居生活社区的战略部署,通过党建引领,聚焦城乡社区发展治理,推动了组织领导体系重构和政策制度体系发展,实现了治理机制重塑和党建引领机制发展,走出了一条党领导以城乡社区为基础和以发展治理为内容的社会建设的体制创新和方式变革的成都路径。

成都市在探索的过程中发现,面对特大城市人口分布高集聚性、人口结构高异质性、生产要素高流动性、社会管理高风险性带来的治理变量,面对新的社会环境下基层治理理念、任务、方式的深刻调整,需要重新定位社区发展价值和治理功能,通过党建引领推动治理重心向基层下移,全面提升镇街社区党组织能力,使之更加有序有力有效地引领基层治理,在基层党建引领基层治理过程中实现党的意志和群众意愿的有机统一。在具体实践中,成都重点突出了六个方面的工作。

*一是强化思想引领,统一好社区干部群众的思想。*坚定贯彻落实新思想新理念,把习近平新时代中国特色社会主义思想时代伟力作为塑造社区共同价值的引领旗帜,把五大发展理念科学内涵作为指引社区治理路径的导向航标,把建设践行新发展理念的公园城市示范区、建设成渝地区双城经济圈作为推动城市转型跃升的目标追求,持续推动基层党组织转理念、转方式、转作风、提能力,凝聚全市党员干部和人民群众的共同信仰、精神支柱和力量源泉。

*二是营造制度生态,推动基层治理走向规则之治。*坚持发展治理并重,编制全国首个城乡社区发展治理总体规划,出台"党建引领城乡社区发展治理30条"纲领性文件、6个重点领域改革文件和系列实施细则,制定产业社区、国际化社区、社区商业等分项规划、建设导则和评价标准,制定

全国首部地方性《社区发展治理促进条例》，形成功能互补、协调衔接的规划体系和系统完备、规范有序的制度体系。

三是强化组织引领，链接起服务社会的各类资源。健全市、区、街、社区、小区五级党组织纵向联动体系，构建以镇街社区党组织为核心、区域化党建联席会议为平台、兼职委员制度为支撑的城市治理组织架构。创新社区党组织引领多方共建的"五线工作法"，推广党组织引领小区治理的"五步工作法"，推动党的组织体系向基层治理各领域拓展，向小区院落等治理末梢延伸，以党的组织覆盖和功能链接整合调动各种资源和力量共同参与城乡基层治理。

四是建强基层队伍，增强城乡基层治理能力支撑。扩宽视野选优配强社区党组织"带头人"4300名，选拔优秀社区书记进入镇街领导班子，实施"头雁孵化工程"选育社区书记后备干部3400名，创建社区专职工作者职业化岗位薪酬制度、职业资格补贴制度和基层党建指导员制度，在全国率先创办村政学院、社区学院、社会组织学院和社区美学研究院等13所基层治理院校，系统构建多层次基层队伍和社区人力资源支撑体系。

五是集成要素供给，提升社区服务居民综合能力。健全保障与激励双轨并行的社区专项经费制度，每年为村（社区）拨付17.7亿元社区保障激励专项资金，通过基层民主程序专项用于城乡基层治理项目，鼓励社区创办联办社区基金（会）、公益微基金，让社区有资源有能力组织居民共同实施城乡基层治理项目，在办好民生实事过程中凝聚民心。

六是强化机制引领，激发社区各参与主体的活力。构建以基层党组织为核心、自治为基础、法治为根本、德治为支撑的"一核三治、共建共治共享"新型基层治理机制，在全国首创基层党组织领导的村（居）民议事会制度，构建驻区单位、社会组织、居民群众等共同参与社区事务的协商机制，深化以"诉源治理"为重点的社区法治建设，实施核心价值引领、天府文化润城、先进典型示范、市民友善优雅"社区文化四大工程"，3.2万个机关、企事业单位、"两新"组织与社区结对共建，释放党群携手共建共治活力，引导全社会和广大市民共同建设美好生活家园。

近些年，成都市扎实推进社区发展治理体系创新，统筹推进高质量发展高效能治理高品质生活，取得了城市发展社会进步人民幸福的丰硕成果。历经近几年的探索实践，以社区发展治理塑造时代价值、引领城市方向、培育竞争优势的共识和力量广泛汇聚，人民群众的幸福感获得感安全感显著增强，实现了城市有变化、市民有感受、社会有认同的目标。成都党建引领城乡社区发展治理的创新实践先后获评"2018年全国民生示范工程"第一名、"2019年全国城市基层党建创新最佳案例"和"2019年全国三农创新十大榜样"，经验做法在全省推广。在"中国最具幸福感城市"评选中，成都连续12年蝉联榜首，真正成为"一座来了就不想走的城市"。

三 "社治""综治"双线融合与高品质和谐宜居生活社区建设

成都市除了抓社区发展治理之外，还思考、谋划和推动了安全与治理发展的有机统一。这是基于成都在实践中发现，基层治理体系存在着"九龙治水"、条块分离、"铁路警察各管一段"等突出问题，因此，成都市着眼统筹发展和安全、秩序与活力，着力推动党领导下的社会治理体制改革，按照"党委统揽、系统推进"的原则，在具体工作中，成都市委、市政府创新构建社区发展治理和社会综合治理"双线融合"机制，"社治"+"综治""双线融合"的实践路径，既抓社区发展治理，也抓社会综合治理。双线融合，守住发展，托住安全，从而使习近平总书记所讲的安全和发展的有机统筹在成都得到了践行。

安全与治理发展有机统一的"双线融合"模式，创新党委统筹社会治理机制，推动社会治理方式由被动管理向主动治理转变。这一改革举措从体制上强化了党委对基层治理的统一领导、发挥了基层党建引领基层治理的龙头作用，解决了基层治理中党的领导虚化弱化、发展与安全统筹兼顾不够等问题，实现了镇街治理体系由分散乏力向集成统揽转变。

成都市着力推动城乡基层治理与社会综合治理衔接融合的实践体现

在两个层面上。一方面是在市和区（市）县层面上，推动党委政法部门和党委"社治"部门重大问题共研、重点改革共推、重要事项共促，着力构建城乡基层治理强基础、优服务、惠民生的高线，筑牢社会综合治理防风险、促法治、保平安的底线。另一方面是在镇街和社区层面上，着力统筹政法、"社治"、城管等力量资源，形成"一支队伍统管、一张网格统揽、一个平台统调、一套机制统筹"协同机制，以"四个一"改革为抓手整体提升城市治理和基层治理效能，推动基层治理体系和治理能力现代化。

对于社区建设而言，"四个一"管理机制改革对于高品质和谐宜居生活社区建设的内涵更加丰富，成效更加突出，保障更加有力。具体而言，立足一套机制统筹、一支队伍统管、一张网格统揽、一个平台统调分别解决了高品质和谐宜居生活社区建设的人员队伍充实、工作覆盖完整以及问题响应机制等问题。具体如下。

一是解决了高品质和谐宜居生活社区建设的人员队伍充实问题。针对基层治理力量人属多门、用管分离、"管着事的管不了人"等突出问题，成都市着力推动各条线下沉力量的聘用管理关系、经费保障渠道、管理考核权限从部门转移至镇（街道），按照人员"只减不增、职责整合"的原则，由区（市）县核定镇（街道）基层治理工作者员额控制数，并按人头标准保障人员薪酬和工作经费，实现下沉人员"工作职责镇街定、工作安排镇街调、工作绩效镇街评"，真正做到了管得了人、接得住活、做得好事。先期试点的青白江区大弯街道，整合城管协管员、专职网格员、"综治"巡逻员等原属区级部门聘用管理人员，组建网格治理大队，下设"一中心四中队"（指挥督查中心，街面巡查中队、小区巡查中队、机动处置中队、数字管理中队），构建起一支统一指挥、高效协同、精干专业的基层治理工作者队伍，在聘用人员减少23%、保障经费减少20%的基础上，实现了队伍战斗力和协同力明显提升。这一改革举措从源头上精简了人员数量、降低了人力成本、理顺了工作职责，解决了基层多支队伍带来的人员臃肿、人浮于事、人岗不适等问题，实现了镇街人力资源管理由分散粗放向集约高效转变。

二是解决了高品质和谐宜居生活社区建设的工作覆盖完整问题。针对基层治理网格多而不精、细而不实、"网织得密但捞不着鱼"等突出问题,成都市着力推动各条线治理网格优化整合,按照网格"多网合一、一格多员"的原则,整合基层"综治"、城管、应急、环保、民生服务等各类网格设立综合网格,将与基层治理相关联的职能职责整体纳入网格工作体系。建立网格党组织,整合网格内服务管理资源力量,在每个综合网格设置网格长负责指挥调度,设置专职网格员负责具体落实,发挥社区治理优势发动网格内企事业单位、居民小组、院落负责人作为兼职网格员协助开展网格治理工作,形成党建引领、多元参与的网格治理工作格局。先期试点的青羊区草堂街道,根据区域治理实际和服务群众需要,对原有的网格划分进行优化调整,将8个条线的86个网格整合为32个综合网格,利用"一支队伍统管"改革成果建成专兼结合、多方协同的网格化治理体系,网格整合后事件平均办件效率提高27%、漏件和案件逾期比例降低31%。这一改革举措从空间上调优了管理幅度、整合了治理资源、推动了多元协同,解决了基层多网并行带来的职责交叉、失管漏管、效率低下等问题,实现了镇街网格管理由叠床架屋向扁平精细转变。

三是解决了高品质和谐宜居生活社区建设的问题响应机制问题。针对基层治理平台烟囱林立、信息孤岛、"前线指挥部多但各自为政"等突出问题,成都市着力推动各条线治理平台融会融通,按照平台"信息共享、统一调度"的原则,依托贯通市、区(市)县、镇(街道)、村(社区)四级的"大联动·微治理"平台,整合融通数字城管、网络理政、警综平台、信访信息系统等各类平台,建立系统集成的智慧治理平台,对基层治理事务进行统筹协调和指挥调度,构建区镇联动的问题发现和事件处置体系。先期试点的成华区,集成社会治理领域30余个信息系统,打造区智慧城市治理枢纽平台,同步实现区、街道两级平台信息融通、处置联动,平台投用后事件办结率达98%、回访满意率达97%。这一改革举措从手段上打破了数据壁垒、建强了指挥中枢、推动了上下协同,解决了基层多个平台带来的指挥失调、各行其是、协同不力等问题,实现了镇街指挥调度由令出多门向集中统一转变。

在具体实践中,先期试点的青白江区,建立以区委书记任组长、副书记牵头、组织部部长("社治"委主任)和政法委书记具体负责的改革领导机制,大弯、大同两个试点街道党工委充分发挥主体作用,着力推动"双线融合"机制在街道落地,以一支队伍统管为前提、一张网格统揽为基础、一个平台统调为支撑、一套机制统筹为保障的改革试点得到系统性推进,区域治理效能得到整体性提升。

第三节

体制创新与新冠肺炎疫情社区防控:人民城市社会建设的应急大考

党领导社会建设体制创新是新时代人民城市建设必不可少的"新基建"。从成都市的实践来看,通过这种社会性"新基建",人民城市建设通过高品质和谐宜居社区建设,可以有效提高城乡居民生活幸福指数。而当前我国社会仍在整体快速发展状态下处于转型阶段,社会运行过程中孕育着变化,面临着一系列可以预见和难于预见的风险和挑战。因此,社会转型期的社会建设要牢牢抓好社区应急能力建设,始终确保社会最基层的稳定有序。2020 年肆虐全球的新冠肺炎疫情让整个国家进入了应急状态,疫情遍及整个国家,城乡社区等人群聚集的场所更是疫情防控的重点,这就对基层社区工作形成了重大考验。成都市在疫情防控中充分发挥近年来社会性"新基建"的优势,成功地化解了疫情,取得了突出成效。

一 新冠肺炎疫情防控与党领导社会建设体系、能力的考验

2020 年肆虐全球的新冠肺炎疫情让整个国家进入了应急状态,疫情

遍及整个国家。我国在应急状态下,国家各级行政部门基本形成了制度化运行的工作体系,建立起了由国家、省、市(州)、县(区)组成的突发事件四级响应预案体系,确保突发事件发生后各部门能够通力配合、规范处置。而在新时代条件下,应急状态呈现出更加复杂的特点,以此次新型肺炎疫情为例,其治理工作已经不仅仅是各级相关行政管理部门的职能权限,而是需要全党和全国、全社会全部动起来。因此,这次疫情是对我们整个国家治理体系和治理能力的一场系统全面的"大考"。党的十九届四中全会对我们提出了致力于坚持和完善中国特色社会主义制度、推进国家治理体系和治理能力现代化的要求,针对健全公共安全体制机制,特别提出了"构建统一指挥、专常兼备、反应灵敏、上下联动的应急管理体制,优化国家应急管理能力体系建设"的要求等,这些要求为整个国家在新时代构建适应应急状态的工作体系指出了方向。

城乡社区等人群聚集的空间更是疫情防控的重点,这就对基层社区工作也带来了重大考验。这既是对当前社区工作能力和状态的考验,也是对既往社区建设基础和成效的考验,既是对工作的一种考验,也是为未来工作的开展提供新的根据。新冠肺炎疫情发生后,作为执政党的中国共产党,在国家治理过程中处于统揽全局、协调各方的轴心地位,坚持以人民为中心,发起了疫情防控的人民战争,在应急状态下体现出了其统筹协调各方和全面支撑保障的作用,充分组织动员全体人民共同抗疫。鉴于此,我们要清醒地认识到在应急状态下,城乡社区工作需要在党的统一领导下,在层层坚强有力的组织动员基础上,着力形成应急状态下的社区工作体系,避免在应急状态下可能出现的被动状况,推动基层社区工作在新时代具备应对任何风险挑战的能力,全面走向现代化,形成日常性工作和应急性工作的体系和能力都足够完备和运行良好的局面。

成都市域面积1.43万平方公里,辖23个区(市)县、261个镇街、3039个村(社区),常住人口2093万,无论从管理人口的复杂性还是从西部国际门户枢纽的特殊性,成都都承载着严峻的疫情防控压力。面对2020年以来的多轮疫情冲击,成都围绕"内防反弹、外防输出"政治任务,把

"社区治理效能"转化到疫情防控中来检验，构建平战转换群防群治的应急治理体系，几年来构建的党建引领城乡基层治理体系积蓄的政治引领优势、组织动员优势、基层基础优势、协同治理优势迅速转化，把3039个城乡社区迅速转化为3039个阻击"阵地"，构建起全民动员、群防群治联防联控的严密防线，确保了以坚强的组织体系、最快的反应速度、较强的城市韧性和较低的社会成本打赢疫情防控人民战争。在2020年初的新冠肺炎疫情中，成都组织动员49万名社区力量仅用11天就完成全市城乡社区三轮全覆盖排查，赢得了疫情防控先机，成为全国感染率最低、经济活力恢复最好的城市之一。在当年底的郫都区突发疫情中，成都仅用时11天即实现病例清零，病毒未走出一区一域。2021年输入性"德尔塔"病毒疫情遭遇战中，成都始终坚持科学防控、精准防控，始终保持冷静理性和定力静气，防控全过程实现了社区疫情"零传播"、城市疫情"零外溢"。这些充分体现了成都在党领导社会建设体制创新之下所进行的社会性"新基建"在应对危机方面的基础保障作用，相比于既往的社会治理模式而言，成效突出。

二 社区发展治理体系创新与新冠肺炎疫情社区防控

新冠肺炎疫情发生以来，成都市充分发挥在党领导社会建设体制创新中所突出的统一领导优势，坚持把人民群众生命安全和身体健康放在第一位，把坚决防止疫情扩散作为首要政治任务，面对严峻复杂的疫情形势，充分发挥党委统筹、部门联动、群众参与、社会协同、共建共治的城市治理体系和治理能力优势。在防控的主战场上，成都市委、市政府充分认识到，社区是疫情联防联控的第一线，也是"外防输入、内防反弹"最有效的防线，注重从社区这个城市治理基本单元入手控源头、防扩散，团结带领全市上下迅速投入疫情防控总体战。因此，成都市依托党建引领城乡社区发展治理体系，构筑纵向到底、横向到边的严密防控网，全市3039个城乡社区发挥组织动员优势、基层基础优势、群众参与优势和协同治理优势，坚持"守得牢、找得到、管得住、服好务"的社区疫情防控策略，坚决筑牢社区疫情防控第一道防线。具体体现在如下两个方面。

一方面是党委党组迅速从"平时领导机关"转化为"战时前线指挥部"，形成高效联动的应急指挥体系。市委自觉坚决把"听从总书记号令、落实中央要求"凝聚成全市的思想共识和行动自觉，在2020年初首轮新冠肺炎疫情中第一时间成立疫情防控领导小组和指挥部，制发为打赢疫情防控阻击战提供坚强政治保证的通知。各级党委党组切实担负疫情防控政治责任，各级领导干部迅速进入战时状态，第一时间下沉社区一线当好前沿的指挥员战斗员。充分发挥党委统筹、部门联动、社会协同、共建共治的治理体系优势，构建市县两级指挥部纵向贯通、部门横向联动的工作机制，推动职能部门与属地联动、专业机构与基层联控、党员干部与群众协同，保障疫情防控工作整体推进有序开展。面对来势汹汹的输入性"德尔塔"病毒疫情，成都市社区疫情防控工作体系迅速高效开展行动，市疫情防控指挥部社区疫情防控组高速运转、各相关部门主动作为、基层党员干部闻令而动，首例病例确诊当日，青羊区、高新区、金牛区、武侯区连夜发动社区协同专业部门进行区域封控、核酸检测、环境消杀等应急处置，仅用一天一夜就完成了39万人的核酸检测，并建立了高效便捷的风险圈层管理服务体系。

另一方面是城乡社区迅速从"城市治理单元"转化为"一线战斗单元"，形成闻令而动的基层响应体系。在2020年初首轮疫情中，全市各级各类党组织第一时间吹响集结号，机关单位党员干部、企事业单位和两新组织党员迅速到社区报到入列，以网格为单元与基层干部混岗编组，综治、城管、疾控等专业力量下沉社区，在社区党组织统一组织领导下与基层党员干部混岗编组开展地毯式拉网排查，13.8万名党员冲锋在前，组织带动49万基层力量织密社区疫情防控网，第一时间挺到基层一线当好群众的主心骨贴心人，让党旗在疫情防控第一线高高飘扬。2020年底的郫都区突发疫情中，由14.9万人组成的6465支社区应急响应队伍最快时间响应集结，在基层党组织的带领下按照疫情防控预案要求和紧急处置流程，第一时间投入小区封控管理、重点人员排查、组织核酸检测等一线疫情防控战斗，全面对郫都区、成华区、金牛区三个涉疫小区实施封控管理和人员服务，同步就36.6万名中高风险地区返蓉人员进行重点排查，确保了应急处置有力有序。

在新冠肺炎疫情防控中，党委领导城市治理体制机制优势得到充分检验，把党的领导与推进城市基层治理有机结合，最大限度调动各方资源，形成了共同应对重大突发公共事件的强大合力。

三 社治综治双线融合与新冠肺炎疫情社区防控

成都市所推动的社治综治双线融合工作在社区疫情防控中体现了强大的整体性应对风险能力。具体体现在成都推进疫情防控中，形成了广泛协同的社会动员体系，发挥共建共治共享社会治理优势，动员多元主体参与打好疫情防控协同战。成都市委创新多元主体参与基层治理的组织形式和制度化渠道，形成政府治理和社会调节、居民自治良性互动格局，在疫情防控中治理常态迅速从"共建共治共享"转化为"联动联防联控"，释放出共克时艰的强大合力。

一是建立联防联控机制。组织、社治、卫健、公安、交通、网信等市级部门横向联动，市县两级指挥部纵向贯通，建立市级部门和区（市）县联动处置机制和流程，搭建市县两级信息交换平台，全覆盖开展关口检查、入户排查、行业监查，实现走访排查联动、重点人群联防、物资保障联供、社会舆情联控。在应对2021年"德尔塔"病毒疫情过程中，成都市依托天府市民云"社智在线"平台归集的2013万人口数据，打通电信、公安、机场、车站等实时共享信息渠道，精准掌握来返蓉人员的旅居史和活动轨迹，较为准确地锁定社区排查范围的重点人群和疑似人员，将3万余条信息以镇街和社区为单位推送至属地，让基层重点人员排查工作更加精准高效。同时依托"社智在线"平台推出来返蓉人员社区报到功能，为全市所有小区（院落）定位赋码，引导居民线上进行来返蓉申报和小区现

场扫码登记，累计收集53万小区外来人员健康状况和行程轨迹，排查掌握重点地区人员43371人，全部推送共享至相关防控工作组，联动落实核酸检测、居家或集中隔离、健康监测等防控措施。

二是建立群防群治机制。充分发动居民自组织、物业机构、群众红袖套、党员和群众志愿者等7支群众工作力量，积极参与入户走访排查、提供疫情线索、关怀慰问居家隔离医学观察人员等基础工作，形成依靠群众、发动群众、全员参与疫情防控人民战争的强大攻势。在2021年"德尔塔"疫情防控中，7支群众工作力量全面参与小区封控管理、重点人员排查、组织核酸检测等重点工作和关键环节，特别是在严格落实小区防控措施的过程中，由一线力量首创、基层提炼总结、全市复制推广的成都市城镇居住小区（院落）常态化防控"六件事"（配好小区门口"八件套"、掌握小区排查"五要素"、谨记居家隔离"六要六不要"、提醒健康监测"四记牢"、落实小区内部"六个有"、宣传个人防护"五个要"），既是一线实践的产物、更是群众智慧的结晶，集中展示了万众一心、群防群治的突出成效。

三是建立社会协同机制。发挥党建引领社会协同优势，7000多个非公企业党组织和社会组织党组织，切实发挥政治属性和服务功能，引领非公企业、社会组织、专业社工、社区志愿者等社会治理力量紧紧团结在党组织周围，积极投身疫情防控斗争，协同开展防疫物资筹措、公共区域消毒、废旧口罩回收、健康咨询检查等公益服务，形成全社会共抗疫情共克时艰的行动自觉。2021年的"德尔塔"病毒疫情遭遇战，在市、区县、镇街、城乡社区、居民小区五级党组织的引领带动下，成都市广大基层党员挺身而出冲锋在前，广大志愿者夙兴夜寐执着坚守，国有企业勇挑重担全力保供，社会各界义不容辞鼎力相助，封闭区小区专业心理咨询师主动为3000多位同小区居民开展免费心理疏导服务、封控区居民创作网红歌曲互相打气、外卖企业提供"黑科技"无人配送车进行果蔬生鲜配送、国有民生企业多举措保障市民"菜篮子""米袋子"供应，一幅幅洋溢人情味的画面，一幕幕满满正能量的场景共同凝聚为众志成城的社会共识和共克时艰的强大力量。

在抗疫战争中,基层党建与基层治理相融互促,有效激发了社会活力,群众力量和社会力量紧紧团结在基层党组织周围,构筑起坚强的疫情防控人民防线,城市治理的基层基础在广泛参与中得以夯实。

第四节
社会性"新基建"与城市社会共同体构建:人民城市社会建设的重要任务

我国的人民城市的生长是与新中国成立70多年的发展相伴随的。城市社区是人民群众生活的微观共同体,是人民城市社会基础的最主要载体。而城市社区治理的质量直接影响和检验着人民城市的品质和人民城市社会建设的水平。成都市所推进的党领导社会建设的体制创新和方式变革是适应新时代人民城市建设要求而推进的,是人民城市"新基建"的有机组成部分。社会性"新基建"的实施虽然主要作用于广大城乡社区,服务于社区居民,但是参与主体却是十分多元的,政党、国家、社会、市场的各类主体都参与其中,而社会性"新基建"要能够按照既定的方向和原则前进,必须以实现各方力量的有机整合为前提基础。党组织在此过程中在各个层次上都发挥着"统揽全局、协调各方"的中轴作用,从而确保各方力量共同在"以人民为中心"的价值理念引领下,构建起城市社会的共同体,确保人民城市社会建设有序稳步良性发展。因此,在社会性"新基建"推进过程中构建城市社会共同体,就成为人民城市社会建设的一项重要任务,需要不断在实践中加以巩固和发展。

一 城市社会共同体构建与人民城市社会建设

马克思主义认为,人的本质是社会关系的总和。这就意味着,社会建设就是推动人的全面发展和各种社会关系的有序构建。在现代社会条件下，人们的生存形态越发呈现出原子化发展的趋势和状态，特别是在城市社会条件下，人与人之间的关系更多的是处于陌生状态。如果没有建立使人与人之间的关系实现有机化的相应体制机制，不论是个人发展还是整个社会发展的进程中，都可能伴随着一系列的社会性不稳定因素，构成社会和谐健康发展的隐患。因此，推动城市社会中人与人之间关系的有机化，进而构建现代社会条件下的社会生活共同体，就成为现代社会建设的一项重要内容。

我国的社会生活共同体建设经历了一个较长的发展变化过程。这个过程是与人民城市社会建设相辅相成，相伴而生，共同发展的。新中国成立后，我国的城市就在人民政权的领导下，按照社会主义的原则推进着具有当前所提出的人民城市内涵的建设发展，基于国家发展的总体需要和人民生活的具体需要而有序推进，经历了多个发展阶段，逐步推进城市发展的现代化。与之相伴随的，社会生活共同体也经历了多个阶段的变化。新中国成立 70 多年来，构建城市社会共同体始终是我国的人民城市社会建设的重要任务，但在不同阶段则体现为不同的形态。

新中国成立初期，国家开始推动社会发展。由于经济建设和政权巩固的迫切需要，我国学习苏联在宏观上建立了计划经济体制，微观上则建立了单位社会体制。把社会组织成为机关、企业、事业单位等形式，机关单位主要负责党政管理，企业主要负责经济生产，事业单位是文化社会事业等非生产性部门。单位就形成以基层党组织为领导核心，集政治经济社会文化生活为一体的微观社会共同体，这样国家和社会都统合起来，宏观上有国家政权主导的计划经济体制，微观上是基层党组织主导的单位体制。在这个时期，人对单位有强烈的依附性，形成的是一个新的共同体，传统共同体是以血缘为单位构建的，单位共同体则是以国家行政权力和党的政治权力构建起来的共同体形态。在单位制共同体之中，社会治理是以单位为主体的单一化力量来解决问题，因而社会共同体还不具备多元一体的特点。

社区建设的命题是在改革开放之后才历史性出场的。改革开放之后，单位化社会迅速解体，人民群众的生存形态发生了重大变化，城市中原来的大量"单位人"向新的"社会人"转变，原来由单位包揽的人民各类生活事务需要转移下沉到社区中来。城乡社区是人们社会生活的基本空间，是人民群众生活的微观共同体，也就是人与人之间关系构建的基本空间。因此，基于社区空间而形成的不同主体之间的关系，也就成为城市社会中具有基础性地位的一种社会关系。由此，与人民群众生活息息相关的社区建设工作受到了全国上下的高度重视。社区建设强调通过政府与社会各种力量合作，使社区具备在社会转型条件下处理各类事务的能力。

社区建设作为新生事物，其发展过程面临重重考验。随着社会发育逐步完善和人民群众的诉求日益多元化，社区事务更加纷繁复杂，任何单一化的治理主体都不可能包办所有社区事务，这就需要能够提供多元化服务的主体生成。社区内部多元化治理主体的出现本来对社区治理是有利的，可以使得社区居民多元化的诉求得到更大程度的满足和实现，然而，社区内部却出现了超越原来的行政管理与居民自治这一矛盾和冲突之上的新的矛盾和冲突，新兴治理主体及其治理机制冲击了既有的社区治理主体及其赖以存在的治理机制。因此，虽然多元化的社区治理力量格局形成了，但是却在社区内部形成了新的治理危机。

社区共同体建设的命题随着解决冲突和矛盾的需要而提出。为了在社区层面上化解各类治理主体间的冲突和矛盾，社区共同体建设的命题就被提出来了。社区共同体要求社区各类主体立足服务好社区居民，以共同的目标、需求、利益为导向，彼此尊重各自利益，探索和寻找共同利益，建立新型互动沟通机制，推动彼此团结合作，最终达成社区更好地服务人民群众生活的目标。进入21世纪，社区建设过程中社区多元治理主体的矛盾与冲突要求社区共同体的建设，而其首要任务就是构建一个完整的社区共同体框架。

最初的社区共同体框架的建构是在党建引领下实现的。具体就是以党建为牵引实现社区内外各种治理力量的协调与聚合的过程。街道层面首先以区域化党建来协调社区各方力量与资源，实现该区域范围内各类单位主体之间的合作。2004年，中组部首次提出构建区域性大党建。这实际标志着在街道社区层面开始了通过改造党的组织形态并发挥党建力量来完成社区跨条、跨界、跨体制之间的合作。全国城市街道陆续探索推进区域化党建，用这种方式推动居民区共同体构建，并推动形成了以党建为主体的整体围绕社区共同体构建的方方面面的治理。由此就有了党建引领下的居民自治和多元社会共治的初步融合。在区域化党建的基础上，社区各类治理主体实现了关系的构建，从而为共同体的构建形成了基本框架。但是在关系构建的基础之上，还要实现治理力量的勾连、配合、协调，实现治理资源的汇聚、融合、共享。因此，街道在社区共同体建设的过程中依托区域化党建工作格局，发挥基层党组织在目标引领、凝心聚力方面的积极优势，改进党组织领导方式，通过构造多方主体的工作体系、搭建融合发展的实体平台，构建共治和自治进一步融合的社区治理体系，形成资源共享、优势互补的良好态势，不断引领区域党建联动、协调发展，从而逐渐形成了社区共治的治理形态，这又在区域化党建形成的社区共同体框架基础上进一步完善了整个社区共同体框架。区域化党建和社区共治实现的是街道社区层面的社区共同体构建。这两方面内容的有效落实尚需居民区层面共同体的进一步完善。居民区内部也存在着各类治理主体之间的矛盾和冲突，需要形成居民区内有效有序共治的局面，从而完成社区共同体的更加完整构建和切实落地。居民区党建成为推动社区共治的重要力量。社区共同体的总体框架构建完成的是各类治理主体间关系的理顺和治理结构的再造。

随着中国特色社会主义进入新时代，社会主要矛盾的变化，人民城市社会建设面临着更高的要求，既往的社区共同体也要相应地实现升级迭代。但是基于街道社区而构建起来的社区共同体在进一步发展中具有自身的局限性，一是对于微观社区共同体的发展与宏观城市社会共同体的整体构建在思路和关系协调上不够充分；二是新的更加复杂多元的问题的解决则面临着街道社区层面自身所无法解决的体制性困境，而这两方面问题的破解都需要从城市总体的角度进行系统设计和整体突破。

基于历史逻辑的演绎和新时代的要求，成都市委、市政府适时地提出和推进了党领导社会建设的体制创新和方式变革，这是在人民城市建设的大框架下推进城市社会共同体构建的重要路径。通过上述理论逻辑与历史变迁可以发现，社区作为城乡社会共同体构建的主要依托，是人与人关系实现有机化，社会成员实现全面发展的支持载体，其发展与治理涉及人的交往和人的发展的各个方面，也深刻影响着整个基层社会的发展与稳定。由此，城乡社区建设承载着社会共同体构建的重任，是社会建设的基础性工程，是人民城市建设的社会性"新基建"，直接影响和检验着人民城市的品质。

二 在党领导社会建设的体制创新和方式变革与城市社会共同体构建之间：人民城市社会建设"新基建"的主要内容

习近平总书记2019年在考察上海时，提出"人民城市人民建，人民城市为人民"的重要理念，要求"在城市建设中，一定要贯彻以人民为中心的发展思想"。这一理念深刻回答了城市建设发展依靠谁、为了谁的根本问题，深刻回答了建设什么样的城市、怎样建设城市的重大命题，为深入推进人民城市建设提供了根本遵循。作为人民城市建设的社会性"新基建"，党领导社会建设的体制创新和方式变革需要坚持"以人民为中心"，坚持"一切为了人民，一切依靠人民"，既要以满足人民的需求为导向，也要充分调动人民的力量。在此过程中，人民的作用要得到发挥，需要党的领导；人民的力量要得到聚合，需要党的组织。党的领导和党的组织成为了坚持"以人民为中心"的理念得以落实的组织基础。

在不同历史时期和不同领域，通过党的领导和党的组织，来发挥人民的作用和聚合人民的力量都存在着相应的差异，这就意味着党的领导体制实现方式必须根据时代发展和领域差别而不断改革创新。正如前文所述，随着中国特色社会主义进入新时代，社会主要矛盾的变化，人民城市社会建设面临着更高的要求，既往的社区共同体也要相应地实现升级迭代。但是基于街道社区而构建起来的社区共同体在进一步发展中具有自身的局限性。而我国城市化推进和城镇化发展的速度在不断加快，我国城乡社区面临着发展的资源整合能力和协调推动权力不足，要破解上述问题，实现新时代人民城市的社会建设发展，就需要上级组织和各个方面予以支持。

成都市委、市政府基于新时代以社区为基础的社会发展与治理的需要，通过创新党领导社会发展治理的体制，实现与新时代社会发展与人的发展相适应的组织方式，通过理顺党、国家、社会、市场的权力运行关系，从而最大程度发挥人民群众的作用发挥和力量聚合，并充分满足人民的发展需求和秩序要求，使社区成为"人人有责、人人尽责、人人享有的社会治理共同体"①。

成都市委、市政府将党的十九届五中全会所提出的"社会治理共同体"解构到社区层面，提出以"坚持人民至上造福人民、坚持党建引领共建共享、坚持发展治理一体推进、坚持聚焦基层做活社区、坚持场景营城激发活力、坚持开放融合传承创新"为基本原则，构建社区价值共同体、社区发展共同体、社区治理共同体、社区生活共同体、社区行动共同体"五个社区共同体"。以"五个社区共同体"构建为目标，成都市委、市政府提出了五方面的策略，为新时代人民城市社会建设"新基建"的主要内容提供了成都思考和参照。具体内容如下。

一是描绘公园社区"五大愿景"，构建社区价值共同体。 把"创新、协调、绿色、开放、共享"五大理念落实到城乡社区，把公园社区系统解构为生活、活力、人文、共享、智慧五个方面，着力建设职住平衡生态宜居的生活社区、场景驱动永续发展的活力社区、蜀风雅韵尚善尚美的人文社区、一核引领多元协同的共享社区、智能高效互联融通的智慧社区，以

---

① 《中国共产党第十九届中央委员会第四次全体会议公报（2019年10月31日中国共产党第十九届中央委员会第四次全体会议通过）》，《人民日报》2019年11月1日第1版。

进一步丰富公园城市时代价值的社区表达。

二是实施社区发展提质"五大行动",构建社区发展共同体。把社区发展的重心聚焦到居民可感知、可共享、可消费、可参与、可体验等方面,围绕空间、场景、业态、生态、文态等社区发展的关键要素,提出实施社区空间品质提升行动、社区场景营造赋能行动、社区商业发展繁荣行动、社区生态价值转化行动、社区天府文化创生行动"五大行动",营造社区宜人品质、彰显公园社区多元场景价值、促进社区活力再现、推动公园社区生态价值多维转化、推动天府文化在社区传承发展,赋予社区高质量发展的持续动能。

三是推进社区治理增效"五大工程",构建社区治理共同体。针对社区活力不足、小区管理问题多发、多元主体参与不够等问题,提出实施自治活力提升工程、实施小区治理延伸工程、社会主体培育工程、韧性城市筑基工程、智慧社区建设工程"五大工程",通过完善基层自治平台载体、推动社区发展治理小区落地,激发社区共治活力,构建社区应急处灾"准备—响应—处置—恢复"闭环,从而夯实韧性城市基本单元,构建高效能治理的新格局。

四是推进社区服务供给"五个优化",构建社区生活共同体。围绕居民所需、所急、所盼,提出优化社区公共服务配置机制、优化政务服务下沉社区机制、优化便民生活服务培育机制、优化社区志愿服务参与机制、优化社区服务载体运营机制"五个优化",着力构建15分钟街区级、10分钟社区级、5分钟小区级(产业社区)生活服务圈,回应市民多层次多样化品质化服务需求,让居民生活更方便、更快捷。

五是提升基层治理"五种能力",构建社区行动共同体。针对社区发展治理实践中社区层面暴露出的能力弱项,提出提升党建引领能力、市场运筹能力、社会协同能力、基层统筹能力、法治保障能力"五种能力",通过完善"党委统揽、双线融合"机制,健全五级党组织联动体系,既把社会各方参与积极性调动出来,又夯实了党执政的基层基础;通过发挥市场的力量和社会协同作用,为解决社区问题、促进社区融合、推动社区共治提供可持续支撑；通过强化基层队伍的统一管理，促进人才向基层流动，进一步提升基层治理的整体效能；通过各类治理主体依法履行权责义务，推动基层治理步入法治化、规范化轨道，以适应城乡基层治理现代化新要求。

通过上述"五个社区共同体"构建的思路和内容，我们更加清晰地看到了新时代社区共同体升级迭代的方向和内涵，也看到了在城市社会共同体建构总体要求之下的社区场景。总之，成都市委、市政府通过体制创新和方式变革，强化了社会建设中党的领导作用，提升了对社区发展治理的统筹能力，从而在党的领导之下，最大化地发挥政党、国家、社会、市场和民众的作用，最大化地凝聚了各方合力，围绕人民城市的社会建设而构建起有机化和丰富化程度都非常高的城市社会共同体，从而践行着"为人民服务"的宗旨和"以人民为中心"的理念。

三 在体制建设与具体实践之间：人民城市社会建设"新基建"的相应维度

人民城市社会建设"新基建"是一个系统工程，从体制创新到实践落实是一个体系性建构的过程。整个过程需要根据时代条件的变化、社会建设的要求、基层工作的基础、既往工作的经验等多方面情况来综合考量各个环节。各个环节的工作要始终围绕人民城市社会建设而展开，要放在人民城市社会建设"新基建"的系统工程中来谋划。这个体系性建构的过程需要从多重维度展开。就我国中国特色社会主义事业建设的主要领域来看，总体而言都需要从价值、制度、组织三个维度来运行，在每个维度上又有具体的多个层面的工作推进的角度。

成都市委、市政府在推进人民城市社会建设"新基建"的过程中坚持人民至上造福人民，始终把实现人民利益、满足人民期待、增进人民福祉作为一切工作的价值取向，努力办好民生事业、补齐服务短板、回应市民诉求，以高质量发展、高效能治理、精准化服务创造高品质生活，让市民的获得感幸福感安全感更加充实、更有保障、更可持续。从价值导向、制度基础、组织保障等多个维度出发，构建起了人民城市社会建设"新基建"得以落实的实践体系。

首先，从价值维度来说，牢记为人民服务宗旨，将"以人民为中心"的价值理念内化和转化为人民城市社会建设"新基建"的各个环节。价值就是人们对事物的好坏理解以及正当性判断，既有理性内容，也有情感成分；既涉及内容，也涉及主体。在城市社会共同体构建过程中，虽然各方对此审视的角度有差异，但党组织是站在整体角度来认识利益关系的，在价值上强调以人民为中心，这就意味着党组织可以超脱于各方差异化的视角，统筹考虑各方利益，推动维护各方权益，引领各方服务好人民。习近平总书记要求"在城市建设中，一定要贯彻以人民为中心的发展思想"。而贯彻这一要求就需要通过党的领导来实现。通过党组织的努力，就可以将"以人民为中心"的理念贯穿到城市社会共同体构建之中，引领各方形成共识性价值理念，从而为城市社会共同体构建奠定价值基础，形成城市社会"新基建"的价值导向。成都社会建设体制的创新是在党的领导下实现创新和发展的，这就是要通过党的领导，将"以人民为中心"的价值理念始终贯穿在社会建设的各个环节之中，充分发挥正向价值导向作用。

具体而言，成都市委在社会建设体制创新的探索过程中，充分认识到党的工作最坚实的力量支撑在基层，必须把党的领导根植于基层、根植于人民群众之中。体制创新是围绕树立和落实以人民为中心的发展思想而展开的，成都市委认识到，成都作为实际管理人口超过2100万的特大城市，不应单纯以发展速度论英雄，更要注重以宜居品质和人文尺度论成败。面对满足群众美好生活需要的民生之问，我们坚持把建设人城境业高度和谐统一的公园社区作为回应市民美好生活需要的目标导向，全面提升城市的宜居度和服务的精准度，让市民生活更方便、更舒心、更美好，让城市更有烟火气、生活味、归属感，让共产党人的初心使命和城市的价值表达高度契合。为此，成都市委以满足人的发展、人的需求和人的感受为逻辑起点谋划城市工作、满足群众期待、践行初心使命，把服务群众造福人民作为发展治理的出发点和落脚点，创新党委统揽城市工作体制和运行机制，首次把回应人民群众对美好生活向往的政治责任落实到党委社区发展治理部门统筹推动，在回应市民关切中"以事聚人"，在破解民生难题中"聚人成事"，不断增进民生福祉，不断促进社会公平正义，让人民的获得感幸福感安全感更加充实、更有保障、更可持续。在服务中彰显政治功能、密切党群关系，让群众感党恩、听党话、跟党走，形成"众星拱月、月朗星灿"的态势。

其次，在制度维度上，营造良好的制度生态，构建系统完备支撑有力的政策制度保障体系，推动人民城市社会建设走向规则之治。所谓制度，实际上是权力关系互动的规则与路径安排。在城市社会共同体构建过程中，多元主体在属性上有差异，因此一方面需要通过党的领导来打破传统体制束缚；另一方面很有必要通过党建工作形成有机互动的机制。党组织统揽全局、协调各方的领导方法，在凭借党组织权威的基础上，能够很好地围绕人民城市社会建设，将各方聚集在一起，实现共同参与，而在具体实践过程中都是通过相应的制度机制来保障落实的。简言之，即以党领导制度建设来保障社会建设的落地，形成城市社会"新基建"的制度基础。成都市委在社会建设体制创新的探索过程中，高度重视以制度化的方式推进工作，以制度改革创新来引领和保障工作创新，这是具有长远战略意义的工作规划和部署，也将对城市社会建设产生长远影响。

具体而言，成都市委在社会建设体制创新的探索过程中，着力营造制度生态，推动基层治理走向规则之治，构建起了系统完备支撑有力的政策制度保障体系。编制全国首个城乡社区发展治理总体规划，出台《党建引领城乡社区发展治理30条》纲领性文件、6个重点领域改革文件和系列实施细则，制定产业社区、国际化社区、社区商业等分项规划、建设导则和评价标准，制定全国首部地方性《社区发展治理促进条例》，形成了功能互补、协调衔接的规划体系和系统完备、规范有序的制度体系。此外，在具体实践落实过程中，以保障社会建设目标任务落实到位为指向，创新性提出和落实的一批工作保障制度，例如健全保障与激励双轨并行的社区专项经费制度，通过基层民主程序专项用于城乡基层治理项目；创建社区专职工作者职业化岗位薪酬制度、职业资格补贴制度和基层党建指导员制度；在全国首创基层党组织领导的村（居）民议事会制度，构建驻区单位、社会组织、居民群众等共同参与社区事务的协商机制；建立基本公共服务清单管理和动态调整制度，充分发挥社区党组织贴近群众、连接供需作用。经过近些年来系统性、整体性、全域性推动，党建引领城乡基层治理理念制度机制日趋成熟，在实践中发挥了重要作用。

最后，在组织维度上，构建完善的组织体系，形成党委统一领导、基层党组织引领、社会各方协同、群众广泛参与的基层治理格局。对于城市社会共同体构建来讲，党的领导需要各级党组织发挥应有的统筹协调作用，而对于基层社会建设而言，基层党组织的作用尤为重要。基层党组织作用的发挥主要体现在党组织和党员两个方面。一方面，各参与主体的党组织都是党的一个组成部分，因此可以通过发挥党的组织优势，通过组织网络对接，使组织性关系得以建立，从而为协同配合奠定组织性基础。另一方面，在各类参与主体中只要存在党员，就能够以党的组织原则推动其发挥相应的作用，使其成为社会共同体构建中的骨干和能动力量，这些是城市社会"新基建"的组织保障。成都社会建设体制创新的探索，以健全市委统一领导、市县两级联动的组织指挥体系为中轴，以党的组织体系为社会建设奠定强大组织基础，形成了党委统一领导、基层党组织引领、社会各方协同、群众广泛参与的基层治理格局。

具体而言，成都市委在社会建设体制创新的探索过程中，充分认识到，基层社会治理发展必须以加强党的全面领导为根本原则。党的全面领导是以组织体系为依托的，成都市委健全市委统一领导、市县两级联动的组织指挥体系，健全市、区（市）县、镇街、社区、小区党组织五级联动体系，全覆盖建立上级党组织班子成员联系下级党组织制度。在实践中，坚持"党是领导一切的"这一根本要求，完善多方主体参与基层治理的组织形式，把党的领导贯穿到基层治理全过程、落实到基层治理各方面，让基层党组织引领基层治理、服务居民群众、解决基层问题的过程成为凝聚党心民心的过程。在社区层面，抓好基层组织体系建设，全面提升社区组织动员能力，把城乡社区作为全民参与、共建共享、公益互助的平台载体，充分发挥基层党组织引领作用，健全党组织领导的自治、法治、德治相结合的城乡基层治理体系。在新冠肺炎疫情防控斗争中，成都全市4万多个基层党组织引领50万名党员干部、群众骨干冲在一线，构建起了全民动员、群防群治、联防联控的严密防线。

第六章

幸福美好生活十大工程与人民城市社会建设的内涵深化：成都的努力

城市是人类文明发展的有形成果，是人类社会进步的具体呈现。作为国家级中心城市，成都在推进人民城市社会建设的过程中，贯彻以人民为中心的发展思想，以实现人民对美好生活的向往为根本价值取向，以幸福、美好、生活为关键词，以人的全面发展和社会的全面进步为核心追求，着眼于创设未来理想城市新形态，倾力打造了系统集成的幸福美好生活十大工程，以此作为新时代推动成都建设公园城市示范区的民生工程、高质量发展的牵引工程以及增强城市发展战略优势的筑基工程，并以党领导人民城市社会建设体制创新成果在十大工程中的集大成场景运用，作为推动工程实施的体制基础，同时也在实践中验证体制创新成果的有效性和不足处。幸福美好生活十大工程的实施，开启了新时代成都以系统集成项目方案推进党领导人民城市社会建设的新实践新探索，发挥了引领性效应，也具有前瞻性意义。

第一节

"人民对美好生活的向往，就是我们的奋斗目标"：人民城市社会建设本质规定与内容要求

"人民城市人民建，人民城市为人民"是社会主义城市属性的本质规定。在满足人民美好生活需要与依靠人民提高发展能力之间，必须处理好新时代社会主要矛盾与人民城市社会建设之间的关系。人民对美好生活的向往是现实的，也是具体的，涵盖了基本生活、人生发展、精神需求、社会整体等多个维度，它们构成了人民城市社会建设的具体内容规定。而人民对发展和安全的需求，则构成了人民城市社会建设的主要工作导向。新时代，在推进人民城市社会建设过程中必须推动方式创新，包括工作体制机制创新与具体工作形式创新两个方面。

一 在满足人民美好生活需要与依靠人民提高发展能力之间：新时代社会主要矛盾与人民城市社会建设

随着时代的发展，尤其是生产力和生产关系的动态调整，社会的主要矛盾会随之发生相应的变化。现代化建设进程的快速推进，推动中国特色社会主义进入了新时代历史方位的发展阶段，使中国社会的主要矛盾转化为人民日益增长的美好生活需要和不平衡不充分的发展之间的矛盾。社会主要矛盾的变化，意味着在全面建成小康社会之后，人民不仅对当下的物质文化生活提出了更高的要求，而且对民主、法治、公平、正义、安全、环境等方面的要求也日益增长。社会是维持和满足人类生存与发展的基本组织形式，也是人类生产、生活和生命延续的主要场域，这就意味着社会的发展、安全和治理与人类的生存和发展息息相关。因此，社会矛盾的产

生和变化，需要通过人类社会自身的建设予以应对和解决。

城市是人类文明发展的有形成果，是人类社会进步的具体呈现。现代化的发展尤其是新型城镇化的推进，城市越来越成为承载人民生产生活、推动生产力发展、协调生产关系的主要空间场所。随着人们在城市中的聚集，社会主要矛盾也更多、更广泛地在城市社会中表现出来。这表明，社会主要矛盾的解决相当大程度上需要通过推动城市的社会建设来解决。只有不断推动城市社会建设进程的发展，才能为社会主要矛盾的解决提供具体思路和解决方案。

新时代社会主要矛盾的转化，对城市社会建设必然提出新的更高要求。人民日益增长的美好生活需要是具体的，也是多样的。现有社会中不适应新时代条件尤其是发展不平衡不充分的问题，成为满足人民日益增长的美好生活需要的主要制约因素。"人民城市人民建，人民城市为人民"是社会主义城市属性的本质规定，也是以人民为中心的发展思想在城市建设这一领域的具体体现。人民更高的期待与社会满足人民期待的现有能力之间尚存在着较大的差距，这就对人民城市社会建设提出了更高的要求和迫切的需要。社会必须适应新时代社会主要矛盾转化的要求，不断推动自身的发展能力和供给能力，全面满足人民对美好生活的需要。

新时代城市所应具备的解决社会主要矛盾的能力，主要表现为社会为满足人民美好生活需要而所能提供的推动发展的持续供给能力。这种供给能力，具体表现为城市是否有能力提供解决发展不平衡不充分问题的有效方案和政策设计，全方位、全领域、全过程满足人民对美好生活的现实需要。由此，面对人民的多元需要，人民城市社会建设从能力上来说，关键在于是否具备推动发展的持续供给能力。要满足人民美好生活的需要，就必须提高这种供给能力。供给能力主要包括两大方面：一是供给的体制机制；二是供给的具体能力。体制机制决定了具体能力的大小，具体能力反映了体制机制是否有效。供给的体制机制主要是指人民城市社会建设的治理体系问题，即是否能实现供给机制、治理模式和工作方式的创新，以适应乃至引领新时代城市发展和社会建设的新要求。供给的具体能力主要是指人民城市社会建设的供给内容问题，如是否能整合更多的资源，是否能聚合最广泛的社会力量，是否能运用最新的技术手段等，以不断提升城市发展和社会建设的效率与精准度等。

以上论述表明，在满足人民美好生活需要与依靠人民提高发展能力之间，还要处理好一对关系，即新时代社会主要矛盾与人民城市社会建设之间的关系。新时代社会主要矛盾决定了人民城市社会建设的目标和方向，也在能力方面提出了更高的要求；人民城市社会建设供给能力的强弱决定了新时代社会主要矛盾是否能够得到快速应对和解决。因此，遵循"人民对美好生活的向往，就是我们的奋斗目标"的人民城市社会建设的根本目标与本质规定，适应和解决新矛盾，全面满足人民美好生活需要，就必须处理好这一对关系。这主要应从两方面着手：一是回应人民对美好生活的向往，解决人民城市社会建设内容规定与工作导向问题；二是实现人民对美好生活的向往，解决人民城市社会建设具体内容落实与推进方式问题。

二 "人民对美好生活的向往，就是我们的奋斗目标"：人民城市社会建设内容规定与工作导向

"人民对美好生活的向往，就是我们的奋斗目标"是对以人民为中心的发展思想的具体落实和生动体现，是人民城市社会建设必须遵循的指导原则和目标方向。通过人民城市社会建设不断实现人民对美好生活的向往，关键在于对建设的具体内容规定和主要工作导向有明确和清晰的认识。

人民城市社会建设的内容规定，实际上涵盖的是人民对美好生活向往的主要方面和具体内容。根据党的十九大和十九届四中、五中全会精神以及党的相关文件对社会建设有关内容的阐述，按照增进人民福祉、促进人的全面发展的本质要求，可以从如下四个维度来理解和概括人民对美好生活向往的主要方面，它们也构成了人民城市社会建设的具体内容规定。

第一，基本生活维度。人民对美好生活的向往，首先在于能满足高质量的物质生活需要，追求高品质的宜居生活。这主要体现在对衣、食、住、行以及收入分配等基本生活的需求方面。例如，收入增长水平与国家经济发展水平相适应且稳步提升，低收入群体的切身利益得到保障；收入分配制度设计合理，多种分配方式并存彰显劳动公平；生活消费品价格指数平稳品质放心，食品安全切实有保障，严厉打击假冒伪劣产品；住房价格稳定且政府能提供满足多层次住房需求的居住空间；城市交通规划合理出行方便上下班通勤体系健全；各类生活服务设施就近便捷丰富多元等。

第二，人生发展维度。人民在此方面对美好生活的向往，主要体现在能获得相对公平、正义、良好的人生成长和发展机遇上，集中表现为对教育、就业、医疗、健康、环境、社会保障体系等方面的幸福期盼。例如，在教育问题上，实现幼有所育，学有所教，机会均等，促进教育公平；在就业问题上，实现学有所用，人尽其才，对社会弱势群体建立起就业保障制度，对青年创业群体提供专项帮助，促进充分就业和公平就业；在医疗、健康和社会保障体系问题上，实现病有所医，老有所养，弱有所扶，医疗保障体系健全，解除人生发展的后顾之忧；生态环境切实改善，为人民的美好生活提供宜居的自然和人文环境等。

第三，精神需求维度。在社会发展进入新时代和人民收入迈入中高水平程度之后，人民对美好生活的向往，日益体现在精神需求和心理感受方面。这集中体现在对文化、艺术、旅游、休闲、运动等方面高品质公共服务的需求增长上，更加体现在对获得感、幸福感、安全感的认知感受上，也体现在对人的全面发展和社会全面进步的价值认同上。随着全面建成小康社会战略任务的如期完成和高品质物质生活的不断提升，人民对美好生活向往的精神维度的需求将持续增加。因此，人民城市社会建设的具体内容设计和政策方案，将更多涉及精神文明建设的内容，不断满足人民在精神层面的实际需求。

第四，社会整体维度。人民城市社会建设的具体内容规定，除了包括以上所述个体层面的基本生活维度、人生发展维度、精神需求维度之外，还应包括社会整体维度的内容。从社会整体维度来说，人民对美好生活的向往就是要实现人民共同富裕的目标。共同富裕是社会主义的本质要求，也是马克思、恩格斯所构想的共产主义社会"实现每个人自由而全面的发展"不可或缺的物质基础和前提条件。习近平总书记指出，"共同富裕本身就是社会主义现代化的一个重要目标。我们要始终把满足人民对美好生活的新期待作为发展的出发点和落脚点，在实现现代化过程中不断地、逐步地解决好这个问题"[①]。由此，人民城市社会建设的内容规定，无论是在个体层面维度上，还是在整体维度上，都必须以实现人民共同富裕为最终依归。

人民城市社会建设的工作导向，实际上指的是在推进人民对美好生活向往的工作进程中所需要遵循的具体工作原则。具体来说，就是党的十九届五中全会所提出的"要统筹发展和安全"两个方面。因此，发展和安全就是开展人民对美好生活向往工作要遵循的基本原则，它们也构成了人民城市社会建设的主要工作导向。

第一，坚持人民城市社会建设的发展导向。发展是我们党执政兴国的第一要务，也是解决我国一切问题的基础和关键。人民对美好生活向往的目标，只可能在发展中才能达到和实现。因此，人民城市社会建设的所有方案设计和政策导向，都必须以能够推动高质量发展为主要目标工作导向，按照习近平总书记所提出的"立足新发展阶段、贯彻新发展理念、构建新发展格局，推动高质量发展"要求，持续全面推进人民城市社会建设在个体维度和整体维度上的相关内容规定，在不断发展中满足人民日益增长的美好生活需要。

第二，坚持人民城市社会建设的安全导向。发展不是追求无底线的发展，而应是以安全为前提的发展，深刻认识安全是发展的前提，发展为安全提供保障，树立底线思维，筑牢安全防线，防范化解重大风险挑战。在

---

① 习近平：《完整准确全面贯彻新发展理念，确保"十四五"时期我国发展开好局起好步》，《人民日报》2021年1月29日。

推进人民城市社会建设进程中,将面临多重传统安全和非传统安全的风险挑战,尤其是将频繁面对国家政治安全、城市经济安全、社会稳定安全、人民生命安全等方面的风险因素。这就需要坚持总体国家安全观,把安全发展的工作导向贯穿人民城市社会建设的各领域和全过程,完善重大安全风险防控和应急处置体系,为实现人民对美好生活的向往筑牢安全屏障。

三 人民城市社会建设内容落实与推进的方式创新

如上论述了回应人民对美好生活的向往所需要解决的人民城市社会建设的内容维度与工作导向问题。但人民对美好生活的向往是复杂多元的,也是动态变化的,这决定了人民城市社会建设必然是一个极其复杂的系统工程,与经济建设、政治建设、社会建设、文化建设以及生态文明建设均有密切关联,不可能按照传统的方式推进。因此,应对新时代社会主要矛盾的转化,实现人民对美好生活的向往,除了内容维度和工作导向问题之外,还必须要解决人民城市社会建设具体内容落实与推进的方式创新问题。也就是说,要以方式上的创新来推动人民城市社会建设具体内容的落实,并确保取得最大成效。

人民城市社会建设内容落实与推进的方式创新,主要包括两个方面:一是工作体制机制创新;二是具体工作形式创新。

第一,人民城市社会建设内容落实与推进的工作体制机制创新。首先,要创新党领导社会建设的组织机制。人民城市社会建设必须在党的领导下进行,党的领导是社会建设的最大优势和政治保证。必须构建起党委"总揽全局、协调各方"的组织领导和工作运行体系,形成党委统一领导,党政齐抓共管,社会分工协同的工作机制,克服条块分割、九龙治水、力量分散的体制机制弊端,在党的领导下推动人民城市社会建设的有序开展和社会治理体系的现代化。其次,要创新推动人民城市社会建设的政策制度保障体系。社会建设要实现有效发展和有序治理的目标,就必须保证政策制度的及时供给。这种供给，一方面体现在政策制度供给的数量上，即要能够对伴随社会发展所出现的大量新生事物快速做出反应，及时供给适合对路的政策制度；另一方面也表现在政策制度供给的质量上，即所供给的政策制度能够快速规范和解决社会建设中所带来的各类问题和安全隐患。最后，要创新人民城市社会建设的工作形态，将人民对美好生活向往的目标集成为能够有效推进社会建设的具体方案和项目设计，并以系统集成的方式系统性、整体性、全局性地推进方案和项目的落地实施，追求效益的最大化，最大限度地实现人民对美好生活的向往。

第二，人民城市社会建设内容落实与推进的工作具体形式创新。工作形式上的创新，主要包括三个方面：一是构建系统化思维。人民城市社会建设是一项极为复杂的系统工程，需要加强顶层设计、整体谋划和全面考量，推动各相关多元主体之间的密切联动和相互协同，坚持统筹兼顾与系统集成相结合，避免顾此失彼，形成总体效应，取得最大效果。实现整体推进和重点突破相统一，以提升人民城市社会建设的整体效能和建设成效。二是运用新技术手段。党的十九届四中全会提出把"科技支撑"也作为加强和创新社会治理体系的重要力量。以互联网、大数据、区块链、云计算、人工智能、数字技术等为代表的新技术手段，成为推动人民城市社会建设与社会治理体系和治理能力现代化的重要依靠力量，对于凝聚社会共识、加强不同社会群体的沟通交流、提高社会治理精细化水平发挥着不可或缺的作用。三是采用工程化方式。如前所述，人民城市社会建设是一项宏大的系统工程，事务复杂，目标艰巨，主体多元，诉求各异，一般的工作形式已经难以适应和应对建设的任务和要求。在这种背景下，在处理问题过程中具有系统性、整体性、全局性特征的工程化方式成为现代社会人们所采用的应对和处理复杂问题的重要方式。同样地，在推动人民城市社会建设的进程中也应采取工程化的思维和行动方式。

第二节

幸福美好生活十大工程与人民城市社会建设：内涵深化与形态跃升

人民对美好生活的向往，必须通过推进人民城市社会建设的相关项目和具体规划才能实现。幸福美好生活十大工程就是落实以人民为中心的发展思想、推动城市可持续高质量发展的系统性、整体性、全局性的成都方案，是反映人民城市社会建设本质要求而系统集成的综合性项目。这种目标导向和项目特点，决定了十大工程具有清晰的价值定位和战略思路，在建设的内容集成和内涵深化上超越了一般的城市社会建设的维度内容，并对标高品质生活环境新标杆和共建共享幸福城市新样本，不断推动人民城市社会建设的形态跃升。

一 在满足人民美好生活需要与形成城市可持续高质量发展优势之间：幸福美好生活十大工程的价值定位与战略思路

在新时代背景下，人民对美好生活的需要是动态变化的，也是不断发展的。因此，为满足人民美好生活需要而推进的人民城市社会建设的相应政策规划和具体项目方案，必须具有能够切实推进城市可持续发展和高质量发展的显著属性和实际功能。中共成都市委、成都市人民政府所规划出台实施的"幸福美好生活十大工程"项目，就是为更好满足市民对幸福美好生活的新向往、持续创造高品质生活宜居地优势、把践行新发展理念的公园城市示范区建设发展成果转化为人人可感可及、普遍受益的社会认同而做出的重要政策设计和重大决策部署。

作为一项立足新发展阶段、贯彻新发展理念、构建新发展格局的系统工程，幸福美好生活十大工程具有清晰的价值定位与成熟的战略思路。两者之间相辅相成，价值定位保证了战略思路所决定行动的目标导向和正确方向，战略思路所决定的行动推动了价值定位所力求实现的价值取向和实际成效。

从价值定位来说，幸福美好生活十大工程的价值取向主要集中体现在如下四个方面。

第一，幸福美好生活十大工程是全面贯彻以人民为中心的发展思想的具体行动。"人民城市人民建，人民城市为人民"是人民城市社会建设所必须遵循的根本价值取向，站稳人民立场、以人民为主体推进城市建设是十大工程规划和设计的原始出发点和基本原则。十大工程的每一个具体项目都高度聚焦群众高品质宜居生活所需、所想、所盼，精心制定生产、生活、生态发展规划，努力创造宜居、宜业、宜乐的人文环境，以让人民有更多获得感、幸福感、安全感为最大追求，倾力为人民创造更加美好的生活。

第二，幸福美好生活十大工程是落实扩大内需战略和新型城镇化要求的制度安排。成都作为国家中心城市，承载着服务国家战略的历史使命，必然要在落实扩大内需战略和新型城镇化要求等方面走在全国前列，做出先行探索。幸福美好生活十大工程不仅是民生工程，同时也是推动城市建设的经济工程。在工程的具体项目方案内容中，对如何落实扩大内需和推动新型城镇化发展问题上，提出了许多切实可行、理念先进的政策推进措施，以工程项目化的方式构建推进国家发展战略落实的制度保障。

第三，幸福美好生活十大工程是加快建设践行新发展理念的公园城市示范区的创新实践。公园城市是新时代城市发展的新模式和新形态，是新发展理念在人民城市建设领域的具体彰显和贯彻运用。建设践行新发展理念的公园城市示范区，是推进人民城市社会建设的成都方案。这一方案的加快推进和成效显现，必须落实在具体的项目实施之中。十大工程就是落实公园城市示范区建设目标的系统集成的重大战略举措和具体决策部署，是服务公园城市示范区建设的探索需要以及对如何贯彻新发展理念、怎样形成新示范领地的创新实践。

第四，幸福美好生活十大工程是引领城市大踏步走向世界先进城市行列的有效路径。城市是人类文明发展的产物，也是世界交流互鉴的载体。成都把幸福美好生活十大工程作为人民城市建设的样板工程，作为牵引和推动成都高质量发展的有力抓手，始终对标世界一流城市建设标准，瞄准世界级城市发展的前沿阵地，不断夯实自身可持续发展的竞争优势，以系统全面推进十大工程为有效路径，把成都引领和建设成为快速迈向拥有成都品质、具有中国特色、符合世界标准的先进城市行列。

从战略思路来说，幸福美好生活十大工程的目标导向主要集中体现在如下五个方面。

第一，把新思想新理念内化为全体市民的政治认同和价值认同。幸福美好生活十大工程以习近平新时代中国特色社会主义思想为指导，贯彻新发展理念，立足民心、响应民意、服务民生，所有的项目方案都以为人民谋幸福为出发点，以实际行动体现"城市的核心是人"的号召，使党全心全意为人民服务的宗旨意识和初心使命与人民城市建设的具体战略部署在价值表达上高度契合，成为凝聚全体市民对党的执政的政治认同、对党的理念的价值认同的强大推动力量。

第二，把城市发展成果具化为市民可感可及的美好体验。人民对美好生活的向往和感知是具体实在的。幸福、美好、生活这些关键词集中代表和现实反映了市民对未来发展的期待和梦想。十大工程以实实在在的事关民生发展的项目规划设计，来推动实现高质量发展成果"与全民共享、全面共享"的美好愿景，并以此作为使全体市民能够切身感受到和受益于人民城市社会建设所带来的发展成果的呈现方式。这正是十大工程作为人民城市的样板工程对市民而言所具有的积极意义。

第三，把生活城市宜居品质转化为城市长远发展的持久竞争优势。人才是一个城市最大竞争优势和可持续发展的关键之所在。是否能吸引人才、留住人才、培养人才是评判一个城市是否具备宜居品质的重要标准。成都向来都以宜居而著称，拥有独具魅力的宜居城市品质。十大工程的重大战略意义就在于通过项目的推进和实施，不断提升城市的宜居品质，以达到"用生活城市的品质留住人、用公园城市的影响吸引人"的目标，通过人才的导入和持续的吸引构建起推动城市长远发展的持久竞争优势。

第四，把新场景新业态新产品的创造培育深化为引领高质量发展的强劲动能。城市的高质量发展有赖于发掘和培育的新动能所提供的源源不断的强大动力支撑。十大工程作为成都构建国内国际双循环相互促进的新发展格局的重要支点，立足于打造宜居宜业宜商的城市环境，通过营商环境建设工程、青年创新创业工程等具体项目的实施，力求构筑新场景、培育新业态、创造新产品。在此过程中，促进城市功能优化、产业转型升级和实现推动高质量发展的新旧动能转换。

第五，促进人的全面发展和社会全面进步。人的发展和社会的进步之间存在着多种形态的复合关系，包括人与城市、人与社会、人与人、人与自然之间的关系等。幸福美好生活十大工程是促进人的全面发展和社会全面进步的重要杠杆，它通过具体的项目设计和推进实施，"在城市愿景和个人发展中实现人与城的和谐""在人口集聚和社会变迁中实现人与社会的和谐""在素养提升和文明进步中实现人与人的和谐""在生产发展和环境保护中实现人与自然的和谐"。在此过程中，实现人的全面发展和社会全面进步的目标导向。

二 幸福美好生活十大工程与人民城市社会建设内涵深化：成都的实践

如上所述，人民城市社会建设的具体内容规定，主要包括个体层面的基本生活维度、人生发展维度、精神需求维度以及社会整体维度四个方面的内容。幸福美好十大工程作为成都公园城市示范区建设的创新实践和持续创造高品质生活宜居地的设计方案，在建设的内容集成和内涵深化上已经超越一般的城市社会建设的维度内容。其内涵深化主要表现在如下几个方面。

  第一，实施内容的全面性。幸福美好生活十大工程立足于促进人的全面发展和社会全面进步，力求实现人与城、人与社会、人与人、人与自然的和谐共生、动态平衡。基于此，工程所具体推动实施的十个方面的内容，涉及民生、发展、建设、治理等几乎人民城市社会建设的所有方面，从服务到供给、从文化到环境，从落实到保障，可触可及，可感可知，可亲可待，着力于"全过程促进城市文明、全方位提升城市品质、全方面增进市民福祉"的宏伟目标，将人民城市社会建设所涉及的全部内容系统集成、全面整合、整体推进，深刻诠释了十大工程所倾力追求的"幸福""美好""生活"目标蕴含的生动含义。

  第二，覆盖群体的广泛性。幸福美好生活十大工程深入践行以人民为中心的发展思想，把为人民谋幸福作为工程实施的出发点以及"根"和"魂"。这决定了十大工程具体内容的设计始终坚持为最广大市民服务的宗旨和"全民共享、全面共享"的发展导向。从满足不同市民群体"轨道+公交+慢行"多样化绿色出行选择的城市通勤效率提升工程到服务全体市民的"天蓝、山绿、水清、土净、景美"的生态惠民示范工程、从为各类市场主体和市民营造稳定公平营商环境的建设工程到为青年创新创业就业的筑梦工程、从覆盖儿童到老人乃至特殊人群的全龄友好包容社会营建工程等，无不体现了十大工程所服务的是成都最广大的市民群体，所提供的是全民共享的高品质服务，所坚守的是共同富裕的发展目标。

  第三，人文关怀的精细化。幸福美好生活十大工程坚定执行习近平总书记所指出的"城市的核心是人"的指导思想，在每一个工程的每一项具体政策目标规划中，都始终贯彻了"创新、协调、绿色、开放、共享"的新发展理念。十大工程的方案内容具体而精细，对所要达到的目标制定了明确的量化标准，以"让人民群众普遍感知、普遍受益"为执行准则，把人文关怀落实到与每一位市民息息相关的衣食住行、娱乐、教育、医疗、健康等领域的每个细微处，可谓细致入微，使人可感可及，体现出强烈的人文关怀和民生导向，是"推动城市发展从工业逻辑回归人本逻辑、从生产导向转为生活导向"的生动写照,也是彰显党执政为民情怀、坚守人民至上理念的具体行动。

第四,项目规划的前瞻性。幸福美好生活十大工程被定义为成都落实扩大内需战略和新型城镇化要求、加快建设践行新发展理念的公园城市示范区以及引领城市大踏步走向世界先进城市行列的制度安排、创新实践和有效路径,这决定了十大工程从起始阶段就对标世界级城市的发展经验,以超前的眼光谋划项目方案,以最高的标准实施项目计划,具有显著的前瞻性特点。其所倾力追求的是"把未来照进现实,用梦想点亮生活"的美好场景,所力求呈现的是"全球视野、国家立场"之下大美公园城市的"成都表达"。这使得幸福美好生活十大工程的具体内容设计和项目规划始终着眼于世界级大城市、国家级中心城市未来发展的现实应用场景,在创造和引领高品质生活宜居空间的过程中保持长远发展的持久竞争优势。

第五,公益经济属性兼具。幸福美好生活十大工程作为党领导下政府部门主导的项目规划,既是落实"人民城市人民建,人民城市为人民"要求和满足人民日益增长的美好生活需要的民生工程与民心工程,同时也是推动城市高质量发展的经济工程和建设工程。这意味着,十大工程必然兼具公益属性和经济属性,也必须兼顾社会效益和经济效益。其公益属性主要体现在,十大工程是以人民的"幸福""美好""生活"三组关键词作为城市发展的时代追求来规划项目的具体实施内容的,始终秉持人本导向,促进文明进步。其经济属性主要表现在,十大工程同时是以市场化思维规划的政策方案,其目标是助力产业升级、动能转化、供需迭代,全面推动国际消费中心城市建设,不断提升竞争优势,牵引产业转型。

三 高品质生活环境新标杆和共建共享幸福城市新样本:幸福美好十大工程与人民城市社会建设形态跃升

幸福美好十大工程是遵循以人民为中心的发展思想,推进建设践行新发展理念的公园城市示范区的创新实践和项目抓手,其目标是把成都加快建成高品质生活环境新标杆和共建共享幸福城市新样本,以此实现人民城市社会建设的形态跃升。人民城市社会建设形态跃升的时代背景是,在顺利完成全面建成小康社会的历史使命、开启全面建设社会主义现代化国家新征程的历史进程中,随着国家发展目标由解决温饱问题和精准脱贫过渡到实现共同富裕和建设社会主义现代化强国的转换,人民城市社会建设的内容与形式、方向与目标、能力与水平也必然发生相应的变化,由此必然催生出整体形态上的发展改变和转型跃升。

具体来说,由幸福美好十大工程所推进的人民城市社会建设的形态跃升主要体现在四个方面。

第一,发展机会的跃升,即实现人人都拥有尽展其才、梦想成真的发展机会。幸福美好十大工程是探索未来美好生活、实现城市未来梦想的具体方案,以人为本是项目规划的基本原则,"城市的核心是人"是其坚守的价值取向,也是项目计划实施必须彰显的底色。这些人本思想和民本导向,推动十大工程在实施进程中,努力做到敞开城市胸怀、厚植发展沃土,为市场主体创造发展机会、为新兴产业提供应用场景、为各类群体搭建圆梦舞台,使人人都能通过创新创造和努力奋斗实现自身发展、成就人生梦想,让城市始终涌动蓬勃生机和兴业活力。

第二,美好生活的跃升,即人人都享有幸福和美、安全稳定的美好生活。在新时代,人民城市社会建设的目标已经不再主要是为了解决温饱问题,而是为了更好地满足人民对美好生活的向往。十大工程是人民对美好生活向往在政策项目设计上的具体呈现,随着每一项工程的实施和落地,将在基本生活、人生发展、精神需求以及社会整体等各个维度上为全体市民输送最优质的产品,提供最贴心的服务,营造最安全的环境,以高品质公共服务高效推动和努力实现"劳有厚酬、闲有雅乐、学有优教、病有良医、幼有善育、老有颐养"的美好家园愿景。

第三,宜居环境的跃升,即人人都享有生态绿色、文明和谐的宜居环境。通过十大工程中生态惠民示范工程的实施和公园城市场景品牌体系的构建,推动"天蓝、山绿、水清、土净、景美"的宜居环境跃升,营造人

城相融、和谐共生的生态宜居场景，秉持人本导向，持续创造高品质生活宜居地，把生态惠民的绿色理念、友好善意的人文关怀体现到城市的每个角落，把更多的秀美环境、开敞空间留给市民，让"创新创造、优雅时尚、乐观包容、友善公益"的天府文化深深融入城市血脉。

第四，归属认同的跃升，即人人都拥有参与治理、共建共享的归属认同。如果说公园城市是新时代城市发展的高级形态，是"创构理想城市形态"的成都方案，那么幸福美好生活十大工程就是服务于公园城市示范区建设的最具支撑性、最有显示度、最富代表性的项目设计，以创造城市民生温情、蓬勃生机和归属认同为重要追求。因此，十大工程的实施和推进，将使民情民意受重视、民心民声被倾听、企业权益有保障，让市民和企业成为城市发展的积极参与者、最大受益者、最终评判者，让安全有序的社会环境和高效完善的社会治理成为城市最鲜明的底色。

第三节

幸福美好生活十大工程与人民城市社会建设：推进方式与内在机制

作为一项内容广泛、结构复杂、系统集成的推动人民城市社会建设的顶层设计与项目规划，幸福美好生活十大工程的实施，必须创新推进方式，采用具有高效性、集约性、系统性等特点的工程化方式予以实际推进，以达到最大的建设成效。在具体的工作方式上，则要发挥党委、政府、社会三类主体的作用，构建起党委统一领导、政府主导落实、社会广泛参与的合力。此外，十大工程还要采取绩效管理体系、统计指标体系以及评价指标体系等手段作为工作机制，以对工程进行有效的绩效管理和评估考核。

一 幸福美好生活十大工程：以工程化方式推动人民城市社会建设内容落实的成都努力

人民对美好生活的向往是全局性和全面的。对美好生活的向往意味着人民对获得感、幸福感、安全感都存在着更高的需求和更大的期盼。对于成都这样一个以公园城市建设为目标导向的特大城市治理实践来说，在贯彻以人民为中心的发展思想过程中，更加需要抓住人民最关心、最直接、最现实的利益与发展问题予以攻坚克难，系统推进。幸福美好生活十大工程作为回应民生诉求关切的民心工程、推动成都特大城市高质量发展的牵引工程以及增强成都作为国家中心城市发展战略优势的筑基工程，不仅是成都贯彻落实中央关于社会建设相关方针部署的顶层设计，也是成都结合自身实践探索而对社会建设具体政策导向的系统集成，具有显著的系统性、整体性、全局性的特点。

这样一个顶层设计和系统集成方案要得到有效落实和整体推进，就必须超越一般的政策内容设计和推进实施方式，以更加高效、更加集约、更加系统的方式推动工作的开展。在这里，成都选择了以工程化方式推动人民城市社会建设内容的具体落实。

随着人类社会的迅猛发展尤其是社会分工的日益精细，事物本身的结构和事务处理的流程变得日趋复杂。在面对一项具体任务时，如何制订计划、如何开展协作、如何控制进度、如何分解任务、如何规范化、流程化，以实现经验和做法的可复制可推广最大限度地实现目标，其挑战和困难正日益加大。在这种背景下，工程化方式已经成为现代社会人们所采用的应对和处理问题的基本思路与行为方式。所谓工程化方式，就是遵循一定的标准与规范，将具有一定规模和数量的单个系统或者功能部件，组合成一个模块鲜明、结构完整、系统集成的整体，其显著特点是系统化、模块化、规范化，其目标导向是降低成本、提高效率、保证质量，实现产出和效益的最大化。

正是遵循工程化理念、以工程化方式规划和推动人民城市社会建设，使成都幸福美好生活十大工程呈现出如下显著特点。

第一，内容全面，系统集成。工程化方式的特点首先体现在构成内容的系统化上。幸福美好生活十大工程涵盖了人民对美好生活向往的几乎全部领域和主要方面，将群众关心的收入、就业、教育、健康、居住、交通、休闲等涉及切身利益的主要内容，以及城市社会建设所面临的发展、安全、治理等关键问题系统集成在一个规划中予以整体谋划、系统思考、协调推进、综合解决，体现了显著的系统性和整体性特征。十大工程不仅涵盖了中央十九大报告，十九届四中、五中全会关于社会建设的指导精神和具体内容，而且结合成都的实际和实践进行了更加精细的规划，是成都全面贯彻落实中央精神和探索自身社会建设的具体行动与方案设计。

第二，结构紧密，相互支撑。工程化方式的特点也体现在内部结构的严密性上。人民对美好生活向往的内容是具体的，也是现实的，更是充满期待的。十大工程就是对人民美好生活期待的具体回应和政策凝聚，是推动把城市发展成果具化为市民可感可及美好体验的完整规划。正因为如此，不仅十大工程中的每一个工程本身具有完整的内在结构，阐述了该工程所涉及的主要方面，而且十大工程彼此之间同时具有内在的关联性，上下衔接，相互支撑，缺一不可，涵盖了人民对美好生活期待的所有主要方面和具体内容，构成了一个严密的政策规划体系和实施行动纲领。

第三，目标明确，导向清晰。工程化方式的重要特点就是目标定位上的清晰明确。幸福美好生活十大工程的每一个模块都设定了所要达到的具体目标追求，往往还制定了量化的标准，显示了发展目标上的清晰明确。更加明显的是，十大工程的所有发展目标都彰显了党的十九大报告所说的"始终把人民利益摆在至高无上的地位，让改革发展成果更多更公平惠及全体人民，朝着实现全体人民共同富裕不断迈进"的价值追求。无论是十大工程的总体目标追求，还是每一个工程内部不同方面的具体目标设定，都有着清晰的价值导向，体现了对以人民为中心的发展思想的贯彻落实和精准定位。

第四，理念先进，操作可行。工程化方式的特点还体现在能以先进的理念为指导高效完成所设定的目标。幸福美好生活十大工程自始至终贯穿和体现了"创新、协调、绿色、开放、共享"的新发展理念，在每一个工程中都制定了切实可行的行动目标，规划精细，具有实际可操作的"施工路线图"，反映了在先进理念指导下推动高效行动的思路。以工程化方式推动十大工程，彰显了作为国家中心城市的成都在公园城市示范区建设进程中所做出的率先探索、创新实践和主动变革，体现了成都以主动担当和积极作为服务国家发展战略的时代使命。

二 在坚持党的领导与发挥各方作用之间：幸福美好生活十大工程推进的工作方式

作为一项系统工程，幸福美好生活十大工程的推进必须区分不同的行为主体，形成各司其职，发挥最大合力的局面，构建有力的工作推进方式。具体来说，十大工程的推进主要应最大限度地发挥党委、政府、社会三类主体的作用，构建起党委统一领导、政府主体落实、社会广泛参与的工作方式。

第一，健全党委统一领导的核心作用。中国共产党是最高政治领导力量，党的领导是中国特色社会主义最本质的特征，也是中国特色社会主义制度的最大优势。党的十九届四中全会指出，要"健全总揽全局、协调各方的党的领导制度体系，把党的领导落实到国家治理各领域各方面各环节"。这意味着，幸福美好生活十大工程同样必须纳入党领导城市工作的全局中来统筹和推进。成都在党建引领城乡社区发展治理方面进行了走在时代前列的卓有成效的努力探索，尤其是在市县两级党委序列独立设置"城乡社区发展治理委员会"的体制创新，已经构建起党委统揽高效协同的组织领导和工作运行体系。这为十大工程推进过程中，更加有效地发挥党委总揽全局、协调各方的作用奠定了坚实的组织基础，也积累了丰富的实践经验。

健全党委在十大工程推进中的领导核心作用，关键在于充分发挥成都在党建引领城乡基层治理探索实践中所形成的体制创新优势,做好三方面的工作:一是把党的领导落实到幸福美好生活十大工程建设的各方面各环节,形成统一领导、运转有序的工作机制。二是由党委统领十大工程不同模块建设内容之间的统筹协调,齐头并进,避免条块分割,板块失衡。三是使党的领导成为推动十大工程凝聚民心民力、内化价值认同以及实现成都高质量发展的政治领导力量。

第二,发挥各级政府部门的主导作用。在党委统一领导、党政齐抓共管的总体局面和工作机制之下,幸福美好生活十大工程的有序推进,重点在于各级政府部门发挥与自身职能和职责相匹配的主体作用,实现权责匹配、主体作用与工程推进的高效统一。

在党建引领城乡社区发展治理的实践探索中,成都不断健全市、区(市)县、镇街、社区、小区五级纵向贯通的组织领导体系,构建起以镇街社区党组织为核心、区域化党建联席会议为平台、兼职委员制度为支撑的城市治理组织架构。这为各级政府部门发挥在幸福美好生活十大工程建设进程中的资源整合与主体作用,提供了充分的体制机制保障以及行动动员准备。根据《关于实施幸福美好生活十大工程的意见》的相关规定,市级各部门(单位)发挥主体作用,主要是全面参与幸福美好生活十大工程建设,立足自身职能创造性开展工作。各区(市)县发挥主体作用,主要是要制定本辖区实施幸福美好生活十大工程工作方案,落实属地责任、夯实基层基础,确保各项工作落地见效。在这里,对市级各部门(单位)主要强调的是立足本身职能全面参与十大工程的建设,在工作中,实际上还涉及不同部门或者单位之间如何有效协调形成建设合力的问题。对作为开展十大工程建设主要行为主体的各区(市)县层级的行政部门,则主要强调的是确保各项工作和具体政策的贯彻实施与落地见效。

第三,扩大社会多元力量的参与作用。随着市场经济的发展和网络社会的出现,多元社会主体开始生成。这些社会主体身份多元、类别众多、追求各异,例如以市场关系为主导和以契约精神为纽带而建立的各类企业和经济组织、以空间居住为基础和以复合人际关系为纽带而成立的各种社区以及基于共同的兴趣爱好、利益追求和价值认同而建立的各类社会组织等。这些多元社会主体在国家政治生活中发挥着日益积极的参与和影响作用，成为社会建设的重要推动力量。

党的十九大报告提出要"打造共建共治共享的社会治理格局"的理念。幸福美好生活十大工程是成都贯彻落实以人民为中心的发展思想、带领全市人民参与建设公园城市示范区共同实践的具体项目设计方案，与每一位市民都息息相关。这决定了十大工程的实施，必须聚焦共建共治共享，充分调动和扩大发挥社会多元力量的共同参与作用，最大限度实现政府治理和社会调节、居民自治良性互动。对此，《关于实施幸福美好生活十大工程的意见》提出了调动全社会共同参与、进行广泛社会动员的相关设想和行动计划，例如依托网络理政平台畅通民意表达渠道，建立十大工程建设观察和监督工作制度，创办网络视频专栏邀请社会民众互动讨论，开辟生活频道对建设成果和市民反馈进行专题报道和宣传等。

三 在绩效管理体系、统计指标体系与评价指标体系之间：幸福美好生活十大工程推进的工作机制

幸福美好生活十大工程是以项目化方式设计、以工程化方式予以实施的系统性、整体性和全局性的人民城市社会建设的系统工程。项目本身的复杂性和目标任务的艰巨性，决定了十大工程必须制定相应的推进工作机制，以对工程实施成效进行全面、客观、有效的考核评价。在这里，十大工程选择采取以绩效管理体系、统计指标体系与评价指标体系作为相应的工作机制。

第一，构建幸福美好生活十大工程的绩效管理体系。 所谓绩效管理体系，是指为实现组织或者项目的最终目标，以关键绩效指标和工作目标设定为载体，通过对各类部门和人员工作绩效的客观衡量、及时监督、有效指导以及科学奖惩而建立起来的一整套有机整合的管理流程和评估系统。幸福美好生活十大工程的每一个工程都有着清晰明确的任务规划与目标要

求，必须将其纳入成都市委、市政府统一的目标绩效管理体系来对项目的实施和推进进行全方位、全过程、全景式的跟踪反馈。其中，尤其是要重点做好绩效管理体系三个关键环节的工作：一是过程跟踪。要对照工程的阶段性目标，定期开展跟踪分析，在全过程跟进中把握和检视项目实施在进程方向、进度安排、进展困难等方面存在的问题，作为后续改进的参考依据。二是效果评估。坚持目标导向原则，制定具体的评估方案、参照指标与衡量标准，尤其要注重考核项目的成效是否覆盖到全部目标群体和相应空间领域。三是结果运用。强化评估结果的综合运用，对推进有力、成效明显的地区和部门给予及时激励；对推进迟缓、成效低下的项目和工程也要有警示提醒与整改机制。

第二，构建幸福美好生活十大工程的统计指标体系。一流城市的全面发展，要有一流的精细治理。习近平总书记提出要不断提高现代化国际大都市治理能力和治理水平，"通过绣花般的细心、耐心、巧心提高精细化水平，绣出城市的品质品牌"[①]。城市的精细化治理，必须对城市发展全貌有细致入微的精准了解，尤其是要掌握翔实的数据统计资料，这就有赖于建立相应的统计指标体系。幸福美好生活十项工程是一个推动城市建设的系统集成方案，其涉及内容全面、覆盖人群广泛、发展目标高远，既有与市民民生相关的衣食住行工程，与提升城市品质相关的人文环境与营商环境建设工程，也有与自然保护相关的生态惠民工程，还有与安全相关的智慧城市建设工程等，这些复杂工程的系统、整体、全面推进，必须建立在精准的数据统计、收集和分析基础之上。因此，依法依规构建幸福美好生活十大工程的统计指标体系是推动工程有效实施和有序推进的重要工作机制。所谓统计指标体系是根据统计任务的需要，能够全面反映统计对象数量特征和数量关系，互相联系的一套指标，其目的是刻画和描述事务总体基本状况和各个变量分布特征的综合数量。十大工程统计指标体系

---

① 魏欧枚：《拿出绣花般的细心耐心巧心　着力提升城市治理水平》，2020 年 4 月 6 日，中国青年网。

的构建，有助于准确反映工程所推动的城市社会建设的精细化治理水平和实现程度。

第三，构建幸福美好生活十大工程的评价指标体系。构建完备的评价指标体系是全面认识事物的重要方法。从一般定义来说，评价指标体系是指能反映评价对象各方面特性及其相互联系的多个指标所构成的具有内在结构的有机整体。评价指标体系的构建，要遵循可量化、可感知、可分析三大标准。一是可量化。只有通过量化的方式，尽量用数字说话，才能精准、精确、精细地对十大工程的建设成效进行科学的评价、系统的检视、准确的总结。十大工程的每一个工程都制定了具体要达到的目标，并规定了要实现目标的数量标准或者是要达到的百分比，具有明显的目标量化特点。因此，评价指标体系的构建也应与此相对应，以可量化作为评价的重要原则。二是可感知。十大工程是遵循以人民为中心的发展思想、推进人民城市社会建设的民生工程、民心工程，其实施的实际效果与全体市民的满足感、幸福感、获得感直接挂钩，因此，评价指标体系的构建必须遵循可感知的原则，以人民对"幸福""美好""生活"三组关键词相关的切身感受、主观感知、内心认同为评价体系的重要内容。三是可分析。构建评价指标体系的最终目的是要为十大工程的持续推进、过程把控、成效评价提供决策依据和改进建议。因此，评价指标体系的各项指标应简单明了、尺度统一、微观具体，以便于收集反馈和进行定性与定量相结合的实际分析。

第四节
在体制创新与内涵深化之间：幸福美好生活十大工程实施的逻辑与意义

幸福美好生活十大工程是成都将党建引领城市社会建设体制创新成效全面运用于推动人民城市社会建设内涵深化的创新实践与方案设计。体制创新从组织领导、价值认同、政策保障、人才输送等多方面为十大工程的推进提供了坚实的基础。同时，体制创新在十大工程中的实际运用，也为检验其有效性、总结其不足处、凝聚其关键点提供了观察和审视的平台。实践表明，在党领导人民城市社会建设体制创新与幸福美好生活十大工程之间，存在着紧密的内在逻辑和深刻的发展机制。

一 以体制创新为内涵深化提供支持：幸福美好生活十大工程实施的体制基础

如前所述，人民城市社会建设内容落实与推进的方式创新，主要包括两个方面：一是工作体制机制创新；二是具体工作形式创新。因此，幸福美好生活十大工程作为推动人民城市社会建设具体内容的内涵深化的项目规划和成都方案，其工作的推进和实施的成效，就取决于党领导之下的社会建设的体制创新和方式变革是否能对工程的推进提供有效的支持。十大工程是成都服务国家发展战略、推动公园城市示范区建设创新实践的探索性系统工程，依赖于强大的体制机制和先进的工作方式作为保障和提供支持。而成都在党建引领城乡社区发展治理实践过程中，在党领导社会建设的体制创新与方式变革上所做出的先行探索和所积累的有效经验，就为十大工程的实施提供了坚实的体制基础。

社会建设是中国特色社会主义事业"五位一体"总体布局的重要组成部分，是否能推动社会有效发展和实现社会有序治理直接关系到国家治理体系和治理能力现代化的实现进程。在推进社会建设过程中，成都遵循城乡社会发展内在逻辑，以党建引领城乡社区发展治理为抓手，以推进社区有效发展和有序治理为目标，探索党领导社会建设的体制创新和方式变革，取得了显著成效，积累了宝贵经验，不仅有效推动了成都作为超大城市和国家中心城市的治理体系和治理能力现代化，而且为推进作为贯彻新理念、形成新示范创新实践项目的幸福美好生活十大工程的实施提供了坚实的组织保障和体制支持。

成都在党领导社会建设体制创新与方式变革的实践上对幸福美好十大工程实施所提供的体制支持主要表现在如下几个方面，它们从不同的方面为工程的具体实施和实际成效提供了切实的保障和支撑。

第一，为十大工程提供了组织领导体系支持。十大工程是一项规划全面、结构复杂、工程浩大的系统工程，它的有序进行、有力推进、有效协调，必须要发挥党"统揽全局、协调各方"的领导作用。成都在党建引领城乡基层治理实践的体制创新和方式变革过程中，构建起强大的党委统揽高效协同的组织领导和工作运行体系和一核引领多元协同的组织动员体系，有力推动了把党的领导贯穿到基层治理全过程、落实到基层治理各领域，凝聚起强大的民心民力。这些组织领导和组织动员体系所积蓄的政治引领优势、组织动员优势、基层基础优势、协同治理优势，为十大工程的推进提供了强大的组织支持和政治保障。

第二，为十大工程提供了社会价值认同支持。十大工程是民心工程、民生工程的集大成方案规划，与每一位市民都息息相关，必须能汇聚全体市民的情感寄托、凝聚全体市民的归属认同，激发全体市民的心灵向往，获得全体市民的最大支持。成都在党建引领城乡基层治理的实践中的探索和成功，不仅实现了城市有变化，而且做到了市民有感受、社会有认同，极大地提升了全体市民对社会建设的统一认识，并进行了充分的思想动员。可以说，成都在党领导社会建设体制创新的实践所激发和内化的全体市民的政治认同和价值认同，为十大工程的实施和推进奠定了坚实的价值认识基础。

第三，为十大工程提供了政策制度保障支持。十大工程是由党委领导、政府主导、社会参与的系统工程。其中，发挥政府的主导作用，尤其重要的是要加强政策制度的激励和保障作用，增强政策设计、政策实施、激励机制的精确性和专业性，推动每一项工程的进度和成效加快呈现。成都在党领导社会建设体制创新实践过程中，构建起系统完备支撑有力的政策制度保障体系，例如统筹发展与安全的社治综治双线融合体系、发展治理良性互动的社区规划建设体系、需求导向精准精细的服务供给体系以及应急治理体系等。这些政策制度保障体系的建立和成功运行，为十大工程的实施提供了有力的支持和借鉴。

第四，为十大工程提供了优秀人才队伍支持。十大工程是成都推进公园城市示范区建设的重大战略举措，视人才为决定城市产业发展、科技创新、社会进步的决定性力量，并主动围绕人才需求加快构建保障体系和增强对高知识高技能青年人才的吸引力。希望用宜居城市的品质留住人、用公园城市的魅力吸引人。成都在党领导社会建设体制创新实践过程中，一方面锻炼了一大批有干劲、有能力、有经验、掌握先进工作技能和创新工作方法的优秀干部队伍；另一方面，社会建设所营造的良好的社会环境也吸引了越来越多的优秀人才来成都工作和生活。无论是富有经验的干部队伍，还是越来越多的外来优秀人才，都为十大工程的开展提供了重要的人力资源支持。

二 以内涵深化使体制创新得以完善：幸福美好生活十大工程实施的体制意义

幸福美好生活十大工程是成都在社会建设领域政策规划的系统集成方案设计，是为推动人民城市社会建设和社会发展治理的整体性、全面性、全局性的精心设计，是新时代党领导社会建设体制创新的成都方案内涵深化的集大成计划，也是成都在党建引领城乡基层治理实践所取得的成效和经验的基础上，结合成都国家中心城市定位与建设公园城市示范区的创新实践而做出的系统规划。因此，十大工程的推进和实施，对成都进行党领导社会建设体制创新实践的成效验证和经验总结具有重要的意义，主要体现在如下几方面。

第一，在十大工程的实施中检验体制创新的有效性。十大工程是人民城市社会建设内涵深化的具体方案，是成都以党领导的城市社会建设体制创新的成果作为支持和保障予以推进的政策部署。这意味着，十大工程的推进过程，就是对社会建设体制创新成果的具体运用过程。在此过程中，也正好可以在实践运用中检验党领导城市社会建设体制创新成果的有效性。实践已经证明了体制创新成果在城市社会建设的"日常化治理"和"应急性治理"(如应对新冠肺炎疫情防控)过程中的充分有效性。而十大工程作为"工程性治理",是对体制创新成果的集大成、全局性、全过程运用,所提供的则是一个在系统集成的宏大项目中全面检验体制创新成果是否充分有效的平台和载体,可以在更高的层次、更大的领域、更深的程度上验证体制创新的实际成效。尤其是可以重点检验体制创新关键成果的有效性。例如,检验党领导人民城市社会建设工作全局的组织领导体系是否健全有效;又如,检验各级政府部门是否充分发挥了主导作用,所构建的政策制度保障体系是否能发挥有力的支撑作用;再如,社会多元力量的组织动员体系和互动联动体系是否能形成强大合力,共建共治共享的新型基层治理机制是否发挥出最大功效等。

第二,在十大工程的推进中发现体制创新的不足处。党的十九届五中全会明确提出,要"坚持系统观念","办好发展安全两件大事","实现发展质量、结构、规模、速度、效益、安全相统一"。发展和安全是社会建设的一体两翼,必须予以统筹考虑。成都经验体制创新的重要内容之一,就是重构了新时代党领导社会建设的体制框架,升华了社会建设的治理逻辑,创新了社区发展治理与社会综合治理的"双线融合"机制,形成了统筹发展与安全的成都探索实践。十大工程作为成都推进人民城市社会建设的系统工程,在推进过程中,必然深度借鉴和充分运用"社治"与"综治"的"双线融合"机制,打造机制的现实运用场景。这就为通过十大工程的实施和推进及时发现统筹发展与安全的治理体制创新的不足之处提供了重要的观察窗口。具体来说,一是发现"双线融合"机制中基于"发展"目的社区发展治理体系的不足之处;二是发现"双线融合"机制中基于"安全"目标的社会综合治理体系的不足之处,从而为后续社治综治"双线融合"机制的完善提供参考意见,不断推动党领导城市社会建设体制创新的发展。

第三,在十大工程的发展中凝练体制创新的关键点。通过十大工程对成都创建的党领导城市社会建设体制创新成果的现实"场景运用",不仅可以从中检验体制创新的有效性和发现体制创新的不足处，还应从中凝练体制创新的关键点，总结其理论价值和开拓意义，为新时代党领导社会建设的体制创新与方式变革提供可复制可借鉴可推广的经验。从十大工程发展中凝练的体制创新的关键点，至少可以包括三点：一是任何时候都必须坚持"党是领导一切的"的根本要求，把党的领导贯穿到人民城市社会建设的全过程；二是始终坚守"城市的核心是人"的价值取向，以实现人民的获得感、幸福感、安全感为最大工作导向；三是持续推进城市治理工作体制和运行机制创新，为治理体系和治理能力现代化提供充分制度保障。对这些关键点的凝练，可以更加深刻地总结和审视党领导人民城市社会建设体制创新的核心元素与重点环节，促进对社会治理体系和治理能力现代化目标追求的思考和探索。

三 在党领导社会建设体制创新与人民城市社会建设内涵深化之间：成都实践的逻辑与机理

十大工程是成都在系统总结和全面运用党建引领城市社会建设体制创新实践经验成效的基础上，结合成都国家中心城市定位和建设践行新发展理念的公园城市示范区的创新实践而制定的系统集成方案与重大战略举措，是落实"人民城市人民建，人民城市为人民"理念和要求的成都实践、成都探索，是创构未来理想城市形态的成都规划、成都设计，同时也是在党的领导下推进人民城市社会建设内涵深化的成都表达、成都形式。这意味着，在党领导人民城市社会建设体制创新与幸福美好生活十大工程之间，存在着紧密的内在逻辑和深刻的发展机制。

第一，从价值逻辑来说，十大工程是成都运用党领导城市社会建设体制创新成效在更高层次、更广范围、更大领域全面满足人民对美好生活向往追求的必然举措。"城市的核心是人"的理念，决定了以人民为中心的思想在城市社会建设过程中成为根本价值导向。成都被赋予或者寄予国家中心城市、公园城市示范区、高品质生活宜居地等多重城市身份属性特征与发展目标愿景,这决定了成都必然要在党统揽全局、协调各方作用的领导下,以党领导城市社会建设体制创新的成效为基础,围绕着如何更好地满足人民对美好生活的向往而持续推动社会建设。由此,统筹城市长远发展和市民现实需求的幸福美好生活十大工程应运而生,它以"幸福""美好""生活"三者作为城市最深刻的幸福密码、定义城市发展的时代方向,成为人民城市社会建设内涵深化的具体呈现形式。十大工程作为增进人的全面发展的民心工程、推动高质量发展的牵引工程以及实现社会全面进步的筑基工程,无论是在工程的规划内容,还是在推进的工作方式上,都深刻体现了人民至上的最高价值追求。

第二,从发展维度来说,十大工程是成都运用党领导城市社会建设体制创新成效适应新时代社会建设要求推进城市治理体系和城市治理能力现代化的系统方案。成都在推进党建引领城乡基层治理的实践过程中,推动了新时代党领导社会建设的体制创新与方式变革,形成一系列可复制、可借鉴、可推广的基层治理经验。而幸福美好生活十大工程的实施,就是对这些经验在更大范围和更高层次上的运用,这是成都结合自身探索实践和经验提炼,推动高质量发展和创建未来理想城市的具体项目和重大举措。其目标不仅是以系统集成项目和工程化的方式,推动解决人民日益增长的美好生活需要和不平衡不充分的发展之间的矛盾,彰显"人民城市人民建,人民城市为人民"的城市建设和发展理念,同时也力求在十大工程推进实施的过程中,在实际工作和实践进程中检验成都体制创新成果的有效性,总结不足处,为后续进一步完善党领导的城市基层治理和社会治理体系提供观察平台,为推动国家治理体系治理能力现代化提供成都实践的探索经验。

第三,从问题导向来说,十大工程是成都运用党领导城市社会建设体制创新成效以工程化方式统筹发展与安全、高效集成地推动城市社会建设的创新实践。习近平总书记明确提出"要处理好活力和有序的关系",并指出要"统筹发展和安全"。因此,活力和有序、发展和安全成为城市社会建设中所必须同时主动面对、同步有效处理的一对关系,也是一对难题。有效发展才能产生活力，维持安全才能实现有序。成都在党领导城市社会建设体制创新过程中所形成的基层治理与社会治理深度融合的"双线融合"互动机制，通过社会基层治理推动发展以保持活力，通过社会综合治理维护安全以保持有序。其所带来的结果，就是通过有效的治理机制探索为统筹发展与安全、兼顾活力与秩序提供了可资借鉴的工作机制和参考经验。幸福美好生活十大工程，作为适应新时代社会建设要求推进城市治理体系和城市治理能力现代化的系统方案，其每一个具体工程项目的实施和推进，从大的逻辑与意义来说，都是对发展和安全、活力和有序问题的应对和解决。也正是在这个过程中，十大工程成为成都在党领导社会建设体制创新指导下，对发展、安全与治理问题的创新实践。

幸福美好生活十大工程作为新时代推进人民城市社会建设的系统集成方案，将成都在党领导城市社会建设体制创新的成功经验整体性运用到工程的实施和推进过程中，在全局性运用中为工程提供体制保障，也在集大成运用中检验体制创新的实际成效。这就是在党领导社会建设体制创新与人民城市社会建设内涵深化之间的成都实践逻辑。它们统一于"人民对美好生活的向往"所定义的人民城市社会建设的本质规定与内容要求。两者之间的关联就在于，以十大工程的实施作为推进人民城市社会建设内涵深化和形态跃升的抓手，以十大工程推进方式的创新和内在机制的彰显作为人民城市社会建设的创新底色和价值取向，为实现新时代城市治理体系和治理能力现代化提供前瞻性和引领性的成都实践与成都探索。

结 语

构筑新时代人民城市社会建设的"四梁八柱":成都的逻辑

推动人民城市社会建设的发展,构建人民城市社会建设的"四梁八柱",是新时代人民城市建设的重要任务之一。当然,要构筑新时代人民城市社会建设的"四梁八柱",既需要在国家层面进行顶层设计,也需要各地方、各城市根据实际情况进行具体探索。成都市从党的十八大以来,就全面着手推进人民城市社会建设的工作,推动党领导人民城市社会建设的体制创新和方式变革,构筑了人民城市社会建设的"四梁八柱"。作为全国人口排名第四、经济总量排名第七的西部国家中心城市,成都市的实践,既是遵循自身城市社会发展的逻辑,也是根据新时代城市发展的规律,其实践既具有地方性特点,也具有全国性意义。笔者认为,成都市构建人民城市社会建设"四梁八柱"过程中所遵循和体现的理论逻辑和实践逻辑,对全国各地推动人民城市社会建设都具有重要的参考和借鉴意义。

一 以人民为中心:人民城市社会建设"四梁八柱"构建的价值逻辑

城市,是人类文明发展的重要产物,也是现代文明发展的重要载体。作为现代化的一个重要特征,新中国成立之后特别是改革开放以来,我国城市化进程日益加快。

对城市化理解可以从量和质两个维度予以把握。从量上来看，城市化发展意味着越来越多的城市出现以及越来越多的农村人口向城市聚集。从质上来看，城市化发展意味着城市在人的发展以及文明发展中的作用越来越大。而城市社会是人的组织方式，随着城市化进程的推进，城市人口占总人口的比例越来越多，从而使城市建设对于推动人的全面发展和社会全面进步中的作用就更加凸显。这就意味着，随着现代化和城市化的发展，在城市建设中是否能够以人民为中心，就关系到人的全面发展和社会全面进步。

因此，随着中国特色社会主义进入新时代，不论是适应现代化建设发展的需要，还是适应社会主要矛盾的转化，在加快城市化的进程中，都要求现代城市建设必须依靠人民，更好调动人民的积极性，发挥人民的作用，同时，使现代城市发展必须为了人民，更好满足人民的需求，服务人民的发展。为此，习近平总书记提出了"人民城市人民建，人民城市为人民"的理念，使以人民为中心的发展思想在城市建设中得以体现。

人民城市建设体现在经济建设、政治建设、文化建设、社会建设和生态文明建设等方面，而从满足人民日益增长的美好生活需要的角度来看，社会建设的主要内容与之是最为密切的。但是，社会建设在五大建设中是相对较迟被提出的，不论是在具体内容和内涵方面，还是在具体体制和机制方面，都处于发展之中，需要在具体实践过程中不断予以丰富。

在具体实践过程中，成都市将以人民为中心的理念贯穿在人民城市社会建设的各个方面，并遵循城市社会发展的逻辑，有步骤地推进社会建设内容的发展以及推进党领导人民城市社会建设的体制创新和方式变革。遵循工作逻辑和内容逻辑，在推进人民城市社会建设过程中，使以人民为中心的理念得以历史性呈现出来。

首先，从与人民群众生活密切相关以及城市社会建设基础环节的社区入手，推进社区发展与治理的内容、体制和机制的创新，形成了从上而下整体性推动社会建设的逻辑与机制。

其次，通过推动社区发展治理与社会综合治理的双线融合，进一步重构了党领导社会建设的体制和机制。通过重构体制和机制，使社会建设在内容上和力量上都能够得到整体性整合，使依靠人民和服务人民有了体制机制的保障。

最后，在推动党领导社会体制创新的基础上，根据新时代社会建设的要求，实施了"幸福美好生活十大工程"，丰富了人民城市社会建设的内容和内涵，使"为了人民"更加高质量。

二　城市是生命体、有机体：人民城市社会建设"四梁八柱"构建的理论逻辑

作为一种理念，以人民为中心要能够贯穿到人民城市社会建设的各个方面和各个环节，并转化为具体的主体、内容和内涵以及体制、机制和方式，就必须遵循城市和社会的内在机制以及人民与城市社会之间的关系逻辑。其中，习近平总书记所指出的"城市是生命体、有机体"的论断，就是我们把握这一机制和逻辑的重要理论依据。

我们认为总书记的这一论断包含两方面的含义：一方面是指"城市的核心是人"，城市是为人服务的，城市的主体是人，而人是生命体，是有机体。另一方面是指城市是个系统，是以人为核心形成的综合系统，有其自身生命周期，系统内部各部分存在着有机关系。

对城市建设来讲，我们认为前者决定着后者，后者的存在是为前者服务的。也就是说，虽然城市作为系统，有其相对独立性和自主性，但终究这些系统的各个组成部分是为人服务的，是满足人的生存和发展的需要而出现和发展的，同时也是由人来创造和维护的。这也就是说，城市建设从本质上来讲，就应该是以人民为中心的。这就是为什么习近平总书记要强调我们"要敬畏城市、善待城市"，因为敬畏城市、善待城市，归根结底就是敬畏人民、善待人民。倒过来，以人民为中心的理念，要在城市建设过程中得以落实，也就必须遵循上述机制而展开。

虽然城市建设的各个领域都与人的生存与发展存在着关系，但是，社

会建设与人民的美好生活需要的满足联系得最为密切，同时社会建设也是一个系统工程，当然，这一个系统的内容和体系，更是与人的需求密切相关，更是需要人们的参与，更能体现以人民为中心的理念，因此，更要遵循"城市是生命体、有机体"这一规律。

成都市在推进人民城市社会建设和构建其"四梁八柱"的过程中，正是遵循着"城市是生命体、有机体"这一理论逻辑，创新党领导人民城市社会建设的体制和方式，丰富社会建设的内容和内涵，克服了体制之区隔化以及供给之碎片化，从而使以人民为中心的理念贯穿在社会建设的各个方面和各个环节，推动了社会共同体构建。

一是根据人民群众的生存和发展的基础需要，既推动了发展和治理的有机统一，又推动了基于发展的治理和基于安全的治理的有机统一。

二是根据人民群众的美好生活的时代性和多样性，在抓好发展、安全和治理有机统一的过程中，实施了幸福美好生活十大工程，丰富和发展了社会建设的内容。

三是根据人民群众作为城市主人的整体性，为了更好做到"人民城市人民建，人民城市为人民"，推动了党领导人民城市社会建设的体制创新和方式变革，打破了体制内区隔，实现了体制内外有效整合，做到了发展、安全和治理的有机统一。

三 坚持党的领导与发挥各方作用：人民城市社会建设"四梁八柱"构建的主体逻辑

在"城市是生命体、有机体"的理论指导下，人民城市社会建设要做到"人民城市人民建，人民城市为人民"，既要做到依靠人民和为了人民有机统一，还要分别做到推动人民参与城市建设的力量有效整合以及满足人民美好生活需要的内容有机统一。这里，我们先来看参与力量的有效整合问题。

在现代城市中，人民是被政党、国家、社会和市场四种力量，以不同逻辑方式组织起来,在不同情况下参与了城市建设。然而,在不同历史时期或者在某一个领域中,是其中某一种力量或某几种力量作为推动和组织人民参与城市建设的主要方式。而在某一种力量之中,由于其内部的制度性安排的因素,也可能导致对人民的组织产生了相应的区隔。但是,正如上文所提到的那样,整体性和有机化是城市社会建设的一种内在需要,但是上述的区隔和简单以某一种力量来组织所带来的后果,却是碎片化或片面性,导致力量无法有效整合起来或被激发出来。同时在中国,上述这些力量,是在新中国成立之后不同时期不断被催生出来的,并经历着不断发展的过程,从而存在着各自功能发育不足,以及彼此之间有机化不足等现象。

在中国特色社会主义条件下,我们解决上述问题的主要方法就是通过党的领导,发挥党组织的统揽全局、协调各方的作用。成都市在推进人民城市社会建设过程中,也同样遵循着这一逻辑,通过加强党的建设并推进党领导社会的体制创新和方式变革,来实现社会建设中的各方面力量的有效整合的目的。

一是在宏观层面上,通过加强党委领导,建立社区发展治理委员会,在体制上,围绕推动以基层社区为基础的社会建设的目的,有效统筹和整合党政群的力量。

二是在中观层面上,通过推动社区发展治理和社会综合治理的双线融合,在机制上,实现基于发展的社会治理力量和基于安全的社会治理力量的有效整合。

三是在微观层面上,通过基层党建、群团工作以及政府购买等方式,吸纳各种所有制的企业力量、社会组织力量和群众个人力量参与社会建设。

四 基于发展与安全统筹的有效治理:人民城市社会建设"四梁八柱"构建的功能逻辑

人类的生存需要两个基本条件:一是发展,二是安全。所谓发展,就是在经济生产的基础上，不断生产出各种产品来满足人们的需求，并通过量上的增加和质上的提升，更好地满足人们的需求，并在此过程中推动人们的生活方式、行为方式以及交往方式的变化，进而使人类能够得以存在，并通过演进得以持续发展。所谓安全，就是不断消除威胁人类生存和发展的内部和外部的因素，使人类的生存和发展不会因此而受到破坏或终止。对人类共同体来讲，人们要做到发展和安全，就必须有效进行组织和管理，调整基于发展或基于安全所涉及的各种关系，使生产和社会的过程形成相应的秩序，这样的行为我们就称之为治理。从人类诞生之后，公共权力的存在就是为了发展和安全而展开治理的。

对于现代城市来讲，发展和安全同样是保证人民群众得以生存和发展的基本条件，也同样是人民群众美好生活需求的基础内容。由于社会建设与人们的生存和发展密切相关，是直接满足人民群众美好生活需要的领域，因此，从党和政府来讲，创造和保证发展和安全，就成为城市建设的一项基础工程。人民群众对发展和安全的体验和感受是整体的，并且对于党和政府在提供发展和安全的治理上的体验和感受也是整体的，但是党和政府以及社会在具体提供发展和安全的治理的过程中，却是基于发展或安全的不同逻辑，由不同部门来组织实施相应治理工作的，从而带来在不同历史时期和不同地区对治理的理解的差异，进而导致某一方面治理内容的缺失或者重点内容的偏差。进入新时代之后，如何有效统筹基于发展和基于安全的治理，就成为人民城市社会建设工作中的一项重要任务。

成都市在推进人民城市社会建设的过程中，不仅在功能和内容上对基于发展和基于安全的治理进行了概念性区分，而且在体制和机制上实现了对这两方面的有效统筹，从而在功能上为人民城市社会建设的"四梁八柱"构建创造了经验。

一是提出了社区发展治理的概念，从而明晰了社会建设中基于发展而展开的关系调整所形成的社会治理内容。

二是提出了社区发展治理和社会综合治理的双线融合，从而明晰了基于发展的治理和基于安全的治理的关系。

三是针对上述两个方面，分别推动了构建社区发展治理委员会以及"四个一"的创新改革，从而在体制和机制以及运行方式上，使基于发展的治理和基于安全的治理，既做到相对分工，又做到有机统一。

五 生命全过程、生活全领域与生态全空间：人民城市社会建设"四梁八柱"构建的内容逻辑

人民美好生活的需要，是围绕着人的生存和发展而展开的，从社会建设的角度来看，这些内容，在时间维度上，体现为人在不同阶段的需求；在结构维度上，体现为同一时间段内不同年龄人的需求；在内容维度上，体现为人的生存和发展的各方面需求。因此，我们认为这些需求涉及生命全过程、生活全领域和生态全空间。

在不同历史时期，城市社会发展处于不同阶段，不论是在能力上，还是观念上都存在着差异。随着中国特色社会主义进入新时代，人民日益增长的美好生活需要和不平衡不充分的发展之间的矛盾已经成为社会主要矛盾。这就意味着我们必须正视人民美好生活的需要的内容，必须解决供给上不平衡不充分的问题。生命全过程、生活全领域和生态全空间，对于城市社会建设来讲，不论是对需求方的把握，还是对供给方的要求，都到了需要从这样的高度予以对待的程度。

成都市在明确了社会建设主体和功能以及解决了社会建设的体制和机制问题之后，一方面在社区建设上围绕着人民群众各方面需求展开了服务，另一方面系统实施了"幸福美好生活十大工程"，从而在微观层面和宏观层面两个维度围绕着人民群众在生命全过程、生活全领域和生态全空间的需求，明确了社会建设的具体内容，并将之转化为可操作的项目，并按工程化的方式予以推进。当然这些项目的内容更多是着眼于公共权力所能提供的公共政策、公共服务和公共设施等范围而展开。不过公共权力提供的这些内容具有基础性和导向性的作用，因此，在此基础之上将会引导和吸纳更多的市场力量和社会力量跟进，从而推动整个社会提高满足人民

日益增长的美好生活需要的能力。

另外，我们认为"幸福美好生活十大工程"，还仅仅是成都市在"十四五"时期推动社会建设，满足人民美好生活需要的一个重要抓手，并且是朝这一方向发展所迈出的第一步，我们相信未来将有更多领域得以拓展，并且在每个领域中将有更多内容得以深化。正是基于此，我们认为，"幸福美好生活十大工程"的实施，具有重要的标志性和前瞻性意义。

六 打破体制性区隔与构建社会共同体：人民城市社会建设"四梁八柱"构建的体制逻辑

习近平总书记指出，城市是生命体、有机体。这就意味着城市内部各部分之间都必须围绕着满足人的生存和发展的需求而形成内在有机化，同时作为城市核心的人，也同样在此过程中结成了有机关系。现代城市社会中，人们流动性强，人口规模大，同时人们的生存形态呈现出原子化的状态，这就意味着现代城市社会更多是呈现出陌生人现象。如何解决城市建设需要内在有机化，而现代社会又导致人与人之间产生陌生人现象之间的矛盾？在现代社会条件下，不外乎是通过制度方式和组织方式予以解决，制度方式就是通过契约性的手段，将人们重新组织成经济或社会的共同体，组织方式就是通过组织网络的手段，将人们重新组织起来，形成有一定关系的共同体。

但是，这种共同体的构建是无法做到整个城市超大规模范围内都产生熟人关系，更多的是将人们组织在一个生产经营的单位空间，或一个生活的社区空间。因此，党中央曾经提出要把社区打造成为城市社会生活共同体。然而，不论是在单位空间，还是社区空间内，要推动构建社会生活共同体，就必须围绕着发展、安全和治理而展开。同时我们还必须看到，虽然构建社会共同体是在微观空间内展开，但是由于现代城市的构建受宏观的公共权力以及社会结构的影响较大，因此，要推动社会共同体的构建，就必须在宏观层面上推动相应的体制政策的调整以及组织体系的重构。这样才能够围绕着人民美好生活需要的内容，打破体制区隔，让各种力量形成有机合作，从而在微观层面上凭借重新整合了的制度力量和组织力量来推动群众之间的合作，使微观社会共同体得以形成。

成都市在推动人民城市社会建设的过程中，遵循城市社会基层共同体构建的逻辑，通过推动体制机制创新和组织网络发展，在满足人民美好生活需要的同时，打破了体制区隔，推动了城市社会基层共同体的构建和发展。

一是从社区建设着手，通过分析社区发展和治理的现状和机制，分别从功能内容和体制机制方面推动社区建设的创新。

二是从"单位"建设着手，通过分析各种类型"单位"发展的现状和逻辑，推动基层党建工作的体制创新和组织发展。

三是从体制机制着手，根据社区建设和"单位"建设的需要，围绕着基层社会共同体的构建，推动社会建设的体制机制创新和组织体系创新。

七　在价值、制度、组织与技术之间：人民城市社会建设"四梁八柱"构建的机制逻辑

作为生命体和有机体，城市社会各个部分和各个要素必须发挥其应有的功能和作用，同时这些部分和要素之间也必须形成有机关系，这样才能保证城市社会能够满足人们的生存和发展需要。不论是这些部分和要素的功能和作用的发挥，还是它们之间形成有机关系，都需要相应机制予以联系。从社会学和政治学的角度来看，这些机制主要包括价值、制度、组织和技术。其中，价值规定了为谁服务以及相应的导向，制度规定了运行的规则、程序及方式等，组织规定了参与主体以及相应权力关系，技术规定了实现的可能和能力。

成都市在推进人民城市社会建设过程中，也同样是通过价值、制度、组织和技术等机制，保证了社会建设的各部分和各要素的功能和作用的正常发挥，同时也使这些部分和要素之间通过这些机制获得联系。

一是在价值上，坚持以人民为中心，将人民城市建设的理念，贯穿在整个城市社会建设的全过程之中，并通过制度、组织和技术等手段，将这一理念得以落实。

二是在制度上，通过创新党领导社会建设的体制和方式变革，发展了社会建设的内涵，打破了体制性区隔，实现了社会建设力量的整合，为满足人民美好生活需要和为微观社会共同体构建奠定了制度性基础，从而为新时代人民城市社会建设提供了制度体系。

三是在组织上，在配合制度创新的过程中推动了组织体系的创新。在推动了党领导社会的体制创新过程中，推动了相应组织体系的创新，比如建立了自上而下的市区两级的社区发展治理委员会，并成立了相应的办公室等机构。同时还进一步加强基层党组织的创新，推动党建引领基层社会发展治理，从而为基层社会共同体构建提供了组织网络。

四是在技术上，积极运用互联网等数字技术手段，并根据这些技术手段来推动制度创新，或根据制度创新来应用相应的技术手段，从而使在新的技术条件下完成了在传统条件下所无法实现的任务，进而为体制机制创新提供了技术支持。比如在推动社区发展治理与社会综合治理之间的双线融合过程中，所推动的"四个一"创新工作，就是充分运用了互联网和大数据技术作为支持。

参考文献

中共中央文献研究室:《习近平关于社会主义社会建设论述摘编》,中央文献出版社 2017 年版。

郑长忠:《确立面向未来人类现代政治文明的中国形态》,天津人民出版社 2019 年版。

夏国忠:《社区简论》,上海人民出版社 2004 年版。

青连斌:《十七大精神深度解读：社会建设篇》,人民出版社,2008 版。

李娟:"社会主义革命和建设时期 新中国社会建设事业的奠基与探索",《社会治理》2021 年第 6 期。

李永芳:"中国社会建设的改革进程、特点和经验",《深圳大学学报（人文社会科学版）》2018 年第 3 期。

龚维斌:"百年大党领导中国社会建设的伟大成就",《中国党政干部论坛》2021 年第 5 期。

陶希东:"城市实质上就是人类的化身",《社会科学报》2020 年 12 月 10 日第 3 版。

《中国共产党第十九届中央委员会第四次全体会议公报（2019 年 10 月 31 日中国共产党第十九届中央委员会第四次全体会议通过）》,《人民日报》2019 年 11 月 1 日第 1 版。

中共成都市委和成都人民政府制:《关于深入推进城乡社区发展治理建设高品质和谐宜居生活社区的意见》。

中共成都市委组织部:《关于推广党建引领社区发展治理"五线工作法"和党建引领居民小区发展治理"五步工作法"的通知》。

中共成都市委和成都人民政府制:《关于深入推进城乡社区发展治理建设高品质和谐宜居生活社区的意见》。

后 记

2018年7月,在全国城市基层党建创新案例评选活动启动仪式暨城市基层党建研讨会上,成都市做了党建引领社区发展治理体制创新的介绍,我对成都的创新实践萌生了极大兴趣。会后我与成都方面的同志进行了交流探讨,发现我们在城市基层党建引领基层治理的工作理念、实践路径和方式方法上思想契合、观点共鸣,双方畅谈甚欢、意犹未尽。会后不久,我接到了来自成都市委组织部和社治委的邀请,到成都实地调研了党建引领社区发展治理。我发现成都市党建引领社区发展治理的创新实践,不仅仅是对既有社区治理工作的深化,更是在探索新时代党领导社会建设的体制创新和方式变革。从那时起,我就将成都作为自己研究党建引领基层治理的长期观察对象,定期带领团队深入到成都市各层次、各区县、各领域进行大范围调查研究。

2019年11月24日,我应邀参加由成都市委、市政府主办的"党建引领城乡社区发展治理·成都论坛",我在总结前期研究思考成果的基础上做了"新时代党领导社会建设的体制创新与方式变革"主题演讲,首次从党领导社会建设的角度对成都实践的逻辑和机制进行了全面系统的分析阐述。随着研究工作的不断深入和成都实践的持续深化,我进一步发现成都的这一创新,其本质是在构建人民城市社会建设的"四梁八柱",对新时代推动人民城市社会建设具有超前性的探索意义,有必要进一步进行学理性、系统性、整体性的归纳总结和梳理提炼,形成具有参考价值和借鉴意义的学术研究材料。

于是，我们根据三年来对成都实践的调研情况及资料爬梳，在成都市委领导及组织部和社治委领导的指导下、在有关同志的支持帮助下，经过团队成员的集体研究和攻坚写作，最终形成了本书。

本书的主要思路以及各章节详细提纲是由本人提出和拟写的，而后由团队成员分头撰写。具体分工如下：

前言：郑长忠（复旦大学政党建设与国家发展研究中心主任）

第一章：郑长忠

第二章：王志鹏（复旦大学国际关系公共事务学院博士生）、郑长忠

第三章：郑长忠、孙鹏、李亚丁

第四章：李亚丁（上海财经大学马克思主义学院讲师）

第五章：孙鹏（上海财经大学马克思主义学院马克思主义中国化教研室主任）

第六章：赵小斐（复旦大学历史系党委副书记）

结语：郑长忠

后记：郑长忠

李亚丁博士在本书形成过程中承担了大量协调工作，并协助完成了统稿任务。

在调研和书稿形成的过程中，我们还得到了成都市各区（市）县、各基层单位许多同志的倾力帮助，出版过程中也得到了出版社以及有关单位负责同志的大力支持。在此，一并表示感谢。

郑长忠

2022 年 8 月 23 日